L'ERRANCE MÉDICALE *chez les femmes*

Charline **Girardel**

Préface du Dr Stéphane **Gayet**

L'ERRANCE MÉDICALE *chez les femmes*

*Maladies chroniques, rares, invisibles…
Pourquoi avoir un diagnostic prend du temps ?*

#sans filtre
des Éditions Jouvence

Dans la même collection aux Éditions Jouvence

Ça va merveilleusement bien, Ruby Elliot
*Achète-toi toi-même ces p*tains de fleurs*, Tara Schuster
*Écris tes p*tains de pages du matin*, Tara Schuster
Tu veux vraiment t'installer à la campagne ?!, Aurélie Delahaye
PTDR: Pour une Thérapie Du Rire, Julie Mamou-Mani
Ça ne se fait pas d'en parler, Dr Yael Adler
Les Chroniques de Double-Clic, Jean-Louis Dufloux
Ça va aller !, Daisy
Comment ça va aujourd'hui ?, Amandine Issaverdens et Hippolyte Maurel
Périménopower, Katarina Wilk
Confidences d'une ex-accro des régimes, Mathilde Blancal
Mes nuits sauvages, Sylvie Pérenne
Fonce corps et âme !, Karine Baillet

Catalogue gratuit sur simple demande

Éditions Jouvence
France : BP 90107 – 74161 Saint-Julien-en-Genevois Cedex
Suisse : Route de Florissant, 97 – 1206 Genève
Site Internet : **www.editions-jouvence.com**
E-mail : info@editions-jouvence.com

ISBN : 978-2-88953-668-9

Couverture : Frank Pitel [grad-design.fr] et Charline Girardel
Mise en pages : SIR
Crédit photo : témoignantes, sauf mention contraire

> *“Soyez toujours gentil. Chaque personne que vous rencontrez mène un combat que vous ne pouvez voir.*
>
> *Robin Williams*

À mes parents, si aimants.

À celles et ceux qui vivent ou ont vécu l'errance médicale et diagnostique.

À celles et ceux qui se battent au quotidien pour avoir une vie meilleure.

À celles et ceux qui me comprennent et aux autres qui, je le sais, comprendront.

À vous patients, à vous médecins.

Que ce livre vous apporte alliance et bienveillance.

Le chemin a été long et semé d'embûches, mais il valait la peine de se battre jusqu'au bout pour sa santé. Après plusieurs années d'errance médicale, j'ai enfin vu la lumière au bout du tunnel et le diagnostic est tombé. Quel soulagement. Ne perdez pas espoir.

Avec tout mon amour,
Charline

SOMMAIRE

PRÉFACE DU DR STÉPHANE GAYET

L'ERRANCE THÉRAPEUTIQUE FAITE AUX FEMMES

Charline Girardel, à travers son histoire personnelle, illustre l'errance médicale diagnostique accablante que subissent des centaines et probablement des milliers de personnes atteintes d'une maladie chronique évolutive qui ne tue généralement pas. Quand on est une femme, c'est encore plus laborieux et pénible, étant donné le machisme universel qui n'épargne pas le monde médical.

Cette errance médicale reste fréquente, il ne faut pas se voiler la face. Elle est l'une des expressions concrètes du fossé qui existe entre la médecine et la science. Ce fossé, cette différence fondamentale est du même ordre que celle qui sépare l'architecture des sciences physiques mises à contribution dans le bâtiment. La médecine est une activité qui consiste à soigner une personne qui en a besoin ainsi qu'à prévenir les maladies quand on sait le faire. C'est bien sûr également une profession et même une profession phare, emblématique. Comme l'architecture s'appuie sur les sciences physiques du bâtiment, la médecine s'appuie sur les sciences médicales que sont l'anatomie, l'histologie, la cytologie, la biochimie, la physiologie, l'embryologie, la pathologie, la séméiologie, la pharmacologie, etc. Les sciences médicales sont fort nombreuses aujourd'hui.

La démarche médicale commence par un diagnostic, c'est-à-dire ce qui conduit à nommer un état pathologique en le situant dans la nosographie (classification des maladies). Mais cette classification méthodique des maladies assorties de leur description clinique (ensemble des symptômes, ce que l'on ressent, mais qui n'est pas vérifiable, et des signes, ce que l'on constate et qui est vérifiable) est en perpétuelle évolution. Qui pourrait croire un instant que la nosographie soit achevée, en d'autres termes que toutes les maladies soient d'ores et déjà connues et identifiées ? Il faudrait pour cela avoir un esprit bien étroit. La vérité est que non seulement nous ne connaissons pas toutes les pathologies déjà existantes, mais que de surcroît de nouvelles apparaissent continuellement. L'apparition de nouvelles maladies est principalement due aux modifications incessantes de notre mode de vie. Car notre alimentation, nos rapports avec les animaux, nos activités changent sans arrêt et toutes ces modifications sont susceptibles de générer de nouvelles pathologies que nous n'avons pas su anticiper ni même prévoir. L'utilisation de pesticides en agriculture, de conservateurs en alimentation, d'antibiotiques dans les élevages d'animaux, de métaux lourds dans un grand nombre d'activités, les ondes électromagnétiques, les synthèses chimiques de nouvelles molécules à des fins diverses et les fabrications de nouveaux composés complexes, en sont quelques exemples.

L'enseignement médical actuel, comme tous les enseignements du reste, expose des notions simplifiées et schématiques, parce que c'est ce que l'esprit humain peut appréhender et mémoriser. Pourtant, le monde est complexe, surtout le monde vivant, et l'apport didactique schématique n'est que la première étape de la formation. C'est à l'étudiant de concevoir et penser la complexité à partir des notions schématiques qu'il a assimilées. Il s'agit là du principe très général de l'enseignement, même supérieur : le professeur enseigne des schémas et l'étudiant reconstitue la complexité.

La médecine n'échappe pas à cette règle. Qui plus est, les maladies tendent à devenir de plus en plus compliquées et multifactorielles. Il y a aujourd'hui une augmentation du nombre de maladies chroniques qui constituent pour l'Organisation mondiale de la santé (OMS) un énorme problème de santé publique et un immense champ de recherche pour les décennies à venir.

Face à tant d'incertitudes et d'inconnues, le médecin devrait faire preuve d'ouverture, de vigilance, d'humilité et de curiosité intellectuelle. Cependant, la médecine occidentale actuelle est de plus en plus mercantile et l'on veut que tout aille vite. Alors que l'interrogatoire est capital dans la démarche diagnostique médicale, il est fréquemment expédié, d'où une tendance forte à compenser ce survol par la demande d'une kyrielle d'examens complémentaires coûteux et trop souvent non pertinents. Il n'est pas étonnant dans ces conditions que les personnes atteintes d'une maladie complexe et nouvelle, non identifiée dans la nosographie, soient l'objet d'un échec diagnostique. On ne peut pas en vouloir à un médecin parce qu'il ne parvient pas à établir un diagnostic sur un état pathologique inhabituel. Mais il est honteux et irresponsable de passer de la formulation : « Les différents examens pratiqués n'ont rien révélé de significatif » à cette autre formulation insensée : « Tous les examens sont normaux et j'en déduis que vous n'avez rien. » Cette deuxième phrase est scientifiquement épouvantable, absolument incompétente et même assassine. La personne à laquelle on assène ainsi un verdict aussi suffisant que monstrueux reçoit une double peine : celle d'être malade et celle d'être en plus méprisée. C'est de la maltraitance médicale, au bas mot.

La malheureuse personne qui est ainsi humiliée et moquée se retrouve alors abandonnée, en échec diagnostique et avec un dossier chargé en examens complémentaires non concluants. Elle va aller consulter un autre médecin, puis un autre et un autre et encore un autre… De généraliste en neurologue, de neurologue en rhumatologue, de rhumatologue en dermatologue, de dermatologue en hépato-gastro-entérologue, d'hépato-gastro-entérologue en interniste, etc., c'est un parcours long, pénible, humiliant, décourageant et écrasant. Le nombre d'examens complémentaires déjà pratiqués dessert le malheureux sujet malade. Les plus fragiles ou les plus atteints mettent fin à leurs jours – je dis bien : se suicident –, d'autres se résignent dans le repli et le silence après avoir perdu emploi, conjoint ou conjointe, ressources, logement… Et cela se passe en France, en 2022. Le pire qui puisse arriver est un diagnostic psychiatrique établi par un médecin n'ayant pourtant aucune compétence dans ce domaine : « Somatisation, troubles psychogènes ou psychosomatiques, troubles somatoformes, hystérie, hypocondrie, stress, anxiété, dépression… » Là, on est véritablement face à une médecine de docteur Knock ou, si l'on préfère, une médecine de Molière, du XVIIe siècle. Cet admirable Claude Bernard, le père de la médecine moderne d'inspiration scientifique, doit se retourner dans sa tombe. La voilà, cette errance médicale diagnostique. Elle peut durer des mois et bien souvent des années. Elle accable, désespère, isole. Et c'est encore plus accentué, plus méprisant, plus offensant si la personne malade est une femme.

Je terminerai par ce message adressé à toutes les personnes malades et maltraitées : « Ne vous laissez pas humilier, traiter avec suffisance et arrogance, rabaisser, moquer, déconsidérer, offenser ; faites-vous respecter ; battez-vous, déjà pour vous et aussi pour toutes et tous les autres qui sont également maltraités. »

Dr Stéphane Gayet
Médecin, infectiologue et hygiéniste
Praticien hospitalier au CHU de Strasbourg

LUMIÈRE SUR UN SUJET DE SOCIÉTÉ

Les maladies chroniques ne cessent de faire parler d'elles. De plus en plus présentes dans nos vies et aujourd'hui reconnues, elles n'en restent pas moins difficiles à diagnostiquer pour certaines d'entre elles. La durée importante entre les premiers rendez-vous médicaux et la pose d'un diagnostic constitue une attente démesurée nommée « errance médicale ».

Bien que les affections de longue durée touchent autant les hommes que les femmes, ce sont bien ces dernières qui en pâtissent le plus. Cette errance médicale est vécue par les femmes comme une double peine, puisqu'à la maladie s'ajoute l'impossibilité de mettre un nom sur le mal dont elles souffrent. Elle est d'autant plus conséquente que les femmes sont trop peu écoutées et donc pas prises au sérieux par le corps médical. Le sexisme, le machisme et la misogynie de certains médecins envers leurs patientes ne font qu'augmenter le manque de diagnostic et donc de prise en charge des malades chroniques. Nous ne sommes malheureusement pas tous égaux en matière de santé, et les stéréotypes de sexe et de genre persistent partout dans la société, y compris dans le domaine médical.

Cette inégalité supplémentaire affecte la santé des femmes, aussi bien physique que mentale. Outre les différences biologiques ou symptomatiques, l'attente d'un diagnostic peut prendre des mois, des années, voire toute une vie. Une vie de souffrance ponctuée de réflexions telles que: «C'est dans votre tête», «C'est le stress», «Vous mentez», «C'est psychologique», «Vous souriez trop pour être malade», de la part du corps médical mais aussi de l'entourage. Comment peut-on espérer être prise en charge et soignée si des mentalités imprégnées d'archétypes se dressent devant nous?

Au-delà de l'inconscient collectif encore dénué de parité, nous vivons dans un système masculin, créé par les hommes et pour les hommes. Si les femmes se font difficilement comprendre, c'est parce qu'on leur laisse trop souvent une place médiocre dans notre société. Tout comme elles peuvent être régulièrement cataloguées de «folles» ou d'«hystériques», le diagnostic peut lui aussi être bien trop rapidement posé: «Allez donc voir un psy! Vous êtes tellement surmenée!» Et le professionnel de santé passe ainsi à côté d'une pathologie dont on pourrait les soulager. Les femmes hésitent davantage à consulter un médecin, sachant pertinemment que l'on attribuera bien souvent une cause psychologique à leurs douleurs. Pire encore: on les soupçonne parfois de consulter non pas pour une possible maladie, mais par besoin d'attention! Absurde, n'est-ce pas? Et pourtant, c'est une réalité dans les mœurs de notre époque.

L'errance médicale, l'attente d'un diagnostic, la baisse de la qualité de vie des patients, les femmes qui sont plus touchées et moins prises au sérieux, l'absence de communication, d'information, de soin… Tout cela commence à me mettre hors de moi ! Nous sommes des milliers dans ce cas-là. Une maladie chronique n'est ni plus ni moins importante qu'une autre. Certaines personnes vivent des opérations lourdes, des chimios, des traitements de fond, des rendez-vous médicaux à tire-larigot, des invalidités, des handicaps visibles ou non, des dépressions, des pertes de boulot, des situations invivables… Mais on a tous un point commun : la souffrance. Alors je me suis dit que j'allais écrire sur ce sujet, et sur les femmes plus précisément. Car, dans un monde fait pour les hommes, il est difficile d'être une femme, et ce, dans tous les domaines. Quand on est une femme malade, on est une cible pour le sexisme ordinaire et la misogynie au sein du corps médical. Quand on est une femme malade, on est invisible, deux fois plus, aux yeux de la société et du monde entier. Quand on est une femme malade, c'est que c'est forcément dans notre tête et que l'on est trop stressée. Quand on est une femme malade, il faut vraiment avoir l'air malade pour être prise au sérieux. Seulement, quand on est une femme malade, on est juste comme un homme malade : malade.

Le plus dur dans l'errance médicale, c'est le temps passé, mais surtout les phrases « choc » que l'on doit entendre et qui peuvent anéantir une femme qui ne se sent pas du tout écoutée, qui n'est pas prise au sérieux et que l'on prend presque pour une folle. Alors qu'il suffirait de lui dire : « Madame, je vous crois ! Je ne sais pas encore ce que vous avez, mais je vous crois. On finira par trouver. » Ces trois petits mots peuvent donner de l'espoir, du courage, de la confiance en soi et, surtout, ils démontrent que, non, nous ne sommes pas seules. Être malade n'empêche pas d'être heureuse, mais ne jamais être prise au sérieux, oui.

Par chance, notre planète n'abrite pas que des mauvais locataires, et parmi cette foule de personnes bienveillantes, il y a des médecins très à l'écoute, passionnés par leur métier, compétents, rassurants, empathiques, humains et même féministes. Pour qui la santé des femmes est primordiale. Merci à eux.

Je ne suis ni médecin ni rattachée au corps médical. Je suis tout simplement une patiente que l'on a laissée seule face à ses douleurs à maintes reprises. Mon errance médicale a duré plus de neuf ans et, avec le recul, je sais pourquoi. Je ne suis pas amère d'avoir perdu tant d'années de vie et de pleine santé, mais je suis triste de constater que nous sommes des millions dans le même cas. Je pense que nous devrions tous nous sentir concernés et faire valoir le droit des femmes à une prise en charge médicale égalitaire. Il s'agit de prendre en considération la santé de tous, à la même échelle, sans faire de discrimination genrée. Ce livre est à mettre entre les mains de tous pour une prise de conscience générale et un changement des mentalités. Pour nous, pour elles, pour vous.

L'ERRANCE MÉDICALE, MA BATAILLE

Un témoignage est propre à chacun. Il est fonction de sa propre réalité. Une même situation peut être ressentie différemment par les deux parties qui l'ont vécue. C'est pour cela qu'il est délicat de témoigner en matière de santé. Mais dès lors qu'une situation est « invivable », elle doit être dite.

Le témoignage que vous allez lire est donc propre à mes ressentis personnels et reflète un vécu intérieur. Il fait état de la grande vulnérabilité avec laquelle j'ai dû me débattre et avec laquelle tant de personnes se débattent encore (les nombreux messages que je reçois me le confirment chaque jour). Il est primordial de saisir que tout est décuplé parce que tout semble insurmontable lorsque l'on est au cœur de la crise et que l'on a cette sensation de passer d'une épreuve à l'autre sans répit.

Il ne signifie pas que je ne suis pas reconnaissante envers ceux qui ont essayé de faire quelque chose pour ma santé quand d'autres ont tout simplement baissé les bras.

Mon cas en est un parmi tant d'autres.

Je ne sais pas quand mes premiers symptômes sont apparus. Les médecins aimeraient que l'on arrive à dater le moment clé, celui qui déclenche les douleurs, car cela leur permettrait de trouver une coïncidence entre l'état psychologique et l'état physique. Mais c'est généralement impossible dans le cas des maladies chroniques. Ce n'est pas comme si l'on tombait de vélo et que l'on se cassait un bras. Non. J'aurais préféré, cela n'aurait duré que six mois. Moi, je me suis battue pendant plus de neuf ans.

Tout ce que je peux dire, c'est que j'ai toujours été malade. J'avais un terrain propice aux infections. On m'a tout de même diagnostiqué trois fois la varicelle! Toute mon enfance et mon adolescence, j'ai eu des ennuis avec la sphère ORL: j'enchaînais les otites, rhumes, angines, parfois plusieurs fois par mois. C'était incessant, j'ai grandi sous antibiotiques. J'ai même eu une ethmoïdite étant bébé, des crises d'urticaire géante, une sinusite pendant plus de huit mois qui s'est terminée avec un appareil respiratoire et des piqûres de cortisone, une invasion d'amibes et de spirochètes dans la bouche qui m'a valu une parodontite avancée, traitée durant quelques années, une piqûre de tique sur le mollet gauche et une mononucléose carabinée qui a duré plus de deux ans. J'étais inscrite à l'école des enfants malades pour continuer à étudier. J'ai été dispensée de sport toute ma scolarité. La cause? Luxation de la hanche à la naissance, scoliose, syndrome rotulien et nombreuses entorses. Sans compter l'apparition de mes règles à 11 ans. Une souffrance terrible à chaque cycle. Les douleurs, les crampes, les hémorragies, l'anémie, de quoi me clouer au lit une semaine par mois. Je ratais souvent l'école, ce qui m'a valu des années de harcèlement scolaire. On m'a même descendue trois fois au bloc opératoire pour une appendicite, sauf que ça n'a jamais été ça… Maman disait que j'étais «fragile» et que j'attrapais tout ce qui passait. Mais les autres me voyaient plutôt comme celle qui avait toujours « un truc de travers ».

Depuis des années, ma vie n'est qu'une continuité de symptômes, un enchaînement de douleurs constantes, d'attente de diagnostic et donc d'errance médicale. Des années à ne pas savoir, à ne pas trouver de quoi je souffre. Des années à me demander si, comme certains étaient amenés à le penser, je n'étais pas tout simplement « folle ».

Des lacunes fondamentales

Les inégalités dans le domaine de la santé ne datent pas d'hier. Et si elles persistent encore aujourd'hui, c'est parce que, d'une part, les symptômes avant-coureurs d'une maladie ou d'une pathologie (par exemple, la crise cardiaque) **ne se manifestent pas de la même manière chez les femmes que chez les hommes** et, d'autre part, parce que l'on parle trop peu des femmes dans **les manuels médicaux** et au cours des études de médecine. Il y a peu de références, de **données genrées** ou de recherches scientifiques **conjuguées au féminin**. On parle même de « médecine bikini » tant les femmes en sont réduites aux pathologies touchant leurs seins ou leur utérus... Et si parfois les erreurs diagnostiques prévalent, c'est tout simplement parce que le médecin **n'a pas réponse à tout**. Les connaissances apportent les compétences. C'est pourquoi le manque de connaissance sur la santé des femmes devient un **facteur majeur de l'errance médicale**.

2013 - « ELLES DISENT TOUTES ÇA »

Ce jour-là, à l'aube de mes 22 ans, j'avais rendez-vous avec ma gynécologue. Trente secondes me séparaient du moment où elle allait mettre en place ce spéculum gros et froid, sans aucune délicatesse ni douceur. Il n'y a déjà rien de très plaisant à cela, alors quand le geste est un peu brutal, c'est douloureux et très angoissant. Mais le pire restait à venir. Elle a introduit un ustensile inhabituel que je n'ai pas vraiment eu le temps d'identifier. Il faut dire aussi que, dans la position dans laquelle je me trouvais, ce n'était pas évident. Elle ne m'a pas prévenue, et encore moins demandé mon avis. D'un seul coup, je me suis mise à hurler. C'était une douleur méconnue. Que venait-il de se passer ? Qu'est-ce qu'elle avait bien pu me faire ?

« C'était quoi ?!

– Oh rien, juste une petite biopsie. »

Cela consiste à couper et prélever un fragment du col de mon utérus. Ce n'est rien…

« Juste une petite biopsie ?! Vous n'êtes pas censée prévenir vos patientes avant ?

– Oh ce n'est pas grand-chose. Sur le coup ça fait mal, mais après ça passe.

– Et je peux savoir pourquoi vous m'avez fait une biopsie, ou ça aussi vous le gardez pour vous ?

– Je remarque une dysplasie depuis un peu plus d'un an, sûrement des cellules cancéreuses. Vous avez été vaccinée contre le papillomavirus ?

– Depuis plus d'un an ?! Et vous me le dites seulement maintenant ? Oui, j'ai eu mes trois vaccins, dans les règles !

– Oui, oh de toute façon, le vaccin ne contre pas toutes les sortes de papillomavirus. Je vais faire analyser ça, et puis après vous verrez un de mes collègues pour le laser.

– Le laser ? Mais quel laser ? »

J'aurais préféré être assise sur une vraie chaise, les genoux serrés, pour entendre tout cela.

« Le laser est un passage obligé, il faut brûler les cellules cancéreuses avant que ça ne s'étende dans tout l'utérus. »

Plus aucun son ne sortait de ma bouche, je me sentais vidée de toute pensée et de toute réaction.

Attention aux VOG !

Les violences obstétricales et gynécologiques (VOG)[1] sont de plus en plus dénoncées aujourd'hui. Ce terme désigne tout acte, parole ou attitude qui porte atteinte à l'intégrité mentale ou physique de la patiente. Le simple fait de ne pas vous informer et de ne pas vous **demander votre consentement** sur les gestes médicaux qui sont pratiqués sur vous constitue une forme de VOG.

1. Voir : https://www.irasf.org/definition-violences-obstetricales-gynecologiques/ À lire : *La Vérité au bout des lèvres* de Marine Gabriel (du compte Instagram @lovetonuterus), Éditions Kiwi, 2020.

Je me suis rhabillée, j'ai payé ma consultation et je suis partie. Sans un mot. Je travaillais ce jour-là. Un petit boulot d'étudiante. Je plaçais les gens qui venaient se divertir au théâtre. Ce n'était pas loin de mon rendez-vous. J'y suis allée à pied. Soudainement, j'ai eu très mal dans le bas du ventre, comme un coup de poignard, un vertige s'est ensuivi, je ne me sentais pas bien du tout. J'avais sûrement du mal à encaisser tout ça. Arrivée sur mon lieu de travail, je me suis dirigée tout droit vers les toilettes, car quelque chose n'allait pas. Effectivement, j'étais en train de saigner suite à la biopsie. Mes jambes sont devenues guimauve. J'ai tout de suite appelé ma mère pour qu'elle vienne me chercher.

J'ai pris connaissance des résultats de la biopsie, qui confirmaient la présence de cellules cancéreuses, un mois après ma dernière consultation. J'avais rendez-vous avec un autre gynécologue six mois plus tard pour l'intervention laser.

On ne m'a jamais fourni d'autres informations relatives à ce problème de santé. Je ne savais pas quels étaient les risques, s'il y en avait. Ni si cela pouvait empirer ou évoluer. Bref, je devais encore attendre six mois pour savoir si cela pouvait être traité. C'était compliqué d'avoir dans ma tête les mots « cellules cancéreuses » qui résonnaient pendant que je passais mes partiels pour valider mon année en école supérieure de commerce. Je ne pensais qu'à ça, j'avais peur d'avoir un cancer du col de l'utérus alors que j'étais vaccinée, je ne comprenais plus rien. On ne me disait et ne m'expliquait rien. D'une certaine façon, j'étais dans une angoisse permanente, dans l'attente et le doute.

Des facteurs de risque au féminin

Bien que les femmes aient une espérance de vie supérieure à celle des hommes, elles ne vivent pas forcément en bonne santé pour autant. En vivant plus longtemps, nous avons plus de **risque de contracter une pathologie**. Mais d'autres facteurs entrent en ligne de compte. Premièrement, il existe des maladies uniquement féminines (l'endométriose par exemple), d'autres qui touchent principalement les femmes (cancer du sein, lupus, fibromyalgie) et d'autres encore qui prédominent chez elles (cardiopathie, asthme, Alzheimer, etc.). La cause ? **Les différences génétiques et hormonales**. La fluctuation du cycle hormonal féminin favoriserait le risque inflammatoire à partir d'un certain âge, déclenchant ou aggravant certaines pathologies. Tout comme le deuxième chromosome X, porteur d'un gène qui, lui, contribuerait à **une mauvaise réponse immunitaire**. D'autre part, la santé passe aussi par l'équilibre psychique, or les femmes sont plus enclines à faire les frais d'une dépression, facteur déclenchant de certaines affections de longue durée. La cause ? **La charge mentale**, la charge émotionnelle, le surmenage, mais également **les violences** physiques et/ou morales.

Six mois plus tard, je me suis retrouvée dans une petite salle très éclairée, allongée, les pieds dans les étriers. Il y avait deux aides-soignantes pour assister le gynécologue. La première chose qu'il m'ait dite en m'auscultant, c'est : « Je ne sais pas si une séance va suffire car c'est déjà bien étendu, vous avez attendu trop longtemps. » J'étais en train de bouillir. Ma gynéco s'en doutait déjà un an et demi auparavant et quand j'avais pris rendez-vous avec lui, il n'y avait pas de place avant six mois. J'étais dépassée par ma colère intérieure. Ce qui m'a littéralement crispée toute la durée de l'intervention. Le laser, on vous dit que l'on ne sent presque rien alors que ça fait un mal de chien. Plus les minutes s'écoulaient, plus ça sentait le cochon grillé. Je pleurais de douleur. Les deux aides-soignantes étaient obligées de me tenir les bras et de me plaquer sur le lit pour que j'arrête de gigoter. Je voulais juste que cela se termine. Je me sentais presque honteuse de tout ce qu'il m'arrivait alors que ça aurait pu être évité ou « réparé » depuis des mois. Ce n'est pas moi qui aurais dû avoir honte de cette situation, mais plutôt ma gynécologue, censée veiller sur sa patiente.

Par chance, une seule intervention a suffi pour venir à bout de la dysplasie. En revanche, suite à cela, je n'ai plus eu mes règles pendant des mois. Personne ne savait me dire pourquoi. Je me suis demandé si, par conséquent, je pourrais avoir des enfants plus tard, puisqu'on aurait pu croire que tout avait changé dans mon corps de femme. Que tout avait « disparu ». Les règles, les douleurs du syndrome prémenstruel et ma fertilité.

La réponse est « oui ». Ne prenant plus la pilule depuis des années, car cela me provoquait des règles encore plus hémorragiques qu'à l'accoutumée, je suis tombée enceinte. Et la manière dont je l'ai su est pour le moins peu commune !

Je récapitule : plus de règles depuis l'intervention laser, donc impossible de me rendre compte de quoi que ce soit et utilisation d'une contraception locale (préservatif). Jusque-là, je ne pouvais me douter de rien. Hormis peut-être le fait que je m'étais mise à manger trois beignets aux pommes par jour… Mais bon, j'ai tendance à être gourmande !

Durant les six mois qui ont suivi l'intervention, je ressentais des petites douleurs dans le bas du ventre. Ma gynéco m'avait alors prescrit une échographie pelvienne pour vérifier mes ovaires.

Bien installée en salle d'échographie, la radiologue m'a badigeonné le bas du ventre avec ce gel caractéristique bien froid, a posé l'appareil puis regardé l'écran installé en face de moi, et m'a demandé : « Vous venez pour quoi ? » Je lui ai expliqué la situation : la dysplasie, le laser, l'absence de règles, les petites douleurs dans le bas du ventre depuis quelques mois, etc. En résumé, je venais pour vérifier que tout allait bien.

Elle m'a regardée, elle a regardé l'écran, elle m'a regardée, elle a regardé l'écran, puis elle a pris un ton sévère et condescendant tout en fronçant les sourcils. Elle m'a dit : « Vous voyez là ? Vous êtes enceinte ! Alors je n'ai pas de temps à perdre pour vous trouver des kystes aux ovaires. On a terminé. » Puis elle est partie…

Je suis restée face à l'écran et à l'image qu'elle y avait laissée de mon utérus et de cette petite bulle qui signifiait que j'étais enceinte. Elle est finalement revenue, je lui ai demandé si elle savait depuis combien de temps, car je tombais des nues, ce n'était pas croyable une chose pareille, même impossible. Elle m'a répondu qu'elle allait imprimer les clichés et regarder, que je devais retourner patienter pour les résultats en salle d'attente. Poliment, je lui ai expliqué que j'étais venue accompagnée de mes parents et lui ai demandé de ne rien divulguer. Après tout, j'avais 22 ans… et le droit de garder ça pour moi.

Je suis retournée auprès de mes parents, blanche comme un cachet d'aspirine, incapable de parler. J'étais sous le choc. Un choc violent. Après quelques minutes d'attente, j'ai entendu mon nom, je me suis levée, mes parents aussi, et nous sommes allés à l'accueil chercher mes clichés et le compte rendu. Et là, la radiologue est arrivée en s'esclaffant: «Ah au fait, ça fait à peu près trois semaines que vous êtes enceinte!» Tout le monde a entendu, aussi bien la fille de l'accueil que mes parents, que les autres personnes dans la salle d'attente. Je me suis sentie pire que trahie et je me suis liquéfiée sur place. Mes jambes tremblaient. Mes parents étaient dans un brouillard total. Ils m'ont pris chacun sous un bras et m'ont fait sortir d'ici, de cet enfer, sans dire un mot.

Ce sont vraiment les meilleurs parents du monde. Ils ne m'ont jamais posé de questions. Ils ont respecté ma vie, mes choix et ont attendu que j'en parle de moi-même, si j'en avais envie. De mon côté, je ne comprenais toujours pas comment tout cela était possible.

Sur le plan émotionnel, j'étais dévastée. Mais sur le plan physique aussi. Après mon intervention au laser, je m'étais fait une double entorse avec rupture du ménisque au genou droit, et quelques semaines plus tard une fracture de l'orteil au pied gauche. Ce qui m'avait totalement déséquilibrée au niveau du corps. De plus, la maison de mes parents avait été cambriolée pendant qu'ils étaient partis à l'autre bout du monde. J'avais dû m'occuper de tout, une béquille sous chaque bras, tantôt pour soulager mon genou droit, tantôt pour soulager mon pied gauche. Seule avec tout ça. Tout me paraissait insurmontable. Sans oublier que j'avais fait ma rentrée en master de communication et que je n'avais pu assister à aucun cours pendant des semaines. J'étais au bout du rouleau et l'annonce de cette grossesse ne m'a pas réellement aidée à y voir plus clair.

Une fois les béquilles mises au placard, j'ai pris la décision d'arrêter mes études (qui, de toute façon, ne me plaisaient pas tellement) pour prendre le temps de réfléchir à ma vie. Oui parce que, pour moi, il fallait peser le pour et le contre. Je m'étais toujours dit que si jamais je tombais enceinte trop tôt, pas au bon moment, ou pas avec la bonne personne, etc., j'avorterais sur-le-champ. Mais maintenant que j'étais face à la réalité, j'avais besoin d'un moment de réflexion. Je suis humaine. Et femme, qui plus est.

La première personne à qui j'en ai parlé, étonnamment, c'est mon père. Comme je sais qu'il ne parle pas beaucoup lorsque l'on aborde des sujets délicats, au moins j'étais sûre de ne pas voir la conversation s'enflammer. J'étais sereine. Avec ma mère, j'avais encore beaucoup de mal à envisager une conversation. Je savais qu'à un moment ou un autre elle me donnerait son avis, et ce n'était pas ce dont j'avais besoin dans l'immédiat. Ensuite, j'en ai parlé à une amie, qui s'est montrée aussi catégorique que j'aurais pu l'être si j'avais été à sa place. Elle n'était pas à la mienne, elle ne pouvait donc pas comprendre. Bien entendu, j'ai fini par en parler au premier concerné. On était deux dans cette histoire. Je n'ai eu aucune réponse de sa part. Il m'a tout bonnement ignoré avant de me menacer. Et pourtant, on se connaissait bien. J'aime autant ne pas avoir à lui accorder une ligne dans cet ouvrage.

Attention au *stealthing* ! Cette forme d'agression sexuelle désigne le retrait non consenti du préservatif pendant l'acte par le partenaire. Si vous en êtes victime, vous pouvez porter plainte. Cette pratique est considérée comme un « viol par surprise » et peut avoir des conséquences désastreuses, comme une grossesse non désirée ou une maladie sexuellement transmissible.

Ma mère m'a emmenée déjeuner dans ma pizzeria préférée, chose qui, je l'avoue, n'arrive jamais puisqu'elle déteste aller au restaurant, et encore plus les pizzas. Son envie de me faire plaisir était évidente. Je pense que, pour elle, c'était le moment de parler. Je n'ai pas décroché un mot de tout le repas.

Plus tard dans la journée, j'avais rendez-vous avec ma gynéco. Elle m'a plus ou moins expliqué la marche à suivre pour la suite, elle m'a donné des prospectus à lire pour m'aider dans ma réflexion, elle m'a confirmé que les contraceptions locales, ce n'était pas 100 % fiable, et elle a terminé en me disant : « C'est pas de bol, quand même ! » Ce que je n'ai pas manqué de confirmer.

J'ai pris rendez-vous au planning familial (moi qui pensais que ce n'était que pour les mineures), accompagnée de ma maman. C'est vraiment spécial de se retrouver dans ce lieu avec des enfants qui attendent un enfant, des femmes déjà maman, des accompagnants en tous genres mais aussi des femmes bien seules dans ce processus. Je n'ai pas aimé mon premier rendez-vous. Quand je disais que c'était un accident, les deux personnes face à moi pinçaient les lèvres avec un léger rictus moralisateur et me disaient : « Mais oui, elles disent toutes ça. »

Ma gynéco m'avait dit que j'avais le droit à un suivi psychologique, ce que je souhaitais. J'en ai parlé lors du rendez-vous pour savoir comment ça se passait. On m'a répondu que, comme j'étais pleinement consciente de ce que je faisais et majeure, ce n'était pas la peine. On me refusait cette aide. J'étais vraiment perdue.

L'IVG, toujours taboue ?

On n'en parle pas assez. Le sujet de l'interruption volontaire de grossesse (IVG) ou **avortement est toujours majoritairement tabou**, même dans les hôpitaux, même auprès des gynécos. On a toujours l'impression que c'est de notre « faute » et que c'est considéré comme « anormal », donc **montré du doigt en permanence**, alors qu'en réalité, **une femme menstruée sur trois** (oui, 1 sur 3 !) a recours à une IVG dans sa vie, et que 72 %[2] de ces interventions concernent des femmes **sous contraception**, locale ou orale. C'est pratiquement **3 IVG sur 4 !** Alors STOP aux airs condescendants et moralisateurs lorsque l'on aborde le sujet de l'avortement avec des femmes qui font tout pour se protéger contre des grossesses non désirées. **Notre utérus, notre choix !**

2. Dr Philippe Faucher, *Une sur trois*, Robert Laffont, 2021.

Lors du second rendez-vous, qui confirmait ma décision de procéder à une IVG, on m'a expliqué comment allaient se passer les choses. La prise en charge, la venue, la prise des médicaments, les réactions du corps, puis l'après. J'étais plus ou moins préparée à ce processus. Deux jours plus tard, j'ai dû passer une échographie transvaginale avant de procéder à l'IVG. Je ne savais pas en quoi cela consistait et on ne m'a pas vraiment demandé mon avis avant d'introduire l'appareil. Ma mère m'avait accompagnée ce jour-là, mais jamais je ne me serais doutée que la gynécologue allait ouvrir le paravent pour que ma mère puisse aussi regarder ce qui se passait à l'écran (chose qu'elle n'a évidemment pas faite). Vive l'intimité et vive la dignité ! Je n'avais qu'une hâte, c'est que toute cette histoire soit derrière moi, car je n'en pouvais plus du manque de respect et de tact de la part du corps médical qui m'entourait. Mon corps, ce n'est pas une pièce de musée ! En somme, je pense que je m'attendais à tout, sauf à ce qui allait suivre :

« Alors, on vous a expliqué comment allait se passer cette IVG ?

– Oui, plus ou moins…

– Vous avez déjà eu des anesthésies ?

– Oui, mais quel est le rapport ?

– L'IVG par aspiration, ça se fait en ambulatoire ma petite dame, avec une anesthésie générale.

– Ah d'accord, mais moi ce sera une IVG médicamenteuse, d'après la première échographie d'il y a quelques jours.

– Ah non, je ne crois pas, vu ce que je vois ! Je ne sais pas qui vous a dit ça, mais vous avez largement dépassé le délai !

– Quoi ??? »

Le lendemain, je rentrai à l'hôpital vers 10 heures, et à 14 heures il fallait que je quitte la chambre.

Pour moi, cet acte devient glauque dès lors que vous ne recevez aucune prise en charge psychologique (alors que vous l'avez demandée). Mais il l'est encore plus quand vous ne connaissez même pas le nom de votre intervenant chirurgien, et qu'il ne connaît pas le vôtre non plus. Je n'étais qu'un numéro. Il me semble que j'ai rejoint la chambre vers 13 h 30, complètement dans le gaz. J'avais ordre de prévoir un accompagnant pour venir me chercher une fois qu'on m'aurait donné l'autorisation de sortir. J'avais vraiment, mais vraiment mal. Je pleurais de douleur, mais aussi parce que psychologiquement, c'était lourd à porter. Je saignais beaucoup trop. Je ne pouvais plus bouger. Ma mère est venue dans la chambre, elle a vu que toute cette douleur et tout ce sang n'étaient pas « normaux ». Elle a appelé une aide-soignante qui, une fois dans la chambre, nous a dit : « Ah oui, ça arrive ! Bon, par contre, je ne voudrais pas vous presser, mais il faut libérer la chambre dans cinq minutes ! » J'ai vu ma mère se décomposer, d'abord de colère, mais comme aucun mot n'a pu sortir de sa bouche, se sont ensuivis la stupéfaction puis le dégoût. J'étais dans les vapes, dans la douleur, dans mon sang… Ma mère, ce petit bout de femme (hyper-forte), m'a portée, mise sur une chaise roulante, emmenée dans la voiture, calée de façon à ne pas accentuer ma souffrance, puis ramenée à la maison. Cette journée fut terrible.

Un système masculin

Naître femme pour n'être qu'une femme: voici en résumé le système dans lequel nous sommes. **Un système patriarcal!** Pourquoi, en 2022, vivons-nous toujours dans un monde ultra-masculin? Pourquoi doit-on encore justifier que les femmes ont tout simplement « leur place » dans le monde, au même titre que les hommes? Jusqu'à preuve du contraire, s'il y a autant d'hommes sur Terre, c'est parce qu'ils ont tous une mère. Aujourd'hui, si **les femmes ont les mêmes droits que les hommes** dans les pays occidentaux, cela n'a pas toujours été le cas et, quand bien même, il reste toujours des **inégalités de genre** dans de nombreux domaines, ancrées dans le fonctionnement de notre société.

Pendant des siècles, le rôle des femmes a essentiellement consisté à gérer le foyer, à s'occuper de la maison, des enfants et de leur mari. Les autres activités n'étaient accessibles qu'aux hommes (voter, travailler, ouvrir un compte en banque, etc.). Bien qu'aujourd'hui **l'émancipation des femmes** soit une réalité dans notre société, il reste souvent difficile de faire sa place en tant que femme face à l'inconscient collectif nourri des **stéréotypes de genre**. Dès l'enfance, nous risquons tous d'être soumis aux diktats de la société : les garçons doivent être virils et les filles soigner leur image pour être séduisantes, le rose est réservé aux filles et le bleu aux garçons. **Le monde a été façonné de la sorte** depuis tellement longtemps qu'il est difficile de faire bouger les lignes. Et plus on grandit, plus les inégalités et les stéréotypes de genre semblent grandir avec nous: « C'est un travail d'homme », « Y a que les fillettes qui pleurent », « Il faut que tu fasses un enfant avant 30 ans »... Enfin, vous voyez? Nous sommes noyés dans une **norme sociale** et si l'on essaie de marcher hors des clous, on risque d'être évincés du système. C'est encore plus dur pour les femmes, car on nous apprend à être les faibles face au sexe fort : l'homme. **Ces archétypes sont la source de lourdes inégalités**, qui ont des conséquences sur les rapports hommes-femmes. Et le milieu médical n'échappe pas à ce profond déséquilibre !

On considère souvent les médecins comme des êtres supérieurs, on a tendance à **les mettre sur un piédestal.** Ils sont pourtant comme tout le monde, à la différence bien sûr de leurs études et de leur droit d'exercer.

Une patiente femme qui consulte un médecin homme doit donc lutter contre un **double préjugé**, synonyme d'un **double sentiment d'infériorité** : elle est une personne du sexe faible face à une personne du sexe fort, et elle est quelqu'un qui ne sait pas face à quelqu'un qui détient le savoir.

J'ai tendance à trouver des excuses aux médecins quand un rendez-vous médical ne se passe pas comme je l'aurais espéré, en me disant que, comme tout le monde, ils ont des bons et des mauvais jours.

Mais si l'on ne veut pas trop **se voiler la face**, il faut aussi accepter le fait qu'il y a malheureusement certains médecins qui se sont perdus dans les abysses des vices les moins glorifiants : la vanité, l'orgueil, la cupidité et l'avarice, couplés de **sexisme et de misogynie**, qui préfèrent servir leur ego plutôt que de prendre soin de leurs patients…

Par chance, il y a aussi énormément de **médecins passionnés, gentils, à l'écoute et bienveillants**, qui feront tout leur possible pour nous aider. Ce sont eux qu'il faut trouver !

2014 - « VOUS CROYEZ QU'ELLE VA MOURIR ? »

Deux mois plus tard, je suis partie rejoindre un ami à Paris. Une personne que j'aime vraiment beaucoup et que je n'avais pas revue depuis quelques années. Je ne crois pas tellement à l'amitié entre un homme et une femme et, pour être tout à fait honnête, j'étais plus qu'heureuse de le revoir. Il avait envahi mes pensées bien des fois auparavant. Depuis mes dernières interventions gynécologiques, mes règles n'étaient toujours pas revenues. C'était un peu bizarre d'ailleurs tous ces changements dans mon corps. J'étais dans le train qui m'emmenait vers Paris, quand soudain j'ai ressenti une douleur dans le bas du ventre et j'ai tout de suite compris qu'elles étaient de retour. Elles auraient pu prévenir ! Mais bon, j'étais contente de constater que les choses commençaient à rentrer dans l'ordre dans mon corps de femme.

Les retrouvailles furent douces, la soirée parisienne également. C'était encore l'hiver, mais le temps était clément. De toute façon, les terrasses parisiennes se fichent bien de la météo : qu'il pleuve ou qu'il fasse beau, tout le monde répond présent. La soirée s'est terminée sur une bonne note. Une étreinte de tendresse qui s'est arrêtée dans les bras de Morphée. La matinée fut moins enchanteresse. Mon ami était parti à un entretien d'embauche et je devais me préparer pour aller prendre un café pas très loin avec une copine. J'ai eu un peu plus mal au ventre en me réveillant, je suis allée aux toilettes et là, le drame. D'un coup, j'ai perdu beaucoup de sang. Une vraie flaque commençait à se former sous mes pieds. Je ne savais pas quoi faire. Je n'étais pas chez moi, c'était la honte totale, en plus du désarroi. J'ai appelé ma copine pour qu'elle me rejoigne plus tôt et qu'elle m'aide à trouver une pharmacie. J'ai expliqué la situation au pharmacien, il m'a regardée avec de grands yeux. Je lui ai dit qu'il y avait urgence et il m'a répondu que je n'avais qu'à les appeler, les urgences ! J'étais à deux cents kilomètres de chez moi : je n'allais pas passer ma journée seule à l'hôpital sans personne pour m'épauler, hors de question ! J'avais juste besoin d'un médicament pour arrêter l'hémorragie, qui était devenue entre-temps encore plus conséquente. Un médicament dont je connaissais le nom puisqu'on me l'avait déjà prescrit. On était jeudi, mon médecin ne travaillait pas et ma gynéco était en congé. Personne pour faxer une ordonnance à la pharmacie du 17e arrondissement de Paris ! J'étais perdue, une fois de plus, avec ma condition féminine. Ma copine m'a emmenée acheter des doubles et des maxi-protections pour ne pas que je me vide de mon sang et que je souille un peu plus les trottoirs parisiens. J'avais l'impression de porter une couche. Je saignais tellement que je devais en changer toutes les demi-heures maximum. On s'est assises à une terrasse afin que je reprenne mes esprits et que je me repose un peu. On a commandé un café et, comme si ma journée n'avait pas été assez éprouvante, le serveur s'est emmêlé les pieds et m'a renversé la tasse fumante sur les cuisses ! Heureusement, comme je devais rester plusieurs jours, j'avais un pantalon de rechange avec moi. De toute façon, celui que je portais, en plus d'être plein de café, commençait à être taché de sang. Je me suis mise à pleurer, sur la situation maintenant hors de contrôle, et aussi parce que j'avais mal au ventre. Nous sommes retournées dans la même pharmacie, et je me suis montrée un peu plus convaincante. Je n'ai pas trop laissé le choix au pharmacien : il fallait qu'il me donne ce médicament dont j'avais besoin, même juste un cachet, histoire de pouvoir calmer les choses et reprendre un train jusque chez moi pour aller aux urgences une fois arrivée, avec mes parents à mes côtés… Le médicament a fait son effet : le saignement s'est arrêté pendant plus de 48 heures. Ça valait le coup d'insister. Je connais mon corps, je sais quand quelque chose n'est pas normal et j'avais tout fait pour obtenir gain de cause.

Les jours qui ont suivi, j'avais un peu les jambes en coton, j'étais affaiblie et très pâle. L'hémorragie est repartie de plus belle. Je saignais tellement que je « pondais » littéralement des caillots de sang de la taille d'un œuf de poule. C'était affreux ! Nul autre choix que d'aller aux urgences cette fois. Entre-temps, j'avais eu mon médecin et ma gynécologue au téléphone pour leur expliquer ma mésaventure parisienne. Une fois aux urgences, on ne m'a pas vraiment prise au sérieux. Ce qui fait que j'ai attendu de longues heures avant d'être prise en charge par le service de gynécologie. Une fois installée sur le fauteuil, on m'a auscultée. Rien ne paraissait anormal aux yeux de cette jeune gynéco. Elle m'a renvoyée chez moi. Bien entendu, la nuit ne s'est pas très bien passée et l'hémorragie a continué de plus belle. Je suis retournée aux urgences le lendemain matin. Même diagnostic. Le matin suivant, pareil. Et ainsi de suite pendant presque deux semaines ! Personne ne voulait me croire, ni ne me prenait en considération. Je ne sais absolument pas pourquoi, mais une fois que j'étais installée sur le fauteuil gynécologique, l'hémorragie s'arrêtait. Je pense qu'à chaque fois, c'était le moment où le caillot se formait avant d'être expulsé. J'étais au bon endroit, mais pas au bon moment. Le stress de l'auscultation a aussi pu jouer sur ces retournements de situation. Quoi qu'il en soit, j'ai passé des semaines en hémorragie permanente. J'avais mal. J'avais peur et je ressemblais à un cadavre, faible comme jamais. Puisque personne ne se préoccupait de mon état, mis à part mes parents bien sûr puisque ma mère devait parfois m'aider et me porter quand j'allais aux toilettes évacuer tout ce sang, j'ai commencé à prendre sur moi. Difficilement.

Je me souviendrai toujours de la journée du 31 mars 2014, car ma vie a failli s'arrêter.

Je portais une jolie robe rouge et je participais en tant que figurante au tournage d'un clip local. J'ai mis toute mon énergie dans les trente secondes de mon passage. Pour me redonner des couleurs, mes parents ont ensuite souhaité qu'on aille manger une glace ensemble. On n'était pas loin de mon appartement, je suis allée changer de vêtements pour aller me promener en ville. Quelques minutes plus tard, alors qu'on se baladait, j'ai eu un gros malaise. Je ne pouvais plus bouger, je sentais que je saignais encore plus, plus fort. Heureusement, cela m'est arrivé juste devant une boutique ou j'avais travaillé quelques mois plus tôt. Mes anciennes collègues sont venues aider mes parents à me porter. J'ai inondé de sang les toilettes du magasin. Dix minutes plus tard, j'étais de retour aux urgences. Passage obligé par les toilettes. Ma mère a interpellé une aide-soignante pour qu'elle vienne constater par elle-même que je perdais beaucoup de sang. Je suis passée directement dans le service gynéco, et là, c'était une catastrophe. Difficile de ne plus me croire ! Ils ont été obligés de passer la serpillère plusieurs fois après mon passage, autant dire que je me suis littéralement vidée de mon sang à ce moment-là. On m'a administré un médicament pour que tout s'apaise et on m'a annoncé que j'allais passer la nuit en observation.

Il n'y a pas de doute là-dessus, j'ai bien été observée. Sous tous les angles ! Dès mon installation dans la chambre, je devais être accompagnée à chaque fois que j'allais aux toilettes pour vérifier la quantité de sang que je perdais : autant dire que j'ai dit adieu à mon intimité. Mais en plus, quelqu'un venait vérifier toutes les heures ce qu'il se passait dans ma culotte, tandis que j'étais allongée sur mon lit d'hôpital… La honte m'envahissait une fois de plus.

Mes parents étaient encore près de moi après la fin des visites autorisées. Une dame peu aimable est entrée dans la chambre et leur a demandé de partir sur un ton sec et dédaigneux. Cela ne m'a pas du tout mise à l'aise pour la suite. J'avais peur d'être seule. J'avais peur d'être là. Une fois qu'ils sont partis, une infirmière est venue me poser un cathéter. D'abord sur la main, ça n'a pas marché. J'ai crié de douleur. Elle l'a mal pris. Ensuite dans le creux du coude. Je savais qu'il ne fallait pas que je ramène ma fraise vu les yeux qu'elle me faisait. Mais j'avais encore plus mal. Je ne bougeais plus mon bras parce que le moindre mouvement me faisait sentir l'aiguille et, oui, je déteste ça ! Ce petit moment m'a remplie de stress je crois, de douleur aussi. Je me sentais très seule (sauf quand on venait regarder dans ma culotte). J'ai commencé à me sentir mal, à la limite du malaise, mais avec des fourmillements un peu partout. J'avais la nausée. J'ai appuyé sur la sonnette pour faire venir quelqu'un. On m'a apporté un haricot en carton, au cas où, pour vomir dedans. Et puis d'un coup, mon corps s'est contracté de tous les côtés, les fourmillements sont devenus des raidissements, mes mains formaient des crochets. J'étais en train de faire une crise de tétanie, la première de ma vie.

La suite est un peu floue et, pour le peu que je m'en souvienne, pas jolie, jolie ! Mon corps s'est entièrement tétanisé. Mes yeux se sont fermés. Ma langue était raide. Il ne me restait que mes oreilles pour entendre ce qu'il se passait autour de moi. Quelqu'un m'avait apporté un sac en plastique, et non en papier, pour que je respire dedans, comme quand on fait une crise de spasmophilie. J'ai manqué d'être asphyxiée. Ensuite, j'ai bien entendu qu'il y avait plusieurs personnes autour de moi, une dizaine je dirais. Mon corps s'est tellement contracté que ça a amplifié mon hémorragie, déjà bien conséquente. « Vous croyez qu'elle va mourir ? » est la dernière phrase que j'ai entendue avant de reprendre mes esprits en salle de réveil postopératoire. Je me souviens à peu près d'être descendue au bloc, d'avoir ressenti le froid glacial des couloirs non chauffés de l'hôpital… et puis c'est tout. Je me rappelle seulement cette fameuse charlotte qu'on m'a mise sur la tête. En me réveillant, je ne la sentais plus et c'est devenu mon seul souci : « Monsieur, elle est où ma charlotte, j'ai perdu ma charlotte, il faut vite la retrouver. » Et j'ai commencé à pleurer. Ah, les réveils postanesthésie… Entre le moment où j'ai cru que j'allais mourir et l'instant où je me suis réveillée, je ne sais pas ce qu'il s'est réellement passé durant l'intervention dans ce bloc. Et je ne l'ai jamais su. D'après les médecins que j'ai vus, personne n'a trouvé l'origine de l'hémorragie, car apparemment mon utérus ne présentait aucune trace de sang… J'en suis encore à me demander comment c'est possible… Le seul point positif, c'est que je ne saignais plus du tout. Le point négatif, c'est que je venais de perdre plus de 40 % de mon sang. On m'a proposé d'être transfusée. Vous connaissez mon tempérament maintenant : il était hors de question pour moi de rester à l'hôpital une heure de plus. Je voulais rentrer chez moi, je me referais une santé une fois à la maison, entre les bonnes mains de mes parents aimants et aux petits soins.

Je n'ai pas joué avec ma vie en refusant la transfusion, puisqu'on m'a bel et bien laissé le choix. À ce stade, je pouvais « récupérer » avec beaucoup de repos, des médicaments et une bonne alimentation. Je n'avais pas l'intention de prendre le sang de quelqu'un qui pourrait en avoir davantage besoin que moi. Avant de partir, j'ai vu l'hématologue, celui qui m'a « sauvé la vie » a-t-il dit, sans lui je serais « probablement morte » disait-il. Il m'a expliqué en deux mots que je présentais un déficit en facteur VII, qui est un des facteurs de la coagulation sanguine. Et que, de ce fait, il était possible qu'après une opération mon corps réagisse plus tard en faisant une hémorragie. « Un retard à l'allumage », comme il disait. Je n'ai jamais vraiment compris cette métaphore. En somme, il y a comme des petits bâtons qui viennent se positionner à la manière de dominos sur une plaie (opération) pour la fermer, mais le dernier reste manquant. Il ne tombe pas. Ce qui fait que tout se rouvre et laisse place à une hémorragie, plus ou moins importante. Ce qu'il me disait ne m'était finalement pas étranger. Je me suis souvenue que, dix ans plus tôt, quand on m'avait opérée des dents de sagesse, je m'étais étouffée dans mon sommeil avec mon sang une semaine après l'opération : j'avais également terminé aux urgences, mais aucun diagnostic de ce type n'avait été posé. Ce qui est franchement dommage et limite dangereux... Car si j'avais été au courant de ce déficit en facteur VII, je n'aurais pas fait une hémorragie interne de ce genre plus de deux mois après un curetage, tout en croyant que j'allais mourir.

> Cet hématologue, je suis retournée le voir pour une consultation de contrôle quelques mois plus tard, accompagnée de mes parents. Voici sa réaction : « Vous viendrez m'ennuyer quand vous aurez une leucémie, je ne traite que les cas graves ! »

Les semaines qui ont suivi, je les ai passées dans mon lit, au repos total, à me battre contre mon anémie. Je reprenais doucement des forces et des couleurs. Je faisais des recherches sur l'alimentation la mieux adaptée à l'anémie et au problème de coagulation ainsi que sur le mode de vie naturel à adopter pour une meilleure santé. Je me sentais vraiment mal après tout ce qu'il venait de m'arriver et j'étais persuadée que quelque chose n'allait pas dans le fonctionnement de mon propre corps. Avant toutes ces mésaventures, j'avais une vie étudiante très active. J'enchaînais les petits boulots, je ne dormais sans doute pas assez et j'avais une alimentation plus ou moins équilibrée. Je me suis demandé si cet ancien mode de vie avait contribué à me rendre différente, à faire que mon organisme fonctionne ou réagisse mal. Je pensais que j'y étais pour quelque chose, que c'était de ma faute.

L'alimentation et l'environnement

D'après l'Organisation mondiale de la santé (OMS), d'autres facteurs de risque, **environnementaux** par exemple, sont susceptibles de **déclencher des maladies de longue durée** chez tout le monde. Parmi ces facteurs, nous devons prendre en compte l'environnement « général » dans lequel on vit, grandit et s'expose comme **la pollution** atmosphérique, la pollution de la terre, de l'eau, électromagnétique, etc. Mais aussi **l'alimentation**, qui joue un rôle important, qui est aujourd'hui appauvrie en nutriments, dénaturée ou industrialisée, et peut de ce fait affaiblir le système immunitaire, ou créer de nouvelles carences ou maladies pouvant nous exposer à **pléthore de symptômes inexpliqués.**

Une fois bien reposée, j'ai commencé à m'ennuyer à mourir. J'avais arrêté mes études, lâché mes petits boulots, je vivais chez mes parents et ne retournais chez moi que pour aller chercher des affaires de rechange. Parfois, j'y restais un week-end si j'avais des amis à voir, mais je me sentais encore un peu trop faible pour faire la fête. Habituée aux cours par correspondance (j'ai fait tout mon lycée ainsi), j'ai cherché et trouvé une formation à distance en naturopathie. J'étais super heureuse d'ouvrir un nouveau chapitre de ma vie et d'apprendre de nouvelles choses, de nouvelles méthodes naturelles pour se sentir bien et mieux dans son corps et pour avoir une meilleure santé. La naturopathie m'a apporté beaucoup d'enseignements. Les mois qui ont suivi, j'ai mis en pratique tout ce que j'ai découvert dans mes cours et dans les livres. Je me sentais plutôt bien et de nouveau en forme. J'étais ravie de ne pas faire tout cela pour rien et d'avoir appris une manière différente de me « soigner ».

Après mon hémorragie interne, mon nouveau gynécologue m'a prescrit du Lutéran® (chlormadinone), un progestatif préconisé dans le traitement des règles hémorragiques, en cas d'endométriose ou au début de la ménopause. À noter qu'il ne doit pas être prescrit en cas d'épisodes de saignements génitaux sans diagnostic précis… J'étais perplexe. D'après le médecin, c'était censé me « régler » mieux, avec une prise semblable à une pilule « classique », et éviter les douleurs ou les saignements trop importants. Sauf que mes périodes de règles étaient dix fois pires qu'avant. Je me tordais de douleur, j'avais mal, je pleurais, j'avais des règles hémorragiques, c'était invivable. C'est à ce moment-là que mon gynéco a eu une suspicion d'endométriose. J'ai dû aller faire des examens dans une autre ville que la mienne pour être sûre du résultat. J'avais déjà perdu mon intimité et ma dignité en début d'année sur le lit d'hôpital, mais ce jour-là ma honte a dépassé l'entendement ! Vous connaissez déjà mon amour pour les aiguilles… Ça démarrait donc mal avec le cathéter qu'on devait me mettre dans le bras pour faire passer le produit de contraste[3] avant de procéder à l'IRM pelvienne. Je ne savais même pas que cet examen nécessitait un produit de contraste. Dépassée par les émotions, je me suis mise à pleurer à gros bouillons. En plus, les produits de contraste, quand vous êtes un minimum sensible, ça brûle. L'infirmière m'a installée pour l'examen. J'étais allongée, je reprenais un peu mes esprits, ça allait bien se passer.

3. Ce n'est qu'en 2022, lors d'une autre IRM, que j'ai su que ce fameux produit était en fait un médicament avec de nombreux effets secondaires, et non un produit de contraste comme on me l'avait indiqué.

« Bonjour, je suis le médecin qui va analyser les résultats de l'IRM. »

Il me serre la main.

« L'infirmière m'a dit que vous avez eu mal avec la pose du cathéter, ça va mieux ?

– Heu, oui. »

J'avais du mal à décrocher un mot tellement je le trouvais beau !

« Bon, pour faire l'IRM, je vais devoir vous mettre du gel échographique. Ça va aller ? »

Au premier abord, du gel, ce n'est pas méchant, même si je ne voyais pas l'utilité pour une IRM… Sauf qu'il m'a gentiment demandé de baisser ma culotte (j'étais déjà allongée dans le tunnel), a attrapé une grosse seringue de gel et m'en a introduit une dose dans le vagin et une autre dans le rectum. La honte du siècle ! Qui est la personne qui a oublié de me prévenir de ce passage obligé avant l'examen ? Je n'étais pas du tout préparée à ce genre d'intervention. J'avais déjà passé des IRM dans ma vie, mais j'étais à des milliers de kilomètres de me douter de cette intrusion dans mon intimité. Que ça ne dérange pas les personnels médicaux parce qu'ils font ça plusieurs fois par jour, c'est une chose. Mais ne pas préparer psychologiquement les patientes au déroulé de l'examen en est une autre. J'avais vraiment l'impression d'être un animal, ou de ne pas exister, que mon ressenti n'avait aucune valeur. J'étais juste un corps que l'on allait examiner, et c'est tout.

J'ai appris plus tard, au détour d'une conversation avec une femme qui a passé le même examen que moi, que le gel en question était à introduire seule, dans la cabine, avant que l'on vienne nous chercher pour l'examen… On avait juste oublié de me l'indiquer, et j'ai donc eu droit au médecin beau gosse pour rattraper le coup et le faire à ma place. Heureusement que la honte n'a jamais tué personne…

Les résultats n'ont rien montré d'anormal, ce qui est plutôt une bonne chose quand on connaît le calvaire que constitue l'endométriose pour les femmes. Malheureusement cette maladie ne se voit pas forcément sur les images et parfois les symptômes parlent d'eux-mêmes. Depuis ce jour, mon gynéco m'a donc mise sous Lutéran® en prise continue, au cas où. Finis les douleurs prémenstruelles, les seins qui gonflent, l'irritabilité et surtout les règles ! Je me sentais délivrée, mais pas rassurée. J'étais en ménopause artificielle, ni plus ni moins : sans libido, sans envie, sans douleur, mais avec des bouffées de chaleur.

Le mot de Yasmine Candau, présidente d'EndoFrance®

L'endométriose : de l'errance à l'espoir

Cette maladie mystérieuse tire son nom de l'endomètre, la muqueuse qui tapisse l'utérus et qui, chaque mois, en l'absence de fécondation, se désagrège et saigne. On parle d'endométriose quand on retrouve, ailleurs que dans l'utérus, des cellules semblables à l'endomètre et lesquelles, chaque mois, vont réagir à l'influence hormonale là où elles se trouvent, se mettre à saigner, formant ainsi des nodules, des kystes et des adhérences. Tout cela est responsable d'inflammations, de douleurs et vient perturber la fertilité de certaines femmes. C'est une maladie dont l'origine est multifactorielle, et qui revêt plusieurs formes. Les experts en endométriose eux-mêmes ont coutume de dire qu'il y a « des » endométrioses et que chaque cas est unique... tout comme sa prise en charge. Mais pour deux tiers des femmes atteintes, c'est la qualité de vie dans sa globalité qui est impactée.

Il faut en moyenne sept ans pour que le mot endométriose soit prononcé et que le diagnostic soit posé. C'est ce que révèle l'enquête EndoVie, publiée en 2020 et menée par l'institut Ipsos et Gedeon Richter, en collaboration avec EndoFrance®[4]. Cette enquête interroge

4. Synthèse de l'enquête disponible sur : https://www.endofrance.

près de 1600 femmes et 100 conjoint.es. Sept ans sont donc nécessaires pour qu'une femme ou une personne menstruée mette enfin un mot sur ses maux ! Pourquoi ?

D'abord, parce que pendant trop longtemps, on a banalisé la douleur des femmes et la douleur des règles en particulier. Elles sont nombreuses à s'être entendu dire : « La douleur, c'est normal » ; ou pire : « C'est dans votre tête, vos examens sont normaux. » Le curseur n'a pas été positionné correctement en étant sur le terme « normal »... Mais à force d'entendre que c'est « normal », les femmes finissent par taire cette douleur.

Ensuite, il faut dire qu'à leur décharge, les médecins et radiologues particulièrement n'ont pas reçu jusque-là de formation adéquate pour diagnostiquer l'endométriose. Eh oui... pour celui ou celle qui ne connaît pas l'endométriose, comment comprendre que la patiente qui arrive aux urgences et à qui l'on diagnostique un pneumothorax souffre d'endométriose thoracique, parce que justement les symptômes arrivent pendant les règles ? Comment relier entre eux des symptômes spécifiques comme les troubles urinaires ou digestifs et les règles ? Comment réagir quand la douleur a un impact sur la vie affective et sexuelle ? La formation, ou plutôt le manque d'information des professionnels de santé, est l'un des premiers écueils.

D'ailleurs, malgré la demande « historique » de l'association EndoFrance®, datant de 2005, le décret intégrant l'endométriose dans les études médicales de second cycle n'est paru qu'en septembre 2020.

---

org/nos-actions/le-parcours-de-soins-et-la-qualite-de-vie-des-femmes-atteintes-dendometriose/

Les experts ont donc donné les premiers cours spécifiques sur l'endométriose aux futurs externes à partir de janvier 2021 ! On ne peut plus aujourd'hui entendre un médecin dire à une jeune fille : « Tu es trop jeune pour avoir de l'endométriose. » Toutes les femmes de 30 à 35 ans interrogées par leur médecin rapportent qu'elles ont énormément souffert au moment de leurs règles, dès l'adolescence. Combien de médecins ont-elles vus ?

Mais les choses vont enfin évoluer… Le président de la République lui-même annonce le 11 janvier 2022 qu'il met en place une stratégie nationale de lutte contre l'endométriose, après des mois de travail entre équipes ministérielles, associations de patientes et professionnels de santé. Vingt ans après la création de l'association EndoFrance®, vingt ans après un combat acharné mené par des bénévoles concernées, l'endométriose devient enfin un enjeu de santé publique ! C'est une première étape.

L'accès aux soins sera une des pierres angulaires de cette stratégie, avec une attention particulière portée à la formation des médecins et une structuration des filières de soins spécifiques à l'endométriose dans chaque région de France. L'objectif attendu par ce maillage territorial est bien sûr de réduire l'errance diagnostique et l'errance médicale, préjudiciables pour la qualité de vie des femmes ou des personnes menstruées atteintes d'endométriose. Sans parler de la fertilité pour celles qui désirent un enfant. Elles sont entre 30 et 40 % à connaître des problèmes de fertilité à cause d'une endométriose.

L'année 2022 marquera un tournant pour le diagnostic et la prise en charge de l'endométriose. Une année qui viendra, nous le souhaitons ardemment pour toutes, effacer ces souffrances morales de n'avoir pas été comprises, d'avoir été niées dans leur douleur.

Soutenir, informer, agir : les missions d'EndoFrance®

EndoFrance®, première association de lutte contre l'endométriose créée en France en **2001**, est reconnue d'intérêt général et, depuis 2018, **agréée par le ministère de la Santé**. Elle soutient les personnes atteintes d'endométriose et leur entourage. Grâce à l'aide de son comité scientifique composé d'experts reconnus, l'association diffuse une information validée scientifiquement auprès du public. Elle organise des centaines d'événements d'information et de sensibilisation chaque année.

EndoFrance® agit depuis 2005 auprès des pouvoirs publics pour l'amélioration de la prise en charge de l'endométriose. L'association a rédigé le chapitre des recommandations pour la pratique clinique de l'endométriose (**RPC endométriose, HAS et CNGOF**), qui porte sur l'information à délivrer aux patientes, et a publié le livre *Idées reçues sur l'endométriose* avec le soutien d'experts de la maladie. En 2016, EndoFrance® a coconstruit le tout premier programme d'éducation thérapeutique du patient (ETP) spécifique à l'endométriose.

Depuis 2019, EndoFrance® participe aux groupes de travail portés par le ministère afin de définir les filières de soins qui amélioreront le parcours de soins et la prise en charge des personnes atteintes d'endométriose. En mars 2021, l'association a notamment pris part au groupe de travail s'attelant à la définition de la stratégie nationale de lutte contre l'endométriose.

L'actrice et autrice Laëtitia Milot est la marraine d'EndoFrance®. Grâce à elle, en 2016 et 2021, deux spots de sensibilisation à l'endométriose ont été diffusés sur plusieurs chaînes de télévision dont TF1 et France 5. Grâce à elle également, et à ses généreux donateurs, depuis 2016, EndoFrance® a versé plus de 255 000 euros à des équipes médicales œuvrant pour la recherche clinique et fondamentale sur l'endométriose. Pour compléter son action de prévention auprès des plus jeunes, EndoFrance® publie en 2022 aux Éditions Dunod *L'endométriose de Clara : comprendre la maladie pour les 15-25 ans*, illustré par MaY Fait Des Gribouillis.

Depuis février 2019, le rugbyman Thomas Ramos, champion de France et champion d'Europe avec le Stade toulousain, est le parrain de l'association et porte la voix des conjoint.es impliqué.es dans cette maladie de couple.

EndoFrance® compte plus de 2 600 adhérents à jour de cotisation et est animée par plus de 120 bénévoles.

www.endofrance.org

J'essayais de reprendre une vie normale, même si quelques symptômes désagréables ont commencé à faire leur apparition. Je n'étais pas toujours dans mon assiette. Il m'est même arrivé d'appeler ma maman en pleine nuit parce que ma jambe droite était douloureuse et toute gonflée. Et puis c'est passé, comme la plupart des symptômes bizarres que je commençais à avoir. Ils ne prévenaient pas et une fois qu'ils étaient là, ils repartaient comme ils étaient venus.

Les maladies chroniques aujourd'hui

Qui ne connaît pas quelqu'un dans son entourage, proche ou lointain, qui souffre d'une maladie chronique ? Les maladies chroniques regroupent toutes les affections de longue durée et touchent **plus d'un tiers de la population** en France[5]. Elles seraient responsables de plus de 17 millions de décès par an dans le monde[6]. Un chiffre qui ne cesse d'augmenter. Toutes les maladies chroniques ne sont pas mortelles, mais **souvent très invalidantes** pour les personnes qui en souffrent (sclérose en plaques, maladie de Lyme, fibromyalgie, maladie de Crohn, lupus, endométriose... la liste est très longue) et altèrent considérablement la qualité de vie. On parle même de maladie ou **handicap invisible** tant elles sont difficilement décelables par autrui. Elles ne font pas toutes l'objet d'une errance médicale non plus, **certaines étant plus facilement diagnostiquées** que d'autres, comme le diabète par exemple, mais, bien souvent, les affections de longue durée sont sujettes à une errance, plus ou moins longue.

Aujourd'hui, nous vivons plus longtemps, mais pas forcément en bonne santé. Nous souffrons de **maladies dites de « civilisation »**, qui sont apparues au fil des années avec l'allongement de l'espérance de vie (cancer, Alzheimer, Parkinson), mais aussi la malbouffe, le tabagisme, la consommation d'alcool, la sédentarité et les facteurs environnementaux (obésité, asthme,

5. André Grimaldi, Yvanie Caillé, Frédéric Pierru, Didier Tabuteau, *Les Maladies chroniques*, Odile Jacob, 2017.

6. « Donner un coup d'arrêt à l'épidémie mondiale de maladies chroniques », *Éducation santé*, mars 2006.

Voir : https://educationsante.be/donner-un-coup-darret-a-lepidemie-mondiale-de-maladies-chroniques/

hypertension, etc.). Bien que ces affections touchent prioritairement les personnes de plus de 50 ans, les jeunes adultes et les enfants ne sont pas épargnés. **Des campagnes de sensibilisation** sont organisées pour que la population adopte un mode de vie plus sain et reste ainsi en meilleure santé. Si le mode de vie ne fait pas tout, car cela n'empêche pas forcément la maladie de nous tomber dessus, avoir **une bonne hygiène de vie** minimise grandement les risques et permet également de parvenir à une meilleure « guérison ».

2015 - « VOUS ÊTES TROP JEUNE ET TROP JOLIE POUR ÊTRE MALADE »

En 2015, je me suis dit : « Super, une nouvelle année qui commence ! Je peux enterrer 2014 bien comme il faut ! » Moi qui pensais en avoir terminé avec les problèmes de santé, les rendez-vous médicaux, les examens… eh bien, en fait, je n'en étais qu'au début ! Le 14 janvier 2015, j'ai pris le bus pour rejoindre un ami à Reims. Le soir même, il montait sur scène pour jouer son one-man-show (aujourd'hui, il est assez connu, alors je tairai son nom : c'est un grand blond, hyper-canon, et plutôt drôle aussi). J'ai vraiment pris sur moi pour sortir de la maison, compte tenu de la situation en France à ce moment-là et des récents attentats de *Charlie Hebdo*. Je n'étais pas sereine, comme la plupart des gens. Mais je l'ai fait ! Après une année quasi entière à me reposer, j'avais envie de vivre et de profiter. Une fois le spectacle terminé, on a bu du champagne, beaucoup de champagne même (à Reims, c'est normal, c'est la boisson locale) et nous sommes sortis ! Tard, très tard. Je n'ai vraiment pas beaucoup dormi. Les yeux qui piquaient, le cœur en mode tachycardie et les cheveux emmêlés. Bref, un beau tableau de lendemain de soirée. Qui plus est, il faisait froid, il pleuvait, je ne connaissais personne dans cette ville et j'avais mal regardé les horaires de bus pour le retour. Je me suis pointée à 10 heures alors qu'il ne passait que vers 14 heures… J'avais tellement hâte de rentrer me coucher ! Mon père est venu me chercher à l'arrêt de bus à destination.

Une fois chez moi, j'ai ressenti une violente douleur à la tête, en bas à droite. Tellement violente que j'ai hurlé. Je me tenais le côté de la tête, je pleurais, je ne comprenais pas ce qu'il se passait. Sûrement une migraine due à la courte nuit ? Au champagne ? Ma mère était couchée, avec une vraie migraine, elle. Je suis montée en vitesse pour la prévenir de cette douleur vive et soudaine. Elle allait comprendre. Me rassurer. Et puis je me suis écroulée sur le sol, devant elle. Mon côté droit venait de se paralyser entièrement. Du sommet de la tête jusqu'aux orteils. Ma mère m'a portée dans mon lit pendant que mon père prévenait les pompiers.

Il a fallu du temps pour prendre les constantes, d'autant que je n'arrivais plus à parler. Enfin si, un peu. Je baragouinais, les voyelles et les consonnes sortaient toutes en même temps, c'était un désastre. « Levez la jambe droite, Madame. » Perdu ! J'ai levé la gauche en croyant que c'était la droite. « Levez le bras droit, Madame. » Encore perdu ! Dans mon cerveau planait une incompréhension totale, un trouble, un flou énorme. Juste, pourquoi ? Pourquoi est-ce que je me retrouvais là, dans mon lit, à 4 heures de l'après-midi, portée par ma mère, avec un côté du corps qui ne fonctionne plus, ma droite qui se prend pour ma gauche ?

Enfin… Pourquoi ? Le temps avec les pompiers m'a paru interminable. Il y en avait un très jeune. Il a fallu soulever mon tee-shirt pour un examen lambda, il n'osait pas. J'entendais : « Mais allez, vas-y ! Je sais que c'est une nana, mais tu peux y arriver, elle va pas te manger, elle peut plus bouger. » Ils ont perdu un temps fou ! Pour rattraper le retard, ils se sont dépêchés de me mettre dans la civière et de me faire descendre les escaliers tournants de la maison. J'étais mal attachée. Mal soutenue. Ma nuque partait dans tous les sens à chaque secousse. Mes cervicales en ont souffert. Je le sens encore aujourd'hui. Une fois dans le camion, tout était encore plus flou. Je ressentais la vitesse. La sirène hurlait dans mes oreilles. Mais le pire, c'est que j'avais du mal à respirer, la plaque sur laquelle j'étais allongée me paralysait encore un peu plus le dos, au point de m'oppresser et de me faire suffoquer. Sauf que je ne pouvais pas bouger. Je serrais les dents intérieurement et priais pour que l'on arrive. Aux urgences, évidemment, je suis passée devant tout le monde. Je me suis retrouvée avec des infirmiers et des aides-soignants. Le premier réflexe a été de me perfuser. Je pleurais d'avance. Je souffrais déjà assez et je déteste les aiguilles, surtout quand elles restent ! J'avais prévenu de mon appréhension, et j'ai réussi à prononcer cette phrase du bout des lèvres : « Doucement, s'il vous plaît. » L'infirmier m'a regardée, a froncé les sourcils, bien décidé à m'enfoncer le cathéter dans le bras. Le temps que le neurologue fasse son apparition, l'hémiplégie commençait à se dissiper. Quarante-cinq minutes s'étaient écoulées depuis l'instant T. Le neurologue s'est approché, a testé mes réflexes avec son marteau, m'a passé un bâton pointu sous la plante des pieds et a regardé avec sa lampe le fond de mes yeux. « Vous avez l'air d'aller bien… De toute façon, vous êtes trop jeune et trop jolie pour être malade, mais bon, on va quand même faire un scanner si ça peut rassurer vos parents. » Je ne sais pas si mes parents se sont sentis rassurés de me revoir deux heures après. Entre-temps, on m'avait oublié à l'étage du scanner, sur un brancard, dans un couloir où il faisait noir. J'avais peur. L'endroit était désert. Je ne voyais personne. Je n'entendais personne. Les lumières étaient éteintes et j'étais là, en panique, dans la douleur et dans la peine. J'avais passé le scanner tout de suite en montant. Attendre ensuite deux heures dans le couloir de la mort, ça vous laisse du temps pour imaginer le pire. J'ai entendu quelqu'un passer. J'entendais le bruit des papiers qu'il tripotait dans ses mains. Je ne pouvais pas bouger, j'étais abattue. Je pensais que cette personne venait pour moi. Mais plus je l'espérais, plus j'entendais les pas s'éloigner. Je me suis mise à crier : « Hé ooohh ! Y a quelqu'un ? Je suis là depuis des heures ! Vous m'avez oubliée ! Je veux voir mes parents, je veux rentrer chez moi ! » Les pas ont fait demi-tour et une voix m'a dit : « On va venir vous chercher. » Une fois redescendue dans le service des urgences, j'ai retrouvé mes parents, blancs comme des linges, inquiets mais soulagés de me revoir. J'étais là au milieu d'autres gens, à moitié à poil après avoir passé le scanner. Un vieux monsieur en face de moi me reluquait sans scrupule. Une heure après, un médecin est venu nous dire que tout allait bien d'après le scanner, mais que j'allais rester ici en observation. La paralysie de mon côté droit s'étant estompée, j'ai préféré prendre la décision de rentrer. Je voulais être chez moi. Dans mon lit. Et dormir pour oublier tout ça. C'était forcément un mauvais rêve. L'infirmier-au-petit-pouvoir-de-la-douleur-de-l'aiguille est venu me retirer le cathéter (pour ne pas dire arracher), et il a fallu que je me rhabille devant tout le monde, sous le regard pervers du vieux du brancard d'en face. Beurk !

Je suis rentrée chez moi encore plus épuisée que la veille. Je crois que j'ai dormi pendant deux jours avant d'aller voir mon médecin. Il m'a dit que, comme il n'y avait rien de visible au scanner, j'avais sûrement dû faire une migraine avec aura. Sauf que je n'ai jamais été migraineuse de ma vie, et que « l'aura », dans ce cas, précède la migraine, pouvant troubler la vision ou la parole. Le fait d'avoir fait une hémiplégie n'a pas vraiment inquiété les personnes du milieu médical. Partout où j'allais, il y avait des panneaux d'affichage de prévention sur les accidents vasculaires cérébraux (AVC) : comment reconnaître les signes, quoi faire, etc. Pour être honnête, j'ai eu tous les signes décrits sur ces visuels.

Quels sont les signes d'un AVC[7] ?

- Apparition soudaine d'une difficulté à s'exprimer ou à comprendre les autres.
- Paralysie ou engourdissement soudain d'un côté du visage, d'un bras ou d'une jambe (hémiplégie).
- Perte soudaine de la vue (souvent d'un seul œil) ou vision dédoublée.
- Perte de l'équilibre ou de la coordination des mouvements.
- Mal de tête soudain et violent, sans cause apparente.

Ce malencontreux épisode présentait tous les signes d'un accident vasculaire cérébral, mais passait aux yeux de tous pour un simple malaise ou une migraine. Mes parents et moi commencions à être vraiment en colère. Quand on connaît mes antécédents hémorragiques, que l'on sait que l'utilisation du scanner se fait à défaut d'avoir une place pour une IRM, que je prends un progestatif en continu,

7. Source : https://www.assurance-prevention.fr/avc-symptome-reagir.html

que je n'ai jamais été migraineuse auparavant et que j'ai eu tous les symptômes d'un AVC, il y a de quoi se poser des questions sur les diagnostics proposés.

Peut-être que, comme je ne suis pas un homme, personne n'y a pensé ! Je dis ça parce que, à la même période, un jeune homme que je connais a souffert d'une hémiplégie à droite, seulement sur le haut du corps. Rien n'était visible au scanner, mais mieux pris en charge, il a finalement été diagnostiqué d'un AVC. J'ai su plus tard qu'il existait un autre nom pour les AVC qui n'en sont pas vraiment un : l'AIT[8]. Selon moi, compte tenu de mes symptômes et de mes recherches, voilà ce que j'ai eu si ce n'était pas un AVC. Seulement, à l'époque, jamais aucune personne du corps médical n'a prononcé ce nom. On a continué à me parler de migraine avec aura. Ce qui fait que je n'ai pas été suivie la semaine qui a succédé cet événement, alors que l'on sait qu'un AIT doit être surveillé comme un AVC, au risque de faire réellement un AVC les jours suivants, pouvant laisser des séquelles.

Au fur et à mesure de mon parcours, j'ai quand même rencontré plusieurs médecins qui m'ont pratiquement affirmé que j'avais fait un AVC selon la description que j'en

8. L'accident ischémique transitoire (AIT) est une forme légère d'AVC causée par l'interruption temporaire du débit sanguin dans une partie du cerveau. Dans le cas d'un AIT, les symptômes durent moins d'une heure. L'AIT est un peu plus fréquent chez les hommes que chez les femmes. Le risque de survenue d'un AVC à la suite d'un AIT est élevé (jusqu'à 10 % des cas dans la semaine qui suit l'AIT). De ce fait, comme l'AVC, l'AIT est une urgence médicale. Source : https://www.assurance-prevention.fr/avc-symptome-reagir.html

faisais, présentant aujourd'hui certaines séquelles d'ordre fonctionnel. Seulement, rien n'a jamais été affirmé dans mon dossier à ce jour[9].

Des inégalités dans la prise en charge

Les inégalités entre les hommes et les femmes persistent, c'est une évidence. Et dans le domaine de la santé, cela peut avoir **des conséquences désastreuses**, voire mortelles. Nous ne sommes pas tous égaux face à l'accès aux soins et à la prise en charge médicale. Outre les différences culturelles, sociales ou économiques, **les stéréotypes de sexe et de genre imprègnent encore profondément les mentalités**. Sans oublier les préjugés, comme la « grossophobie » par exemple : les femmes en surpoids sont souvent mal reçues. Parmi les clichés médico-sociaux, un bon nombre de pathologies s'en trouvent galvaudées. Par exemple, si je vous dis que je connais une personne d'une cinquantaine d'années qui a fait un infarctus, visualisez-vous un homme ou une femme ? Un homme, j'imagine... Pourtant, **les femmes sont plus sujettes aux maladies cardio-vasculaires** que les hommes : en France, 56 % des femmes en meurent, contre 46 % chez les hommes[10]. Seulement, les signes avant-coureurs d'une crise cardiaque chez la femme ne sont pas les mêmes que pour les hommes, c'est pour cette raison qu'ici **la prise en charge est moins rapide**. Dans le même esprit, sachez que les hommes peuvent aussi souffrir d'ostéoporose. Étonnant, non ?

9. Concernant les douleurs neuropathiques, je suis actuellement entre les mains d'un nouveau neurologue.

10. http://www.slate.fr/story/206087/medecine-stereotypes-genre-biais-symptomes-diagnostic-maladie-femmes-hommmes

Les stéréotypes, les croyances et **les clichés engendrent des erreurs de diagnostic** et l'errance médicale. Et si les femmes sont plus touchées, c'est parce qu'on leur attribue volontiers une forme de douilletterie (« totocherie » dans le jargon médical), du stress, du surmenage, etc.

Par ailleurs, la façon dont un patient expose ses symptômes joue un rôle important dans le parcours médical d'un malade chronique et, contrairement à ce que l'on pourrait croire, **une femme supporte mieux la douleur qu'un homme**, et donc minimise, à tort, ses symptômes. De plus, elles commencent souvent l'exposé de leurs douleurs par : « Depuis que j'ai perdu mon travail... », « Depuis ma séparation... » ou encore « Depuis le décès d'un proche... », ce qui contribue à les ranger de manière fréquente dans la case psy. C'est pour cette raison que les femmes sont difficilement « comprises » et que, souvent, **on préfère leur prescrire des anxiolytiques plutôt qu'une prise en charge mieux adaptée**.

Quelques semaines ont passé. J'avais du mal à récupérer. Comme si mon corps avait gardé en mémoire mon hémiplégie. Certains membres de mon côté droit s'engourdissaient et me donnaient une sensation de paralysie. Le côté droit de mon visage se figeait parfois vers le bas. Bien souvent, je ne pouvais pas me servir convenablement de mon bras droit. Tout ce que je tenais dans ma main droite, je finissais par le lâcher. Je m'aidais de béquilles pour marcher. J'ai d'ailleurs dû rendre mon appartement, il était au troisième étage sans ascenseur. Impossible de continuer d'y habiter ou même d'envisager un retour à court terme dans mon chez-moi. Mon chez-moi, c'était chez mes parents maintenant.

Mon état s'est vraiment dégradé en l'espace de quelques semaines, mais je me disais : « T'inquiète, les médecins ont dit que tu faisais des migraines, alors ça va passer, ce n'est rien de grave. » Voilà le problème : quand on ne nous prend pas vraiment au sérieux dès le début, on arrête de s'écouter et on trouve normal les choses qui sont pourtant anormales. Tout allait pour le mieux dans le meilleur des mondes. Après tout, vous n'utilisez pas des béquilles, vous, quand vous avez mal à la tête ?

J'avais également de nombreuses douleurs neuropathiques comme des spasmes musculaires, des fasciculations, des tremblements, des fourmillements, des impatiences dans les jambes et je ressentais une grande fatigue. J'ai pris rendez-vous avec un neurologue pour faire des examens complémentaires. Il a vérifié mes réflexes, mes sensations, ma marche et il m'a fait un EMG (électromyogramme), qui consistait à étudier la contraction des muscles en introduisant une aiguille réceptrice dans le muscle droit de ma cuisse. J'ai tellement crié qu'il paraît que tout le monde s'est levé dans la salle d'attente. J'ai vu débarquer ma mère, affolée, dans la pièce d'examen. Le neurologue n'a pas pu terminer l'examen correctement. J'avais vraiment trop mal, c'était une réelle souffrance. À la fin de ce rendez-vous, il m'a rassurée en me disant qu'il me croyait. Tous les symptômes, toutes les douleurs : tout était bien réel. Ce n'était pas dans ma tête, ce n'était pas le fruit de mon imagination, c'était tout simplement vrai. Il m'a alors parlé de symptômes « communs » mais difficiles à diagnostiquer, car bien souvent incompris des professionnels de santé et des patients eux-mêmes. Pour lui, il s'agissait de troubles neurologiques fonctionnels mais non attribués à une maladie neurologique, et sans lésions. Un simple « dysfonctionnement » de mon corps et de mes commandes neurologiques, qui pourrait très vite rentrer dans l'ordre. Il me croyait sur parole et c'était réciproque. Il m'a tout de même orienté vers une psychologue de la douleur… pour en parler.

Le lendemain, je ne pouvais plus bouger la jambe droite. J'avais une espèce de boule toute noire à la place de la cuisse. L'EMG m'avait provoqué une hémorragie musculaire. Il a fallu plusieurs semaines avant qu'elle ne se résorbe.

J'ai vu la psychologue. Les séances n'étaient pas remboursées par la Sécu. Au troisième rendez-vous, elle m'a dit que j'allais très bien sur le plan psychologique et que ce n'était peut-être pas la peine de continuer. C'était à moi de voir.

Suite au rendez-vous avec le neurologue, mon médecin généraliste a souhaité que je prenne rendez-vous avec un interniste[11] , à l'hôpital. J'ai apporté tout mon dossier médical, mes examens, mes diagnostics, etc. Rien ne manquait. Je suis tombée sur un homme antipathique, mal luné et peu aimable. Il paraît que les médecins spécialistes ont un mode de fonctionnement particulier, qu'il ne faut pas les brusquer, que ce sont eux qui décident. Je portais quand même tous mes espoirs sur ce rendez-vous. Après tout, un interniste, ça a plusieurs spécialités, ça cherche et ça trouve. Il allait trouver, j'en étais sûre ! Mes parents et mon médecin également.

11. Médecin spécialiste de médecine interne, ayant acquis des compétences dans plusieurs spécialités.

Premièrement, il n'a pas regardé la lettre écrite par mon généraliste. Deuxièmement, il avait déjà un dossier à mon nom posé sur son bureau, qui dépassait largement en épaisseur celui que j'avais apporté. C'était mon dossier médical de l'hôpital. Il m'a juste demandé ce que je faisais dans la vie et je lui ai répondu que j'étais en train d'apprendre la naturopathie. Il a levé les yeux au ciel sans me regarder. Pour finir, il a lu mon dossier, pendant deux heures, devant moi, sans dire un mot, sans me poser de questions. Rien, *nada*. Je me demandais vraiment ce qu'il se passait dans sa tête à ce moment-là. Et puis, d'un coup, il m'a lancé : « Vous êtes boulimique ? » J'ai écarquillé les yeux. Je me suis demandé s'il ne s'était pas trompé de patiente. J'ai répondu que non. Je n'avais et n'ai jamais eu aucun trouble alimentaire dans ma vie. Il m'a répondu : « Ce n'était pas une question. C'est marqué dans votre dossier. » Son aplomb et mon incompréhension m'ont fait éclater en sanglot. Je ne comprenais tout simplement pas. Il a profité de ce moment de faiblesse pour m'ausculter. Il a testé mes zones réflexes. Je pleurais toujours. Il m'a dit d'un ton sec : « Votre problème à vous, il n'est ni organique ni fonctionnel, il est psychologique. » Et pendant que je me relevais de la table pour aller me rasseoir, il a ajouté : « Je n'ai pas de temps à perdre avec des personnes qui ont des troubles psychologiques. Si vous étudiez la naturopathie, alors vous n'avez qu'à vous soigner vous-même ! » Et là, il s'est levé, il est sorti de la pièce et il n'est jamais revenu. Jamais ! J'ai attendu plus de trente minutes, seule, assise dans le cabinet de l'interniste, la porte ouverte, sans interniste. J'étais estomaquée, décontenancée. C'était un gouffre, un désarroi total, le monde qui s'arrêtait de tourner autour de moi. J'étais profondément déboussolée et choquée d'un tel comportement.

La hiérarchie des maladies

On a tendance à se dire que ce dont nous souffrons n'est pas grave **comparé à d'autres**. Et si ce n'est pas nous-mêmes qui le pensons, pour relativiser, ce sont les autres qui vous le rappellent, pour dédramatiser. « C'est bon, ce n'est pas un cancer non plus ! » est le type de phrase que l'on peut entendre lorsque l'on souffre d'une maladie chronique handicapante. Sauf que l'**on ne peut pas hiérarchiser les maladies**, on ne peut pas dire que telle maladie est plus « grave » qu'une autre. Ce qui importe, c'est la souffrance de celui qui la vit. Et **la souffrance d'un être est incomparable à celle d'un autre** tant elle est vécue profondément de l'intérieur. Toutes les maladies sont difficiles à vivre. Cela dépend du contexte et, bien évidemment, de la personne elle-même. Ne pas hiérarchiser les maladies permet de **ne pas faire de différence sur la souffrance**. Vous n'êtes jamais moins légitime qu'un autre parce que votre maladie présente moins de symptômes qu'une autre.

Mes parents patientaient dans la salle d'attente. Oui, ils m'accompagnaient à chacun de mes rendez-vous. On est une famille, on est tous concernés. Notre credo, c'est « Tous dans le même bateau », et c'est ainsi que nous sommes plus forts face à ces épreuves. La maladie, c'est difficile à vivre pour soi, mais aussi pour ceux qui nous entourent. En me voyant arriver plus de deux heures et demie plus tard, ils étaient contents mais inquiets. Soit ça c'était bien passé et l'interniste avait pris le temps de tout écouter et comprendre, soit j'avais quelque chose de grave et rester autant de temps ne présageait rien de bon. Ils étaient à mille lieues de se douter de ce qu'il s'était réellement passé dans ce bureau. À tel point qu'ils ont eu du mal à me croire ! Après coup, mon médecin ne m'a pas crue non plus d'ailleurs. Cet interniste, il le connaissait bien, c'était un confrère, un homme brillant, un chercheur, toujours à l'écoute de ses patients…

> Un médecin ne dira jamais du mal d'un confrère, et aura donc de la peine à penser qu'il vous a mal reçu ou mal aiguillé. Votre entourage aura la même attitude. On m'a tant de fois fait part d'un grand étonnement lorsque je disais qu'un rendez-vous s'était mal passé. Et on m'a tant de fois demandé ce que j'avais pu dire ou faire pour vexer ou énerver le médecin face à moi...

Avec le recul, je pense qu'il faut arrêter de mettre les médecins sur un piédestal parce que, soyons honnêtes, ce sont des gens comme tout le monde. Il y a des gens bien et de sombres crétins. Des gens compétents et d'autres trop moyennement. Il y a des gens bienveillants et des antipathiques de compétition. Chez les médecins, c'est pareil. Ce sont des humains avant tout. Il y a des journées plus stressantes que d'autres, des défilés de patients à diagnostiquer, des urgences à gérer. On n'est pas dans la tête de ces gens-là. On attend beaucoup d'eux dans ce genre de parcours médical, et c'est on ne peut plus normal, mais eux, ils sont comme nous, avec des hauts et des bas. Je suis tombée sur le mauvais jour, au mauvais moment, mais pas forcément sur la mauvaise personne. Qui suis-je pour juger ?

J'ai longuement cherché pourquoi il était stipulé que j'étais boulimique dans mon dossier. Ce n'est que depuis peu que j'ai une théorie sur la question. Quand j'étais plus jeune, j'ai passé une semaine à l'hôpital suite à du harcèlement scolaire. Je partageais ma chambre avec une autre jeune fille qui souffrait de troubles alimentaires sévères et de boulimie ! Un petit échange de notes dans les dossiers… ? Allez savoir ! Il y a parfois des erreurs d'inattention dans les hôpitaux… Ce sont des choses qui arrivent, même si ça ne devrait pas être le cas. Par la suite, cela peut tout simplement vous pourrir un peu plus la vie.

Je n'étais donc pas vraiment avancée suite à ce rendez-vous stérile avec l'interniste. Les douleurs étaient toujours là et les paralysies commençaient à gagner aussi le côté gauche. Les béquilles étaient devenues mes partenaires au quotidien. Au fait, je n'ai pas encore pensé à leur donner des petits noms à ces deux-là. Paulette et Denise, ça vous va ?

J'allais de plus en plus mal, les douleurs devenaient diffuses et disparates. Franchement, je ne savais plus comment faire, ni quoi faire. Après huit à neuf heures de sommeil, je me réveillais comme si je n'avais jamais dormi. J'avais du mal à me mouvoir dans mon lit. Il me fallait bien quelques dizaines de minutes avant de pouvoir en sortir le matin. En général, passer de la position allongée à la position assise me provoquait des vertiges, j'avais le tournis et je voyais flou. Parfois, je faisais même un malaise vagal dans mon lit, avant de me lever. Je pouvais tomber dans les pommes alors que j'étais déjà allongée.

J'adore manger, vraiment, mais c'était devenu un calvaire à cette période. Je ne sais pas quel processus physiologique était en cause, mais il arrivait que mon bras droit s'engourdisse au point de faire le mort, tandis que je ressentais une violente douleur à l'estomac en avalant mon repas. Je faisais des malaises digestifs dont le mécanisme était un peu farfelu. Je mangeais, mon estomac gargouillait, je me sentais nauséeuse, mon bras droit faisait semblant d'être mort quelques minutes, ça gargouillait encore et plus fort, un vertige survenait, je m'allongeais en mettant mes jambes en l'air, je retrouvais l'usage de mon bras dramaturge, je reprenais mes esprits, mais sournoisement j'avais mal partout. C'était la phase de digestion qui survenait régulièrement… De quoi me faire passer l'envie de manger des repas complets.

Les douleurs dans tout mon corps devenaient tellement vives que j'avais le sentiment d'avoir eu un accident. J'avais une impression d'écrasement. Comme si mes jambes étaient coincées sous un bloc de marbre. Comme si j'étais passée sous un rouleau compresseur ou que l'on m'avait mise dans une machine à laver. C'était comme si j'avais des contusions et des ecchymoses partout. Mes membres étaient comme à vif. On ne pouvait absolument pas me toucher. Même un vêtement qui m'effleurait, c'était l'enfer. Ça me faisait mal partout. Je suis même devenue accro au découpage d'étiquettes vestimentaires ! Mon barème d'hypersensibilité faisait des siennes.

> En vérité, ces symptômes sont bien plus anciens... Quand j'étais plus jeune ou étudiante, je n'avais simplement pas le temps d'y penser mais j'ai retrouvé dans mes notes, mes carnets, mes copies de cours, des mots de douleur et de souffrance. J'avais toujours mal quelque part et, parfois, c'était insoutenable. Mais je ne disais rien. Je n'allais pas en cours une matinée de temps en temps en me disant que j'étais sans doute fatiguée ou surmenée. Or non. J'avais mal et ce n'était déjà pas normal.

J'avais la peau verte, limite transparente, et des cernes sous les yeux qui dessinaient deux beaux coquards. Je marchais à peine à deux kilomètres à l'heure, quand je marchais. Bien souvent avec l'aide de Paulette et Denise (mes béquilles). Je tombais quand je me levais. Je ne tenais vraiment plus debout. J'étais faible. Fatiguée. Je perdais même un peu mes cheveux, mes cils et mes sourcils. Il fallait combler les petits trous avec du crayon. C'est pénible tout ce qu'il faut faire pour paraître « normale ». Mon corps me lâchait.

La fatigue physique s'est accompagnée d'une fatigue intellectuelle. J'étais incapable de lire un livre, de me concentrer, de réfléchir et il m'était parfois difficile de simplement réussir à m'exprimer convenablement. Soit les mots ne venaient pas, soit ils sortaient dans le désordre le plus complet, allant même parfois jusqu'au bégaiement. La communication devenait alors difficile. C'était déjà en soi un sentiment d'échec. Je me prenais les encadrements des portes, car mon corps n'était plus vraiment copain avec mon cerveau. Il gérait mal l'espace autour de lui. Quand je mangeais, ma fourchette arrivait parfois sur ma joue, ou alors j'avalais de travers jusqu'à faire une fausse route. Mes commandes là-haut avaient décidé de ne plus coopérer. Mon corps et mon cerveau n'étaient apparemment pas près de se réconcilier ! Ce qui m'a valu aussi cette année-là une double entorse de la cheville droite, juste en marchant, crac !

Franchement, je n'en pouvais plus d'avoir de plus en plus mal partout. J'étais dans un état latent. Sans vie professionnelle, sans vie sociale, sans vie privée. Je ne pouvais rien faire convenablement ou normalement. Je devais refuser toutes les sorties, annuler tous les rendez-vous. Ma vie n'existait plus. Ma vie d'avant du moins.

Mon médecin traitant m'avait conseillé d'essayer l'acupuncture ou l'hypnose. Mais les aiguilles me provoquent des hématomes et je suis inhypnotisable. Croyez-moi, le lâcher-prise, ce n'est pas ma tasse de thé ! Ces deux recours pour me soulager ne m'ont donc malheureusement pas été d'une grande aide.

Comme je terminais ma formation en naturopathie, je suis allée voir un homéopathe, par curiosité. En naturopathie, nous utilisons la phytothérapie pour soulager les symptômes. Là, je souhaitais côtoyer une autre approche. On ne sait jamais, tout est bon à prendre et à apprendre. Je n'y suis allée qu'une fois et je suis ressortie de ce seul rendez-vous avec une sacrée ordonnance. J'ai pris tout comme il fallait, mais les granules d'homéopathie me faisaient mal aux dents et j'avais l'impression d'avoir des caries partout. Ce n'était donc pas pour moi non plus…

Je commençais sérieusement à désespérer. Toutes les tentatives pour aller mieux avaient échoué. J'étais de plus en plus mal en point et je n'avais toujours aucun diagnostic, ni aucune solution.

Mon médecin, assez frustré de ne pas avoir obtenu un véritable avis médical de la part de son confrère interniste, m'a rédigé une lettre pour que j'aille voir un autre interniste, à Reims cette fois. Un mois après, j'avais rendez-vous. Cette femme était charmante. Et puis une femme, alléluia, elle allait me comprendre mieux qu'un homme ! Tout s'est parfaitement bien déroulé, elle savait comment me venir en aide et quoi me diagnostiquer. Elle m'a auscultée, examinée, parlé, comprise… C'était inespéré ! Elle en a conclu que je souffrais d'un trouble postural ainsi que d'un trouble proprioceptif. Elle a sorti une ordonnance déjà imprimée d'un tiroir où il n'y avait que ça. Uniquement des ordonnances identiques déjà écrites. Bizarre, non ?

Je suis repartie plus sereine, me sentant moins folle que ce que j'avais fini par croire, avec tout un tas de spécialistes à aller voir et des coussins anti-escarres à acheter. Des séances de rééducation chez un orthophoniste pour éviter les fausses routes en mangeant. Un bilan orthoptiste et des séances de rééducation pour mes yeux au besoin. Un bilan orthopédique pour réajuster ma posture et des séances de kiné pour renforcer les muscles. J'avais tout un panel de rendez-vous pendant des semaines ! C'était épuisant, vous n'avez pas idée… Une heure par ci, une heure par là… J'enchaînais pas moins de six heures de rendez-vous médicaux par semaine. Le peu d'énergie dont je disposais ne me servait en réalité qu'à me rendre à ces rendez-vous. Ma vie entière tournait autour des rendez-vous médicaux. On allait peut-être y arriver !

Après seulement quelques séances, les différents spécialistes m'ont gentiment signifié que ce n'était pas la peine de reprendre rendez-vous, qu'il n'y avait pas beaucoup de choses à corriger, que tout allait plutôt bien dans leur domaine. J'étais de nouveau perdue.

Ces dernières années, j'ai croisé plusieurs personnes avec qui j'ai parlé de ce rendez-vous avec l'interniste. Il se trouve que je suis tombée sur des gens qui l'avaient également vue et qui étaient repartis avec le même diagnostic et la même ordonnance que moi. Ces personnes ne se connaissaient pas entre elles. Et ni elles ni moi n'avions les mêmes symptômes ou les mêmes problèmes de santé. Je me suis dit que la prochaine fois qu'un médecin ouvrirait un tiroir d'ordonnances toutes faites devant moi, je partirais en courant !

Peu de temps après, je me suis tournée vers une ostéopathe. Peut-être que quelque chose était « coincé » ou « verrouillé » dans mon corps et que cela me provoquait toutes sortes de problèmes qui m'empêchaient de me mouvoir correctement ? Elle a commencé par me questionner sur ma vie, mes symptômes, mes douleurs, mon quotidien. La séance s'est bien déroulée par la suite. Je suis repartie avec un bout de papier où elle avait gribouillé le nom de tous les compléments alimentaires que je devais prendre. Selon elle, j'avais des carences. Et comme j'étais en train d'étudier la naturopathie, cela me paraissait plausible. Bon, je suis peut-être un peu naïve… Quand on vous donne le nom d'un site pour commander, avec un code promo et que ça vous coûte quand même un bras, il faut comprendre que le praticien touche des commissions sur les ventes ! Bref, l'argent, le nerf de la guerre ! Avant la santé, vraiment ? Apparemment.

Je n'avais pas vu de changement significatif après la séance d'ostéopathie, ni après un mois de compléments alimentaires, à raison de six gélules par jour. J'ai donc pris un deuxième rendez-vous. L'ostéopathe m'a gentiment demandé de me placer devant le grand miroir de son cabinet. J'étais déjà en sous-vêtements. Le corps que je voyais dans le reflet me paraissait bancal. Oui, mon corps était bancal. Elle m'a scannée avec ses yeux, de la tête aux pieds. Elle m'a regardée dans le miroir et m'a dit : « Tu vois, je ne peux plus rien faire pour toi, tu es trop abîmée. » Encore quelqu'un qui me laissait tomber. J'avais l'impression de vivre un cauchemar. Ses mots résonnent encore dans ma tête. Elle n'était pas méchante. Elle manquait de tact et peut-être de compétence pour ce genre de « cas », mon cas. Elle exerçait dans une maison de santé pluridisciplinaire. Elle m'a conseillé d'aller voir sa collègue podologue. Ça tombait bien : je n'avais pas encore pris de rendez-vous dans cette spécialité suite au dernier diagnostic de l'interniste. Apparemment, elle était excellente et faisait des miracles avec des semelles orthopédiques pour les bancals dans mon genre. Des semelles, j'en avais porté pendant des années durant ma jeunesse pour corriger des genoux capricieux, pas loin d'être tous deux opérés. À l'époque, cela m'avait bien aidée, puisque l'opération avait pu être annulée. Aujourd'hui, c'était différent, il ne s'agissait plus d'un soi-disant problème de croissance, mais de nombreuses paralysies dans les membres inférieurs. La podologue « excellente » étant en congé maternité, j'ai été reçue par son remplaçant. J'ai porté ses semelles pendant un mois avant de me blesser. Ce soir-là, je m'étais accordé une sortie pour aller au concert de Vianney. Je suis tombée sous le charme… avant de tomber tout court. J'ai poursuivi ma soirée dans un bar avec des amis. J'étais même venue en voiture, toute seule. Beaucoup d'efforts et d'énergie pour passer une bonne soirée, comme avant. Seulement, comme une débutante, j'avais changé de chaussures pour sortir : j'avais troqué mes baskets pour mes bottines, ce qui fait que je n'avais pas mes semelles orthopédiques. Je me suis pris un retour de bâton et mon genou droit m'a littéralement lâché ! Je venais de déchirer mon ménisque pour la deuxième fois. Avec paralysie de la jambe entière. Il était une heure du matin, les gens autour de moi étaient trop ivres pour se rendre compte de quoi que ce soit. Je n'ai reçu aucune aide. J'ai pris mon courage à deux mains, j'ai sauté à cloche-pied avec ma jambe gauche jusqu'à la sortie, risquant ainsi de me blesser l'autre genou, et j'ai demandé au videur de m'installer sur une chaise dehors. Loin du bruit et en sécurité. J'ai appelé mes parents pour qu'ils viennent me chercher. Le bar étant dans une ruelle piétonne, c'est mon nouvel ami le videur qui m'a portée jusqu'à la voiture. Moi qui ne sortais déjà plus beaucoup, là, c'est sûr, je n'avais plus envie de sortir du tout ! Quelle galère ! Après ce nouvel épisode de ma vie, Paulette et Denise sont redevenues mes meilleures amies.

Une semaine plus tard, je suis allée, sans rendez-vous, voir la podologue, mais elle n'était pas là. Je me suis rabattue sur l'ostéo. Elle m'a directement accompagnée voir un de ces collègues deux portes plus loin. Je n'avais d'ailleurs jamais fait attention à cette porte auparavant. Elle se trouvait dans un recoin de la maison de santé. Sur la porte, j'ai lu « yoga thérapeutique traditionnel ». Franchement, je tombais bien bas.

« Du yoga ? Sérieusement ? Mais je suis en béquilles ! »

Le grand monsieur qui ressemblait à Bouddha avec des claquettes aux pieds m'a reçue dans son antre. Les lumières étaient tamisées, de l'encens parfumait agréablement la pièce et de la musique hindoue venait parfaire cette ambiance zen. Je me suis installée dans un fauteuil confortable qui pouvait se balancer d'avant en arrière. Je m'attendais à tout sauf à ce que l'on parle pendant deux heures. J'étais plutôt en confiance, je me sentais entendue, comprise. J'étais dans un lieu apaisant, propice à la relaxation, je ne pouvais rêver mieux pour exprimer mes ressentis face à ce qu'était devenue ma vie depuis quelque temps. Il m'a donné un second rendez-vous et n'a jamais voulu que je paie cette première séance.

J'ai compris à ce moment-là que le yoga, dans sa forme la plus traditionnelle, était une médecine parallèle et holistique aux nombreux bienfaits thérapeutiques et que, au-delà de la pratique physique, il y avait tout un monde à découvrir.

Je suis retournée le voir pratiquement deux fois par semaine. Au début, il m'a fait beaucoup de séances de thérapie manuelle. Cela me permettait de lâcher un peu Paulette et Denise. Je retrouvais une motricité que je n'avais pas eue depuis longtemps. Petit à petit, ces séances m'ont amenée vers la pratique physique du yoga. Les postures. Les asanas. Plus je venais, plus je retrouvais mon corps. C'était magique. Je n'y croyais pas du tout au début, mais le yoga m'a vraiment sauvé la vie à ce moment précis.

Se soigner autrement, avec les médecines parallèles

On les appelle les médecines parallèles, alternatives, douces, complémentaires ou encore « non conventionnelles ». Parmi elles : la naturopathie, la médecine chinoise, l'ayurvéda, la sophrologie, l'hypnothérapie, l'acupuncture, l'homéopathie ou même l'ostéopathie. Il y a le choix pour trouver quelque chose qui corresponde parfaitement aux besoins du malade chronique. Elles font leurs preuves **dans l'accompagnement et le soulagement des douleurs**. Leur vision holistique permet de nous rappeler que nous sommes constitués d'un corps et d'un esprit, et que les deux sont inséparables. Ils fonctionnent main dans la main et si l'un ne va pas bien pour X raison, alors l'autre aura également du mal à suivre. Cette relation d'interdépendance peut conduire à un cercle vicieux… Si l'on est, par exemple, victime d'un accident (physique), cela va causer des lésions dans le corps et, à la longue, notre mental s'en trouvera chamboulé. À l'inverse, certains traumatismes psychologiques peuvent, selon leur durée, engendrer des douleurs somatiques. Le psychisme n'est toutefois pas le créateur de la maladie « physique » en elle-même, il peut la déclencher ou l'aggraver, mais pas la créer. La vie est pleine de péripéties et d'événements à surmonter, il est donc normal que, lorsque l'on est déjà affaibli, un coup dur en plus sur le plan moral ne fasse que ralentir la guérison, même si l'on souffre d'une pathologie « physique ». C'est pourquoi, dans le domaine de la santé, il faut considérer les affections comme un tout et adopter **une approche holistique** de l'individu. Ne pas se concentrer sur un seul symptôme mais prendre en compte la personne malade dans sa totalité. Autrement dit tous les autres facteurs entrent en jeu si l'on veut avoir plus de chance de soigner quelqu'un. Cela passe par **une anamnèse** : l'historique du malade et de la maladie. Connaître l'environnement, le mode de vie, les habitudes, l'alimentation, la vie sociale, l'activité, etc., de son ou sa patiente est aussi primordial si l'on veut bien comprendre son état de santé et trouver **un facteur déclenchant ou aggravant** d'une certaine pathologie (il peut s'agir de l'environnement, de l'alimentation, etc.). Les symptômes sont souvent la partie émergée de l'iceberg, il faut chercher plus loin si l'on veut trouver **l'origine d'une maladie chronique**. Et si l'approche holistique ne remplace pas la médecine allopathique dite « conventionnelle » (fondée sur des faits), elle apporte tout de même un point de vue intéressant et complémentaire, pouvant soulager à sa manière bon nombre de maux.

Indépendamment du yoga, j'ai constaté une perte de poids assez conséquente sur ma balance. Je n'avais jamais perdu de poids auparavant. Ah si, une seule fois, lorsque j'avais fait la grève de la faim pour me remettre d'un premier déboire amoureux… J'avais perdu 4 kilos, que j'ai repris trois jours après. Mais là… c'était inexplicable. Pas de grève, pas de régime, pas de déboires sentimentaux, mais une perte soudaine de 10 kilos en moins de trois mois… Peser 48 kilos m'a fait l'effet d'un choc psychique (physiquement, je ne voyais pas grand-chose, comme quoi l'image que l'on a de notre corps ne dépend pas du miroir mais de nous-même). Bien sûr, il pouvait s'agir d'une fonte musculaire, somme toute logique puisque je ne pouvais plus faire d'exercice et que je m'étais reposée d'une anémie pendant presque un an. Ou alors, cela correspondait à mes études de naturopathie et à la récente application des conseils en matière de rééquilibrage alimentaire et de détoxification ? En parlant de détox, je me suis également posé des questions à propos de la prise de Lutéran® en continu et de l'arrêt volontaire de mes règles depuis un an…

J'ai donc pris rendez-vous chez le gynéco pour qu'il puisse répondre à mes questions…

« Je me demande si c'est bien d'avoir "supprimé" mes règles. Je me dis que, du coup, mon corps ne doit pas vraiment fonctionner normalement. Il n'évacue pas ses "déchets", enfin, je ne sais pas…

– Mais non, l'absence de règles, ce n'est pas grave. Ce qui n'est pas normal, c'est d'avoir ses règles justement. Une femme, c'est comme un animal, c'est censé faire des bébés en permanence et donc ne pas avoir de règles. Ne vous inquiétez pas ! »

Si, justement, j'étais très inquiète !

« Ah donc, vous, en fait, vous voulez repeupler la planète ! Super ! Et aussi, j'ai perdu plus de 10 kilos depuis que je prends le Lutéran® en continu, c'est normal ?

– Eh bien, vous me donnerez votre secret, parce que moi aussi j'aimerais perdre du poids ! »

Mon utérus en sommeil, mes 48 kilos tout mouillés et moi, on est repartis dépités !

Sexisme ordinaire

Des pépites sexistes, j'en ai eu, on en a toutes entendu au cours de notre vie et dans tous les domaines. C'est devenu, aux yeux de certains hommes, **une banalité**. Mais une banalité contre laquelle on se défend aujourd'hui, nous les femmes. Ce qui serait bien, c'est que **les hommes en prennent conscience**. Je me souviens d'avoir pris rendez-vous chez un nouveau kiné après mon diagnostic à Reims et mes soi-disant problèmes de proprioception. Je devais trouver un kiné spécialisé dans ce registre. Il m'a fait m'asseoir sur le bord de la table, en sous-vêtements, s'est assis à côté de moi, tout contre moi même, m'a regardée de bas en haut et m'a dit : « Ah, je vois que vous aimez le sport, on va bien s'entendre alors... », avec ce petit clin d'œil inapproprié qui **en disait long sur ses attentes**. Si j'aimais le sport ? Je ne sais pas. Si je portais un soutien-gorge de sport ce jour-là ? Oui. Avant mon parcours médical compliqué, cette gêne aussitôt ressentie n'aurait produit chez moi qu'un long silence. Mais cet imbécile avait beau être un professionnel de santé, je me suis levée, rhabillée et j'ai claqué la porte, à défaut de le claquer, lui. Quoi qu'il arrive, **nous avons le droit de dire non, nous devons dire non**. Personne ne doit abuser de sa position pour nous servir des propos sexistes.

Je me souviens qu'au tout début, rendue **vulnérable par le handicap**, les douleurs et le fait de ne pas pouvoir me mouvoir correctement, j'ai consulté un réflexologue pour qu'il m'aide face à cette souffrance. J'étais allongée sur le ventre. Après avoir travaillé sur ma voûte plantaire, il s'est aventuré à longer mon nerf sciatique jusqu'à appuyer fort sur ma fesse. C'est le trajet du nerf, certes. Mais à ce moment précis, il m'a demandé si j'avais un « casse-croûte ». Je ne comprenais pas sa question, j'étais naïve. Il était midi, j'ai donc répondu que non, mais que j'avais hâte de rentrer déjeuner chez moi. Il a réitéré avec **un rictus pervers**. « Est-ce que tu as un casse-croûte en ce moment ? Est-ce que tu as un mec ? » Alerte générale ! J'ai fait les gros yeux, choquée, interloquée, toujours allongée sur le ventre, avec un doigt qui n'était pas à moi sur ma fesse et constatant l'emploi du « tu » alors que c'était mon premier rendez-vous. **Cette situation était très « malaisante ».** Il a ajouté : « Moi, je veux bien être ton casse-croûte, si tu veux. » Cette personne était abjecte et dégoûtante. Elle a **abusé de sa position de force** et de ma vulnérabilité. Fort heureusement, l'homme avait plus le profil d'une grande gueule que d'un don Juan. Il s'est radouci. Je suis partie avec un sentiment de honte pour avoir provoqué ce genre de situation tout en étant **en position de faiblesse.** Sauf que, encore une fois, la honte, ce n'était pas à moi de l'éprouver, mais à lui.

2016 - « C'EST DANS VOTRE TÊTE »

22 janvier 2016. Mon chat est mort. Birdy est morte. Elle avait à peine 6 mois et je venais de l'emmener chez le vétérinaire pour qu'elle soit stérilisée. Il me l'a rendue dans un carton. Morte. Elle n'aurait pas supporté l'anesthésie et son cœur s'est arrêté. Ce jour-là, j'ai perdu ma voix tellement j'ai hurlé de douleur et de peine. Et vous savez quoi ? Je pleure encore en écrivant ces lignes. La vie est tellement injuste. Birdy était devenue ma raison de me lever tous les matins, de faire quelque chose, de bouger, de survivre. Je l'ai trouvée comme par miracle avec sa sœur dans le tas de bois qui est dans notre cour. Elles étaient bien cachées, mais elles avaient toujours leur maman qui venait les allaiter. Et puis, chez les chats, quand les chatons sont sevrés, la maman les chasse, ou bien les laisse se débrouiller seuls. Je me suis occupée de la suite de la vie de ces deux boules de poils. J'étais en béquilles, je bougeais le minimum. Mais voilà, je prenais plaisir à aller au fond du jardin, apporter des croquettes et de l'eau, jouer avec elles, les apprivoiser… J'y passais mes journées ! Les deux petites chattes ont fini par entrer dans la maison, par prendre leurs marques. Birdy était la moins peureuse et la plus affectueuse. Elle faisait des câlins à tous les membres de la famille, elle n'avait pas de préférence, elle jouait en permanence, elle était jolie et douce, pleine de vie ! C'était le genre de chat que tout le monde veut. Elle était mon petit miracle, elle me redonnait goût à la vie, je l'aimais plus que tout. Je ne me suis jamais remise de sa disparition. Elle a laissé un trou énorme dans mon cœur et un vide incommensurable dans mon âme.

Je ne comprenais pas pourquoi mon chat en bonne santé était mort à cause d'une simple anesthésie. Il y a un risque de 0,05 % que cela arrive ! Pourquoi elle ? Pourquoi moi ? Je me suis souvenue, plus tard, que le jour où j'avais pris rendez-vous chez le vétérinaire pour les faire stériliser, une dame était venue porter plainte pour la mort de son chien et, en partant, m'avait glissé un petit « Ne venez pas ici ». Sur le coup, je n'avais pas vraiment fait attention. J'avais demandé un rendez-vous préopératoire, car elles n'avaient jamais eu de première visite chez le véto, et cela me semblait judicieux de prévoir une consultation avant l'intervention. On m'a répondu que ce n'était pas la peine, que je n'avais pas à m'inquiéter. Et puis le drame est arrivé. Je ne saurais jamais ce qu'il s'est vraiment passé ce jour-là, je sais juste que l'on m'a quand même demandé de payer le produit d'anesthésie… Trop tard pour porter plainte ? Tout ça pour dire que, tous milieux médicaux confondus, on porte une confiance aveugle aux personnes censées prendre soin de notre santé ou de celle de nos proches ou animaux. Et quand une erreur est commise, c'est comme s'il ne s'était rien passé. Nous ne sommes *que* des pions dans ce monde. Que l'on soit un être humain ou un chat.

J'ai passé des mois à pleurer. À ne pas comprendre. Ne pas accepter. J'ai troqué mes séances de yoga pour des séances d'écoute auprès de mon bouddha préféré. J'avais besoin d'exprimer ma tristesse, ma colère, ma haine et mes peines. Cet épisode n'a fait qu'empirer mon état de santé. J'étais réellement déprimée.

Mon père, ne sachant plus quoi faire pour me changer les idées ou me décrocher un sourire, a décidé de réaliser un de mes plus grands rêves : un *road trip* dans l'Ouest américain ! On a passé des heures et des heures devant l'ordinateur à préparer ce voyage. Nos journées ressemblaient à des journées de boulot: on commençait à 10 heures, on prenait vingt minutes pour déjeuner et à 20 heures on y était encore. On voulait préparer un voyage dont on se souviendrait longtemps et, surtout, ne rien oublier. Je peux vous assurer qu'être occupé à un projet des journées entières, ça aide à ne pas penser à autre chose. Merci Papa.

En dehors de cela, je continuais tout de même à avoir une panoplie de symptômes qui s'élargissait. Les douleurs étaient devenues permanentes, les crises de plus en plus fréquentes et les béquilles toujours aussi présentes. Je souffrais. Parfois les douleurs étaient insoutenables et je pleurais beaucoup. Parfois c'était les muscles, d'autres fois les articulations, et même les tendons qui de temps en temps m'empêchaient de me lever et de mettre un pied devant l'autre. Le tout agrémenté de sévères problèmes de digestion, de vertiges, de malaises, de pertes d'équilibre, de spasmes douloureux, d'acouphènes, de palpitations, d'états anxieux généralisés et d'insomnies. J'avais même des poussées de fièvre inexplicables! Le pire dans tout ça, c'était la fatigue, les coups de barre narcoleptiques (je m'endormais debout comme les girafes), la faiblesse physique et intellectuelle... J'étais assommée avant même d'essayer de faire quoi que ce soit.

J'ai vu un cardiologue avant de partir outre-Atlantique, pour vérifier si mes malaises étaient bénins ou s'ils pouvaient s'apparenter à une quelconque cardiopathie. Tout était OK. J'avais juste une tendance à faire de la tachycardie, à surveiller. Je pouvais partir tranquille à la conquête de l'Ouest!

Le voyage aux États-Unis fut magique ! J'en ai pris plein les yeux ! Le seul inconvénient, c'est que je faisais à peu près quatre ou cinq syncopes par jour… Des malaises à gogo. Même quand j'étais assise dans la voiture. Un jour, je suis tombée dans les pommes dans un magasin, laissant mes parents se débrouiller avec leur anglais approximatif. D'eux-mêmes, les gens se sont empressés de m'aider. Une employée du magasin m'a apporté son sac à dos pour le mettre sous ma tête, son gilet pour que je n'attrape pas froid (bon d'accord, j'aurais pu faire ça ailleurs qu'au rayon frais…), une cliente aidait mes parents à me soutenir et une autre est allée m'acheter des petites bouteilles de lait chocolaté pour diabétique. Elle en donnait à son mari quand il faisait des malaises. Tout le monde était aux petits soins, je n'en revenais pas ! Ce qui a accentué un peu plus mon amour pour les États-Unis, la gentillesse et la bienveillance.

À mon retour, mon médecin m'a à nouveau prescrit une multitude d'analyses. Je transportais même avec moi un lecteur de glycémie, et je devais me piquer le doigt à chaque fois que je faisais un malaise, soit plusieurs fois par jour. Mes syncopes continuaient. Je ne pouvais plus me déplacer seule. On avait convenu d'un cri d'alerte avec mes parents pour qu'ils me rattrapent avant que je ne tombe par terre. Ce qui fait le plus mal dans les syncopes, ce n'est pas le malaise en lui-même, ni la perte de connaissance qui se compte en demi-secondes, mais bel et bien la chute ! Au cours de cette période, mes parents me collaient aux basques, tout simplement pour que j'évite de me fracturer le crâne sur le carrelage de la cuisine.

Le soir de mes 25 ans, au moment de souffler mes bougies, je n'ai souhaité qu'une chose : retrouver une vie normale sans plus jamais avoir mal.

J'ai erré de médecins en médecins, de spécialistes en spécialistes. J'avais des casiers entiers de médicaments que j'avais dû arrêter car je souffrais d'effets secondaires. J'ai même dormi plus de 24 heures d'affilée avec l'un d'eux et, quand je me suis réveillée, j'ai demandé à mes parents qui ils étaient et pourquoi ils étaient chez moi. Certains traitements m'ont rendue zinzin, d'autres ont accentué les douleurs, d'autres encore ont provoqué de nouveaux symptômes et même des réactions allergiques allant jusqu'à l'œdème de Quincke. Il n'y avait que des essais, aucun diagnostic. J'avais l'impression que l'on ne me prenait jamais au sérieux, que l'on ne m'écoutait pas, que j'étais folle. On me répétait sans cesse que c'était dans ma tête et que j'étais trop stressée, qu'il fallait que je me détende et qu'alors tout rentrerait dans l'ordre.

Une inégalité au niveau des effets secondaires

Au niveau des essais cliniques, les protocoles manquent de parité. Avez-vous remarqué, Mesdames, que vous êtes davantage prédisposées à faire les frais d'effets secondaires lorsque vous prenez des médicaments. Pourquoi ? Parce qu'ils sont étudiés principalement pour les hommes. Les femmes, avec leurs fluctuations hormonales, fausseraient toutes les données et coûteraient trop cher à la science si on les incluait dans les panels des essais cliniques. Si l'on résume : d'une, les femmes sont difficiles à diagnostiquer, de deux, elles sont difficiles à soigner.

Nul autre qu'un psychiatre n'est habilité à faire une analyse psychiatrique, c'est-à-dire à établir un diagnostic de trouble psychique ou de maladie mentale. Si un médecin non spécialiste vous dit que c'est dans votre tête, que c'est psychologique, psychosomatique ou psychiatrique, et que cette personne n'a pas le diplôme requis, il n'est pas en droit d'établir un tel diagnostic.

J'ai commencé à chercher sur Internet la corrélation entre mes symptômes, mes douleurs et les différentes pathologies possibles. Peut-être que j'allais trouver une piste. On n'est jamais mieux servi que par soi-même. Même si, sur Internet, on tombe vite sur des phrases du genre: « Vous allez mourir », alors que l'on a simplement tapé « malaises fréquents » dans le moteur de recherche. Il fallait que je sois prudente et que je ne prenne pas tout au pied de la lettre. Toutes les pistes avaient déjà été évoquées avec les médecins. Ils avaient écarté Lyme alors que les résultats étaient, je cite, « douteux » ou « positifs », et que j'avais été piquée par une tique quand j'étais petite. On avait pensé, peut-être, à la sclérose en plaques, à la maladie de Charcot, à une maladie auto-immune, etc. Mais rien n'était « concluant ». Suite à mes recherches, j'ai découvert une maladie chronique qui se nomme « fibromyalgie ». La maladie est peu référencée et surtout très mal diagnostiquée, bien que reconnue par l'OMS depuis 1992.

La fibromyalgie, appelée aussi syndrome polyalgique idiopathique diffus (SPID), présente pas moins d'une centaine de symptômes, à des degrés différents selon les patients. Longtemps apparentée à une affection rhumatismale, elle est aujourd'hui reconnue comme une maladie à part entière. Oui mais voilà, le problème, c'est que beaucoup de médecins ne posent pas ce diagnostic car c'est un « tiroir poubelle » ! D'un côté, il y a un gros manque d'information sur la maladie : elle n'est donc pas reconnue en tant que telle et les patients atteints ne reçoivent pas le diagnostic. D'un autre côté, on constate une trop grande facilité à poser ce diagnostic au vu des nombreux symptômes ; or une fois posé, on stoppe les recherches sur une potentielle autre pathologie… Ainsi, certains patients diagnostiqués fibromyalgie aujourd'hui seront finalement diagnostiqués avec la sclérose en plaques ou Lyme plus tard. Cela constitue un vide médical par mauvais diagnostic.

Au cours de mes recherches, j'ai trouvé le nom d'une spécialiste de la fibromyalgie. Elle travaille dans un grand hôpital à Paris. D'un commun accord avec mon médecin, j'ai pris rendez-vous. J'ai reçu un courrier stipulant que j'allais être admise pour une durée totale d'une semaine afin d'établir plusieurs examens complémentaires et me garder en observation.

Recherches et autodiagnostic

Si vous ne vous sentez pas écouté.e et donc incompris.e quant à votre maladie et les difficultés qu'elle engendre dans votre quotidien, si le corps médical ne trouve aucune solution, aucun mot à mettre sur vos maux, il vous reste quand même plusieurs options...

1. **Vous opinez du chef sans broncher** suite à votre dernier rendez-vous médical et vous admettez que peut-être, finalement, vous n'avez rien. Vous continuez donc à vivre avec la douleur toute votre vie, puisque votre dernier médecin vous a dit que votre problème était très certainement psychosomatique. Au mieux, vous entamerez une psychothérapie pour vous sentir écouté.e et compris.e. Au pire, vous continuerez de souffrir.

2. **Vous vous tournez vers les médecines parallèles :** médecine chinoise, ayurvéda, naturopathie, chiropractie, etc. Autant de choix possibles pour essayer d'enrayer la douleur, de comprendre, d'avoir une approche différente sur tout un panel symptomatique incompris de la médecine allopathique, peut-être trop cartésienne dans votre cas. Vous cherchez une approche différente, une vision holistique qui vous permettra peut-être d'y voir plus clair puisque la médecine occidentale ne peut plus rien pour vous. Même si elles ne permettent pas de diagnostiquer une maladie, ces pratiques vous permettront très certainement de diminuer vos douleurs et vous soulageront le temps qu'il faudra. Attention à ne pas tomber sur un charlatan qui ne prendra pas votre douleur au sérieux, mais plutôt votre argent comptant.

3. **Vous prenez les choses en main,** car vous voulez comprendre coûte que coûte pourquoi votre vie n'est

plus la même qu'avant, pourquoi vous êtes malade tous les jours et surtout pourquoi personne ne vous croit. Alors vous allez faire des recherches, beaucoup de recherches. Acheter des livres, des tas de livres. Écouter des conférences, les avis divergents de tous. Regarder sur les forums si vous êtes seul.e au monde à avoir cette symptomatologie si florissante et parfois même si invalidante. Vous trouverez sans doute des réponses à vos questions, mais rien ne certifiera que ces réponses seront justes. Vous finirez par vous dire ce que vous voulez entendre depuis toujours : non, ce n'est pas dans votre tête et, oui, vous êtes malade. Mais de quoi exactement ?

4. Vous vous proclamez finalement apte à faire votre autodiagnostic parce que vous connaissez quelqu'un qui a vraisemblablement la même chose que vous et cette personne a bien été diagnostiquée. Vous vous dites que votre médecin n'était apparemment pas dans son meilleur jour au moment de vous annoncer que vous n'aviez rien et donc il est certainement passé à côté de ce même diagnostic pour vous. Alors, autant dire vous-même de quoi vous souffrez.

5. Vous vous obstinez ! Dans le bon sens du terme. Vous êtes la définition même de la pugnacité. Rien ne vous arrêtera dans votre quête du savoir. Vous connaissez votre corps mieux que n'importe qui, et c'est évident qu'il est défaillant. Vous savez pertinemment que quelque chose ne va pas et ce n'est pas l'avis d'un seul médecin, ni même de deux, trois, voire d'une cinquantaine qui vous arrêtera. Vous allez continuer à consulter tous les spécialistes du pays. Vous partirez à l'étranger s'il le faut, mais jamais, ô grand jamais vous ne baisserez les bras. Il est légitime de connaître les raisons pour lesquelles on ne peut pas se lever le matin ou avoir une vie normale, et qui font que l'on se sent rempli de douleur et d'incompréhension. Vous allez enfiler votre costume de Sherlock Holmes et partir à la recherche d'une réponse intelligible et plausible. Vous refuserez toutes les réponses ayant pour seul but de se débarrasser de vous. Vous voulez des preuves et du concret.

Cette dernière option est un peu la mienne. J'aime faire un travail d'enquêtrice, non pas pour m'autodiagnostiquer, mais pour trouver le bon médecin parce que je suis persuadée que, quelque part, quelqu'un connaît la réponse exacte à mes questions, et que cette personne prendra la peine de m'écouter, de me comprendre et de m'épauler. Il faut souvent faire toutes les démarches de recherche et de prise de rendez-vous soi-même si l'on veut avoir une chance de guérir un jour.

L'automne est arrivé, cette saison tant redoutée de mes muscles et de mes articulations. Paulette et Denise redevenaient systématiquement mes alliées durant cette période froide et humide. Mes genoux ne coopéraient pas du tout !

Enfin arriva le jour J de mon admission à l'hôpital à Paris ! Je partageais ma chambre avec une autre jeune femme. La semaine fut longue et froide. Il faisait environ 6 °C dehors et le chauffage n'était pas encore allumé dans l'établissement. L'endroit était vétuste. Le bâtiment où je me trouvais n'avait pas encore été rénové et n'était pas bien isolé. Il y avait des trous entre les carreaux et les huisseries des fenêtres, rebouchés façon système D avec du scotch. L'air froid passait et pénétrait dans la chambre. Le froid et moi, on n'est pas copains du tout. Ça me raidit les muscles, ça me fait trembler et, en définitive, avoir encore plus mal. J'ai dû copiner avec un stagiaire de l'étage. Il me préparait des bouillottes en mettant de l'eau dans des poches de glucose qu'il faisait réchauffer au micro-ondes. Un amour !

J'ai vu pas mal de médecins, mais cinq minutes d'entretien par jour, ce n'est pas grand-chose sur une semaine d'enfermement. On prenait mes constantes régulièrement et j'ai eu plusieurs prises de sang, dont une qui m'a fait perdre connaissance. C'était la première fois que cette jeune infirmière faisait une prise de sang à un patient, je crois. Déjà j'ai eu mal, ensuite elle m'a prélevé 42 tubes (oui oui, c'est possible), et j'ai fait une syncope alors que j'étais déjà allongée. Elle a complètement perdu ses moyens, ce qui fait qu'il n'y avait plus personne pour me relever les jambes ou me mettre une claque ! Je suis restée une semaine et je n'ai pas fait d'autres examens. Tout le monde a vu mes muscles se spasmer, se contracter, se tétaniser, observé mes fasciculations à des endroits improbables. Mais aussi les difficultés à me mouvoir, les douleurs, les maux de ventre, les vertiges, les malaises… Au moins, tout ce petit monde était témoin. Bon, niveau intimité, ce n'était pas la joie. Un jour, le médecin est entré dans la chambre avec pas moins de dix autres personnes en blouse blanche. Toutes prenaient des notes pendant que le médecin baissait le bas de mon pyjama pour montrer les endroits de mes jambes qui spasmaient le plus fréquemment. En petite culotte devant tout le monde : de quoi me ravir une fois de plus !

Ce qui est chouette, c'est que l'on est venu me rendre visite pour me changer les idées. Une amie d'enfance, à Paris depuis toujours et que j'avais retrouvée l'été précédent, m'a apporté un joli bouquet, que j'ai laissé aux aides-soignantes en partant. Mon oncle aussi est venu me voir pour me raconter des histoires. Il ne voulait qu'une chose, me kidnapper pour aller déjeuner. Un copain est passé aussi, il m'a apporté une petite bruyère mauve à replanter une fois rentrée chez moi. Ce jour-là, j'ai resquillé pour sortir prendre un thé avec lui au soleil, sur la terrasse du bar en face de l'hôpital. Le soleil, ça réchauffe n'importe quel cœur, vous savez.

Je ne sais pas ce qui était le plus risible à la sortie de mon hospitalisation. Que je n'ai jamais vu la spécialiste de la fibromyalgie (à mon grand désespoir) alors que, sur le compte rendu, ils venaient effectivement de me diagnostiquer cette maladie chronique sans m'en informer de vive voix, ou que l'on m'ait programmé une IRM pour dans un mois à 8 heures du matin alors que j'habite à deux cents kilomètres de Paris et que je venais d'y passer une semaine entière ?

Avoir un diagnostic

Avoir un diagnostic, mettre un mot sur ses douleurs, c'est quelque chose d'important pour le bien-être mental d'un patient. Il n'y a rien de pire que d'être incompris ou en errance médicale. Logiquement, après un diagnostic, on sait où l'on met les pieds. C'est quand même bien mieux que d'être errant et ignorant. Il y a une chance de trouver des « outils » adéquats pour soulager douleurs et symptômes. C'est en soi un premier pas sur la voie de la « guérison ».

Le jour de ma sortie, mon frère m'a fait la surprise d'être là, accompagné de mes parents. Il vivait en Angleterre et j'étais loin d'imaginer que cet épisode de ma vie était assez important pour déplacer toute ma famille, pour que l'on soit tous réunis autour d'un bon repas. Le resto était chouette, ça me faisait du bien de manger de la vraie nourriture et de boire un bon verre de vin. Comme je venais de subir une grosse prise de sang, je m'amusais à dire que, dorénavant, c'était du vin qui coulerait dans mes veines. J'étais assez pâlichonne après cette semaine à l'hôpital. Il faut dire aussi que l'infirmière de nuit venait me réveiller tous les matins à 5 heures en me secouant le bras pour me dire : « Bon, je m'en vais, bonne journée ! » Alors que je dormais si bien… J'ai vite repris des couleurs en compagnie de ma famille. Mon oncle était présent aussi. On a fait un selfie pour immortaliser ce moment. Aujourd'hui, c'est la photo que j'aime le plus au monde.

Un mois plus tard, j'étais de retour aux admissions en hôpital de jour pour passer mon IRM et être vue par le médecin. Il s'agissait d'une IRM du corps entier. On m'a d'abord fait une prise de sang, puis quelqu'un est venu me chercher avec une chaise roulante. Il m'a fait passer par un couloir, au sous-sol de l'hôpital. Les murs étaient étroits. L'étanchéité était à revoir, au vu des petites gouttes d'eau qui ruisselaient de partout. Ça sentait le moisi. Il faisait froid. Le trajet a duré plus de quinze minutes avant que je n'arrive au service IRM. Je ne sais toujours pas pourquoi je n'ai pas pris un chemin un peu plus décent. C'était un raccourci, paraît-il… L'examen était prévu pour 8 h 30 et il était déjà 10 heures. La manipulatrice est venue me chercher et m'a dit : « On ne va pas pouvoir vous faire l'examen. » Ma mère et moi nous sommes regardées, l'air vraiment inquiet. Elle a ajouté : « Cet examen n'existe pas, on ne fait pas d'IRM du corps entier, ça n'existe pas. » J'étais encore une fois perdue… Il a fallu lui expliquer longuement que l'ordonnance avait bel et bien été établie par le médecin d'un de leurs services, et que, s'ils avaient un doute, il fallait l'appeler. Je n'allais pas repartir sans faire cet examen.

Après avoir passé plus de trente minutes dans le tube sans bouger, avec un casque sur les oreilles pour éviter une migraine, on m'a ramenée dans la chambre de jour pour que j'y attende le médecin. Il était presque midi. Personne en vue. Une heure plus tard, ma mère est allée dans le couloir demander à quelqu'un en blouse blanche si un médecin allait vraiment venir. On lui a répondu qu'il venait de partir et qu'il ferait un courrier. Vous n'imaginez pas la colère d'une mère dans ces cas-là ! Un interne est arrivé, visiblement très fatigué. Il avait actionné le mode zombie. Il parlait un langage à peine compréhensible et à peine audible. Il avait les pupilles dilatées, tenait à peine debout et était peu aimable. Il m'a juste dit qu'il n'avait pas encore les résultats de l'IRM, mais qu'*a priori* je pouvais sortir. Je recevrais tout par courrier.

2017 - « VOUS ALLEZ TERMINER EN CHAISE ROULANTE »

Le courrier stipulait qu'il n'y avait rien d'anormal à l'IRM et que le diagnostic de fibromyalgie était bien confirmé. Je devais à présent être suivie au centre antidouleur de l'hôpital à Paris, ou bien près de chez moi s'il existait une structure du même genre. La deuxième option était plus pratique, car je ne me voyais pas faire des allers-retours en train alors que les transports me fatiguent encore plus, du fait de ma fatigue chronique.

Mon premier rendez-vous avec le médecin rhumatologue du centre antidouleur a duré plus d'une heure. J'étais face à une personne du corps médical qui comprenait parfaitement le mécanisme de mes douleurs et qui souhaitait m'aider. Pour lui, la fibromyalgie est une maladie de très longue durée, parfois très invalidante. Il m'a annoncé la couleur tout de suite. Cela n'allait pas forcément aller en s'arrangeant. La première chose à faire pour moi, au centre antidouleur, était d'aller voir la psychologue. Rien de plus. J'étais finalement assez déçue de cet entretien : il avait bien commencé, dans l'écoute et la compréhension, pour revenir au point de départ, un rendez-vous chez la psy !

Mais alors, il me croyait ou non ?

Je voyais la psychologue deux fois par mois. Je n'avais pas grand-chose à lui raconter. Le seul point positif, c'est que la boulangerie d'à côté faisait de très bons éclairs, et j'en achetais un ou deux en sortant. Je n'avais toujours pas de solution pour contrer les douleurs, ni même les apprivoiser. J'ai essayé la neurostimulation électrique transcutanée (TENS), mais je me suis pris tellement de châtaignes en manipulant l'appareil que j'ai eu encore plus mal. Sans succès donc.

Six mois plus tard, je suis retournée voir le médecin rhumatologue du centre antidouleur pour une visite de contrôle. Ce jour-là, le rendez-vous a duré seulement cinq minutes !

« Alors Charline, comment allez-vous ?

– Pas mieux. J'ai même l'impression que c'est de pire en pire, et rien ne me soulage.

– Ah mais vous savez, de toute façon, avec la fibromyalgie, vous allez terminer en chaise roulante !

– …

– Bon, continuez à aller voir la psychologue, on se revoit dans trois mois ! »

Vers qui se tourner ?

Il n'y a malheureusement pas une seule et unique réponse à cette question. Les malades chroniques le savent : on ne trouve pas d'emblée de quoi ils souffrent. **Le parcours de santé peut parfois être long et semé d'embûches**, que vous soyez une femme ou un homme. Lorsque vous présentez des symptômes ou **des douleurs inhabituelles qui durent et persistent**, il faut déjà passer par la case médecin généraliste et bien expliquer les manifestations et les ressentis. Par la suite, il peut vous prescrire des analyses ou vous envoyer **voir un spécialiste** (rhumatologue, neurologue, interniste, etc.). Sauf que, parfois, personne ne trouve. Même au bout de plusieurs mois, voire plusieurs années. Et il arrive que **les médecins se contredisent entre eux**, au sein d'une même spécialité. On ne sait plus où donner de la tête. Qui croire. Quoi croire. On se trouve placé face au vide médical par excès d'incohérence. Et on souffre toujours autant en serrant les dents.

Petit conseil : si vous errez de spécialiste en spécialiste **à la recherche d'un diagnostic**, ne dites pas au nouveau médecin que vous avez devant vous « J'ai ci, j'ai ça », mais plutôt : « Tel médecin m'a dit que j'avais ci, ou ça. » Car ainsi, c'est l'autre médecin qui passera pour un incompétent, pas vous ! Assurez-vous de bien vous exprimer pour bien vous faire comprendre.

Dans un second temps, vous pouvez **chercher par vous-même** des similitudes avec des pathologies reconnues, mais difficiles à diagnostiquer. Parlez-en à votre médecin. Assurez-vous qu'il soit attentif et à l'écoute. Vous pouvez également **vous rapprocher des associations** réunissant des patients souffrant de la maladie chronique que vous pensez avoir. Vous rencontrerez d'autres personnes et pourrez parler de vos symptômes, les comparer, vous faire conseiller, etc. Il existe même **des « patients experts »**, qui sauront vous aider du mieux possible. Quoi qu'il en soit, vous n'êtes pas seul.e. Ces démarches sont susceptibles de confirmer votre intuition, et éventuellement **aiguiller votre médecin dans la bonne direction**. Mais attention : une bonne compréhension naît d'une bonne communication entre les deux parties. **Si l'on ne vous prend pas au sérieux, changez tout simplement de médecin.**

J'avais l'impression que l'on m'avait laissé tomber encore une fois. J'étais brisée. On m'avait donné l'espoir d'aller mieux et, finalement, d'après ce spécialiste, mon état allait s'aggraver. La semaine suivante, ma mère a dû appeler le secrétariat du centre pour annuler mon rendez-vous du jour avec la psychologue. J'étais clouée au lit, je ne pouvais plus bouger du tout ! J'avais les membres engourdis, certains se paralysaient, d'autres tremblotaient. J'allais super mal. On lui a répondu qu'on allait me rappeler pour savoir comment j'allais et fixer un autre rendez-vous. J'attends toujours. Mon état n'a affolé personne dans ce centre antidouleur où j'étais censée être suivie et prise en charge. Mon ressenti sur le moment ? Tout le monde s'en fichait complètement. Je serais morte que personne ne le saurait. Je me suis bien rendu compte, à ce moment-là, que je n'étais vraiment rien. Que le fait d'être malade ne me rendait pas plus importante aux yeux du corps médical. Que chaque patient de plus était un pion de plus. Que l'empathie, la bienveillance et la compassion n'avaient pas leur place dans le monde médical qui m'entourait.

Je vais être très honnête avec vous sur un sujet délicat : les idées noires. J'ai fait souffrir mes parents à plusieurs reprises avec des pensées morbides. Ma souffrance était parfois si insoutenable que, du fond de mon lit, sans pouvoir bouger, je disais que je préférais mourir que de mener cette vie. Fort heureusement, grâce à beaucoup d'amour, de soutien et une joie de vivre enfouie en moi depuis toujours, ces idées n'ont fait que passer, comme des nuages.

J'enchaînais les névralgies cervico-brachiales, les névralgies d'Arnold, les névralgies du nerf trijumeau, les paralysies faciales de courte durée, les paralysies soudaines mais transitoires des membres inférieurs, les spasmes, les tressautements, les fourmillements, les engourdissements, les contractures musculaires, les articulations gonflées au réveil ou durant la marche, les malaises, les vives douleurs dans la poitrine, dans le ventre, les sensations de brûlure sous la plante des pieds ou dans le cou quand je faisais un peu de sport. Et par-dessus tout, tel un groupe électrogène, je fournissais assez de courant électrique dans ma jambe gauche pour allumer la tour Eiffel !

Je passais ma vie chez le kiné, chez l'ostéo, chez mon prof de yoga pour de la thérapie manuelle ou pour pratiquer des postures. Ce sont les trois choses qui me soulageaient le plus.

J'ai fait des examens chez un pneumologue pour vérifier l'apnée du sommeil à cause de ma fatigue constante. Une échographie chez une angiologue suite à des sensations de brûlure dans le cou dès que je faisais un effort. Des tests complémentaires chez le cardiologue à cause de la tachycardie récurrente et de la douleur qu'elle provoque. Plusieurs fibroscopies et coloscopies chez le gastro-entérologue pour une recherche de maladies inflammatoires chroniques intestinales (MICI) parce que je souffre de troubles digestifs depuis toujours et que les douleurs se sont accentuées au point parfois de m'évanouir. J'ai vu plusieurs médecins ORL pour plusieurs avis, car la déglutition me fait mal, mon nez coule trop souvent et j'entends de plus en plus mal d'une oreille. J'ai fait la révision complète. Tout était d'ordre

« fonctionnel » ou « dans la norme ». Mais de quelle norme parle-t-on ?

Mon médecin ne croyait pas à la fibromyalgie, alors on continuait, encore et encore, de chercher une réponse auprès des spécialistes.

Le problème, c'est qu'à chacun de mes rendez-vous, j'avais droit à : « Vous souriez trop pour être malade », « Vous avez bonne mine, vous ne devez pas être si malade que ça », « Une jolie fille comme vous, ça ne peut pas être malade ! » Cette dernière phrase résonne en moi comme cette réflexion bateau entendue lors des repas de famille : « Une jolie fille comme toi, ça ne peut pas rester célibataire ! », suivie de : « Tu vas finir par trouver. » Oh que oui, je vais finir par trouver, sauf que ce n'est pas un mec que je cherche, c'est un nom à poser sur ce qui me pourrit la vie !

Un médecin m'a dit un jour : « Une patiente souriante, c'est une femme séduisante qui peut faire perdre à un homme toutes ses facultés en matière de médecine. »

J'ai vu un énième médecin, spécialisé en micronutrition. Mon sang a été analysé en Belgique. J'avais des prétendues carences en magnésium, en fer, en vitamine D, en iode, une flore intestinale capricieuse et d'autres choses dont je ne me souviens même plus. Je n'avais pas moins de dix compléments alimentaires différents à prendre par jour, sur une durée totale de six mois. La facture était salée. Cela me coûtait près de 300 euros par mois, sans compter les séances d'ostéopathie ou de yoga plusieurs fois par semaine.

Je ne pouvais plus travailler. Je ne gagnais pas ma vie. Je ne recevais aucune aide de l'État.

En début d'année, j'avais monté un dossier MDPH (maison départementale des personnes handicapées) avec l'aide de mon médecin. L'aide financière ne m'a pas été accordée malgré mon incapacité à travailler. J'ai seulement obtenu une reconnaissance de travailleur handicapé pour le droit à l'embauche.

Le diagnostic de fibromyalgie n'était apparemment pas recevable. Je me suis sentie une fois de plus évincée de la société.

J'ai appris plus tard que la fibromyalgie était bien reconnue auprès des MDPH, mais pas dans tous les départements. En résumé, j'étais donc privée d'aide parce que je ne vivais pas au bon endroit…

La précarité comme conséquence

Je me suis un jour posé cette question : « Mais si je n'étais pas revenue vivre chez mes parents, où est-ce que je serais ? Sous les ponts ? » Parce que oui, dans mon cas, la question se pose vraiment. J'ai eu l'immense chance d'avoir **des parents qui me soutiennent** et peuvent me prendre en charge sans compter les années. Mais ce n'est pas le cas pour tout le monde. Si mes parents n'étaient pas là, je n'aurais aucunement **les moyens financiers de vivre**, ni même de survivre. Simplement parce que toutes mes demandes d'aides en lien avec ma situation de santé m'ont été refusées, même avec un bon dossier. Et ça, je ne l'explique pas. Seule l'administration française en connaît les raisons.

Dans le cas de maladies chroniques, comme on ne peut pas travailler convenablement quand on est en souffrance permanente, on en arrive en général à créer son autoentreprise, de manière à gérer son temps de travail selon ses capacités. Or l'arrêt maladie n'existe pas avec ce statut. **Pas de possibilité de travailler = zéro revenu.**

À ces soucis financiers s'ajoutent tous les médicaments, compléments, soins non remboursés. Tout ce qui peut faire du bien est à nos frais. Sans oublier un point qui touche toutes les femmes : **la précarité menstruelle**. Je n'avais pas réalisé l'importance de ce sujet avant d'être victime d'un dérèglement hormonal et de saigner pendant des semaines en continu ! La note d'achat des protections féminines était juste inconcevable. Et je n'ai alors tout simplement pas eu les moyens de m'offrir le luxe du coton bio pour éviter une trop forte toxicité... (La trouille du fameux choc toxique, vous connaissez ?)

La prise des compléments alimentaires m'a soulagée les deux premiers mois. J'ai profité de cette accalmie pour commencer à écrire mon premier livre en autoédition, *Happy & Healthy. Bien dans son corps, bien dans sa tête*, et mettre de l'ordre dans mes projets professionnels futurs ! Bien évidemment, cette pause dans mes douleurs vives s'est arrêtée net ! Vous le saviez, vous, que la prise simultanée de plusieurs compléments alimentaires pouvait avoir des effets toxiques sur l'organisme ? Surtout si la prise dépasse trois mois ? Moi, oui. Je l'avais appris dans mes cours de naturopathie. Mais comme j'avais affaire à un médecin spécialisé dans la micronutrition, je m'étais dit que c'était lui qui avait raison.

J'ai décidé de tout arrêter. Les visites chez le médecin et chez les spécialistes. Les médicaments et les compléments. Je ne voulais plus entendre parler de ma santé. J'allais serrer les dents bien fort et continuer à vivre.

Mes parents m'ont offert un tapis de marche pour faire ma rééducation toute seule. J'en avais besoin. Cela m'a même changé la vie. Je pouvais marcher un peu tous les jours et, surtout, je pouvais écouter mon corps et m'arrêter quand je commençais à avoir mal. Parce que le plus difficile quand je partais marcher dehors, c'est que parfois je ne pouvais pas revenir, il fallait venir me chercher en voiture.

J'ai demandé à mon professeur de yoga s'il était possible pour lui de me former en cours particulier, pour que je puisse un jour à mon tour enseigner. Par chance, il était agréé formateur. Nous avons aménagé ensemble un planning de formation. Je ne pouvais pas faire plusieurs heures d'affilée, car, sur le plan théorique, les informations rentraient par une oreille et ressortaient par l'autre. La cause ? Mes troubles cognitifs. Et sur le plan physique, une trop grande sollicitation de mes muscles m'était impossible, au risque de rester tétanisée. J'ai eu la chance de suivre cette formation individuelle et adaptée à ma vie de malade chronique. Je sentais que je pouvais faire quelque chose de ma vie. Mais pour ça, il fallait qu'il y ait des personnes bienveillantes et compréhensives en face de moi. Sinon, impossible de vivre dans un monde fait uniquement pour les gens vaillants.

2018 - « VOUS POUVEZ ARRÊTER VOTRE CINÉMA DEUX SECONDES ? »

Ce passage va peut-être vous sembler plus court que les autres, car je ne veux pas tomber dans la redondance. Les années se suivent et se ressemblent. C'est cela, l'errance médicale. On attend, tout le temps. On attend entre chaque rendez-vous, on attend que ce soit notre tour dans les salles d'attente, on attend nos résultats, nos comptes rendus, on attend un diagnostic, une solution… Et il peut se passer des années… On passe son temps à attendre, à dépenser une énergie qu'on n'a pas, à mettre ses batteries à plat. À force, on développe une forme de fatigue chronique, on est comme un vieux téléphone équipé d'une batterie qui ne se recharge plus jusqu'au bout et qui se vide en un rien de temps. Un simple appel et hop, il faut se recharger ! J'en étais là. J'avais la force d'une crevette grise dans un corps de vieux Nokia 3210 des années 1990.

Cette année-là, j'ai fait venir le SAMU une fois à la maison et je suis allée une fois aux urgences. Je rentrais de Paris. Enfin… j'étais partie à une soirée… et je n'avais pas du tout anticipé que certaines personnes vivent à un nombre d'étages incalculables sans ascenseur. Quand on est malade chronique, il faut vraiment penser à tout, dans les moindres détails. Comme je suis arrivée plus tôt dans la journée pour aider à préparer la soirée, j'ai fait plusieurs allers-retours dans les escaliers. Les Parisiens ont des jambes en béton, moi j'avais les jambes en coton ! Vers 2 heures du matin, j'ai eu une crise horrible, mes jambes se sont paralysées. Ma seule et unique solution, comme je ne pouvais plus bouger, fut d'appeler mes parents pour qu'ils viennent me chercher… Deux cents kilomètres nous séparaient. J'ai attendu deux heures, dans la douleur. Mes parents sont vraiment des héros ! Je les aime tellement. Et moi, c'est sûr que je n'irai plus nulle part… j'ai trop peur. Je ne veux plus qu'une chose pareille m'arrive. C'est l'enfer d'être seule, livrée à soi-même et dans l'incapacité de se prendre en charge car vous n'êtes pas à 100 % valide ! Le lendemain, le SAMU est donc venu. La paralysie avait empiré et gagnait les bras, le cou et la tête. J'ai vraiment cru que j'allais terminer dans un fauteuil roulant. Puis, au moment de m'emmener à l'hôpital, la crise s'est estompée.

Les semaines ont passé et les douleurs étaient toujours omniprésentes, c'était un cauchemar. Je n'avais plus de solution. Ma grand-mère venait d'être diagnostiquée avec une pseudo-polyarthrite rhizomélique (PPR) par un rhumatologue (auparavant, elle avait aussi un diagnostic de fibromyalgie). Quant à ma mère, elle ne se plaint jamais, mais je sais qu'elle souffre aussi tous les jours. Je pense que si elle comprend aussi bien mes douleurs, c'est parce qu'elle fait aussi les frais d'une maladie chronique de ce genre. Quant à certaines de mes cousines (du côté de ma mère), elles ont également des problèmes de santé, de coagulation, de diabète inversé, d'arthrite, de maladies non reconnues, non diagnostiquées et même orphelines. Je me dis que cela est très certainement génétique ou héréditaire.

Nous avons décidé de partir changer d'air en famille et sommes retournés aux États-Unis, avec mon frère cette fois. Deux semaines tous ensemble, cela nous a fait du bien. Mon frère, qui au début manifestait de la réticence face à mes problèmes de santé, a vu à quel point je faisais tout pour être bien, mais comment d'un seul coup les choses pouvaient changer. Soudainement, même si je suis en train de rire, de boire une bière, de m'émerveiller devant un paysage, je peux avoir des spasmes, un membre qui se paralyse, un malaise… Comme quoi, il faudrait que je vive 24 heures sur 24 avec mon médecin pour qu'il me croie.

Deux mois plus tard, je suis partie à New York. Sans eux. New York, c'était mon rêve! Mais dans mon cas, ce rêve demandait de la préparation physique. NYC est une grande ville et, comme je n'aime pas les transports en commun, je voulais pouvoir tout faire à pied. Oui, mais voilà, je ne connaissais pas trop ma capacité de marche. Jusqu'où pouvais-je « pousser » sans voir mes jambes se tétaniser ? Mon père, que dis-je, mon meilleur ami, m'a entraînée pendant un mois, petit à petit, jusqu'à ce que je puisse aisément parcourir huit kilomètres d'affilée sans flancher. Mon record à New York ? Vingt-trois kilomètres dans la même journée. Ce jour-là, j'ai traversé tout Central Park du nord au sud et puis j'ai crapahuté dans Manhattan pour terminer en beauté devant le coucher du soleil depuis le Top of the Rock du Rockefeller Center. Ah, j'oubliais : après, je suis sortie jusqu'au bout de la nuit ! Bon, j'ai quand même fait une crise de tétanie assez sévère une fois à l'hôtel, mais le jeu en valait la chandelle, non ? J'étais fière de ce que je venais d'accomplir avec mes petites cannes en sucre, que j'alimentais avec des compléments en magnésium pour limiter les dégâts.

À mon retour, j'ai demandé un courrier à mon médecin pour aller voir un rhumatologue. Il m'a dit : « Bon, cette fois, tu ne parles ni de yoga ni de naturopathie, tu ne te maquilles pas, tu ne te coiffes pas, tu ne te parfumes pas et tu mets un jogging, tu ne souris pas, et là il te prendra davantage au sérieux. » C'était donc ça, la raison pour laquelle on ne me croyait jamais ? L'apparence ? Est-ce que l'on oserait s'adresser ainsi à un homme ? Laissez-moi vous dire une chose : quand on n'a plus la santé, il nous reste au moins notre dignité. Quand je me regarde dans un miroir, j'ai envie de voir une belle personne qui prend soin d'elle. J'ai envie de me trouver jolie, de me faire sourire. J'ai au moins le choix de ma façon de me maquiller, de m'habiller et, ces choses-là, je les fais pour moi, pour continuer de me plaire à moi. Sinon, c'est sûr, je baisserais les bras.

Quoi qu'il en soit, le jour de mon rendez-vous avec le rhumatologue, j'étais accompagnée de mes deux parents. J'avais souhaité qu'ils y assistent. Ce qui n'a pas vraiment plu au rhumato. Ce jour-là, il n'a trop rien dit. Il a pris des notes, il m'a mise sous ibuprofène pour contrer la douleur. Il n'a pas cru au diagnostic de fibromyalgie. Il m'a regardée avec de gros yeux quand j'ai parlé yoga et naturopathie (je suis trop entière, désolée). Et pour finir, il m'a prescrit une prise de sang.

Je suis allée seule au deuxième rendez-vous et il m'a très mal reçue :

« Bon, je ne vais pas y aller par quatre chemins, je vais vous poser une question personnelle.

– Oui ?

– Pourquoi êtes-vous venue avec vos parents la dernière fois, et aujourd'hui vous venez seule ?

– Eh bien, je ne sais pas, on était ensemble, c'est tout. Et puis, je vis avec eux, ils s'occupent de moi, donc ils sont concernés. Vu mes problèmes cognitifs, je préfère compter sur eux pour retenir ce que les médecins disent, parce que moi, je n'y arrive pas.

– Vous pouvez arrêter votre cinéma deux secondes ?!

– Pardon ?

– Je ne traite pas les problèmes psychologiques ! Et, visiblement, c'est ce dont vous avez besoin. Vous n'avez aucun problème rhumatologique. C'est la dernière fois qu'on se voit ! »

Quel crétin ! Vraiment, je n'avais rien entendu de plus stupide durant tout mon parcours médical. Mais qu'est-ce que ça pouvait lui faire, franchement, que je vienne seule ou accompagnée ? Cela ne changeait pas mes douleurs, mes paralysies, ma fatigue ! J'étais vraiment en colère. Bien souvent, au début, je préférais être accompagnée pour être certaine d'être comprise, non pas par les médecins mais par ma famille. Et puis, je suis majeure, c'est encore moi qui décide si je veux venir accompagnée ou non. Pour être honnête, une demi-heure avant mon premier rendez-vous avec le rhumatologue, je venais d'apprendre la mort d'une amie que j'aimais beaucoup. Elle avait été retrouvée morte, seule, gisant sur le sol de sa salle de bains, emportée par une embolie, laissant ses deux petits bouts sans leur maman. Alors oui, j'étais dévastée ce jour-là, et oui, je préférais être accompagnée plutôt que d'annuler le seul rendez-vous que j'attendais, celui dans lequel je plaçais tous mes espoirs.

> Combien de fois ai-je pu entendre : « C'est dans votre tête », « C'est psychosomatique », « C'est psychologique », et j'en passe ? Je connais très peu de femmes en errance médicale à qui l'on n'a pas sorti l'une de ces phrases à un premier, voire un second, ou pire, un énième rendez-vous médical. C'est tout bonnement devenu un lieu commun, une banalité et une absurdité. On rencontre souvent ce type de « conclusion médicale » dans la bouche d'un médecin (homme) envers sa patiente. Nous sommes à leurs yeux des « malades imaginaires » ! Premièrement, un médecin ne peut pas juger de votre santé psychiatrique s'il n'est pas diplômé pour cela. Deuxièmement, plus qu'un simple stéréotype inégalitaire, il s'agit d'un préjugé sexiste doublé d'un mépris inacceptable du médecin à l'égard de sa patiente. Conseiller à une patiente d'aller consulter un ou une psychologue sans faire état de ses symptômes physiques ou de sa physiologie n'est pas digne de sa profession.

Un mois après, j'étais admise aux urgences. Ça recommençait. Un violent mal de tête, suivi d'un violent mal de bras et d'une paralysie du haut du corps du côté droit. Vu mes antécédents, j'ai été prise en charge rapidement. Pas de scanner, pas d'IRM. Juste un « RAS ». On m'a renvoyée chez moi.

Étant donné que je n'en pouvais plus de cette situation, j'ai décidé de me lancer en tant que prof de yoga. Je venais de terminer d'écrire mon premier livre et souhaitais en écrire d'autres par la suite. Je devenais enfin autoentrepreneure ! Je n'avais plus qu'à trouver une salle et accueillir mes premiers élèves.

Tous acteurs de la santé

Nous avons tous un rôle à jouer pour notre santé et celle des autres, car **la médecine et les médecins ne peuvent pas tout**. Les personnes souffrant de maladies chroniques voient leur vie professionnelle ou sociale s'amenuiser au fil des années. Certaines ne peuvent plus travailler, d'autres sont incomprises par leur entourage ou perdent des amis. En même temps, si aucun médecin ne vous prend au sérieux, comment votre entourage, qui n'appartient pas au corps médical, le pourrait-il ? **Être malade reste un tabou.** Pourtant, puisque certaines maladies chroniques sujettes à l'errance médicale sont aussi considérées comme des maladies invisibles et touchent des millions de personnes, pourquoi ne pas tous se sentir concernés ? Pourquoi ne pas être tous acteurs de la santé, main dans la main, pour créer une alliance thérapeutique et cheminer tous ensemble ?

Sur le plan professionnel, les personnes touchées perdent leur emploi ou n'ont pas d'autres solutions que d'adopter le statut d'autoentrepreneur pour pouvoir gérer leur emploi du temps. Être malade chronique, c'est avoir besoin d'une deuxième vie pour les rendez-vous médicaux, les examens, aller au centre antidouleur, au labo, à la pharmacie, monter des dossiers, faire des papiers, etc. La maladie provoque une charge mentale supplémentaire, car elle ne prend pas de jour *off*. Si les mentalités changeaient, on pourrait déjà aménager le temps de travail des personnes souffrant de handicaps invisibles et leur garantir un accueil et un espace professionnels adaptés à leur situation. Il faudrait vraiment sensibiliser le monde du travail à cette réalité.

En société, c'est pareil. Si on garde la maladie pour soi, on ne risque pas de se faire comprendre. Il faut en parler. En parler, c'est aussi s'offrir la chance de tomber sur des personnes qui vivent la même chose que vous, dans leur coin. En parler ouvre les esprits et des portes. En parler allège votre santé mentale. La communication est la clé d'une bonne compréhension et d'une bonne entente (et cela fonctionne dans tous les domaines). Il y aura toujours des personnes bornées, ne connaissant rien de la douleur, n'ayant jamais été malades de leur vie, qui resteront émotionnellement imperméables à votre situation. Concentrez-vous sur les personnes réceptives pour éviter les déceptions et espérons que les mentalités vis-à-vis de la maladie changent un jour pour plus de bienveillance à l'égard de tous.

Pour finir, une maladie chronique ne se soigne pas, elle se soulage. Ne restez pas victime de votre maladie, ne comptez pas que sur le corps médical ou sur les autres pour aller mieux. **Prenez les devants** et adoptez un mode de vie compatible avec votre santé physique et mentale.

Malheureusement le yoga a dû attendre, l'écriture aussi. On m'a poussée contre une porte lors d'une soirée, mes doigts ont glissé dans la charnière, quelqu'un a violemment refermé cette porte d'un coup de pied. Deux heures du matin, grisée par le vin, les trois derniers doigts de la main droite complètement écrasés… J'ai hurlé de douleur avant que l'on m'apporte un seau à champagne rempli de glace pour y plonger ma main. Après une heure dans l'eau glacée à avaler du paracétamol, je suis passée à la pharmacie de garde et puis j'ai dormi à l'hôtel, faute de mieux. À la pharmacie, j'avais demandé de quoi faire un bandage pour que mes doigts tiennent ensemble durant la nuit. On m'a vendu de la crème anti-inflammatoire et du sparadrap ! Pas de gaze, pas de bande. Du sparadrap ! À mettre à même la peau pour maintenir mes doigts ensemble ! Le matin, la douleur s'est réveillée en même temps que moi. Mes doigts étaient énormes et violets. On voyait la marque de la charnière. J'ai cru mourir quand il a fallu retirer ce foutu sparadrap et remettre de la crème. J'ai eu de la chance, car mes doigts auraient pu être complètement sectionnés. Se sont ensuivies des semaines d'attente et de rééducation. Je terminais encore mal l'année.

2019 - « TU EN AS QUAND MÊME TOUS LES SYMPTÔMES »

J'ai trouvé une salle pour commencer à exercer mon métier de professeure de yoga ! J'étais ravie, l'endroit était sympa et mes élèves encore plus. J'adorais ce contact. Pouvoir enseigner aux autres, tout en sachant que c'est pour leur bien-être : il n'y a rien de mieux, croyez-moi ! Mais avant cela, j'ai eu mon premier élève parisien. Je me suis déplacée en train, la boule au ventre, et j'ai donné mon tout premier cours de yoga en laissant penser que j'étais très expérimentée… Ça a marché. Ce jour-là, j'ai pris confiance en moi. Je savais que j'avais trouvé ma voie. Petit à petit, j'ai créé des événements autour du yoga et du bien-être. Je trouvais enfin ma place. Parfois, j'avais des élèves qui s'en voulaient de ne pas être assez souples ou qui avaient des problèmes de dos. Je leur faisais part de mon histoire. Comment et pourquoi j'avais commencé le yoga. J'aimais donner de l'espoir aux personnes qui pensaient de pas être capables de faire telle ou telle chose à cause d'une douleur ou d'une raideur. C'était mon leitmotiv.

Il m'est arrivé parfois d'avoir très mal ou de ne plus pouvoir me mouvoir correctement juste avant de donner un cours. Mais j'y allais quand même. J'expliquais les choses simplement et je faisais cours assise par terre ou sur une chaise, rien qu'à la voix. De toute façon, c'est comme cela que l'on m'avait appris à enseigner, avec ma voix. Ainsi, les élèves n'étaient pas tentés de me regarder, ils se concentraient mieux sur ce que je leur disais de faire. Ironie du sort, ces cours à la voix étaient mes meilleurs cours.

Je continuais dans mon quotidien d'avoir des crises et des poussées, de ressortir Paulette et Denise, de descendre les escaliers sur les fesses… Et puis ça passait « comme par enchantement » disait ma maman. Je voyais cela un peu comme la scène de *La Belle au bois dormant* de Disney dans laquelle les fées se servent de leur magie chacune leur tour pour changer la couleur de la robe : un coup rose, un coup bleu, incessamment. Eh bien ma vie ressemblait à ça. Un coup une crise, un coup j'allais mieux. Et puis *La Belle au bois dormant*, c'est un peu l'histoire de ma vie ces dernières années. J'ai l'impression d'être plongée dans un profond sommeil, sauf qu'il n'y a pas de prince charmant pour venir me délivrer.

Les douleurs se présentaient à moi comme des poussées, elles n'étaient plus diffuses et généralisées. Je continuais d'avoir mal tous les jours, mais différemment. J'étais surtout très fatiguée et mon corps craquait de partout. On aurait dit que des os se déplaçaient puis se remettaient, constamment, dès que j'étais en mouvement. Il fallait souvent que je fasse un mouvement particulier pour remettre en place ce qui était « coincé », désagréable et douloureux. Cela me bloquait même parfois la respiration.

Cette année-là, je crois que j'ai changé sept fois de matelas. Je ne savais plus lequel choisir, sur quoi dormir. Tout était désastreux. J'avais mal partout. Je faisais des paresthésies permanentes. Je ne dormais plus. Sauf dans les hôtels aux États-Unis… Je ne trouvais pas d'équivalent en France en matière de literie. Tout était trop ferme. La mousse à mémoire de forme était trop enveloppante et je n'arrivais pas à me retourner dans mon lit. Les ressorts, la mousse, le latex… je ne trouvais rien qui soulageait mon sommeil. De *La Belle au bois dormant*, on était passé directement au conte danois de *La Princesse au petit pois* ! Trouver un matelas était un calvaire, dormir était un calvaire, je passais ma vie chez l'ostéo, les yeux bouffis de ne pas avoir dormi.

Mon état de santé empirait. Un jour, ma mère m'a dit : « Bon, il faut vraiment qu'on revérifie Lyme, parce que tu en as quand même tous les symptômes. » Parler de cette maladie était en vogue, mais elle n'avait pas tort. Nous sommes à la campagne, je me balade souvent dans les bois, j'ai recueilli des chats infestés, mais aussi, et surtout, je me suis fait piquer par une tique quand j'avais 7 ans, sur le mollet gauche. Je m'en souviens très bien parce qu'il avait fallu retirer la tique et un gros rond rouge était apparu tout autour de la piqûre. À l'époque, le médecin qui me suivait m'avait dit que ce n'était rien du tout, un peu d'eczéma au pire. Le rond rouge s'était estompé.

J'ai expressément demandé des analyses pour vérifier Lyme. Tous mes résultats sont revenus positifs ou douteux. Mon généraliste m'a fait une lettre (encore une !) pour voir un infectiologue à Nancy, spécialisé dans la maladie de Lyme. Sans réponse positive de sa part, mon médecin m'a mise sous antibiothérapie pendant un mois, mais cela n'a pas fait changer les résultats d'un iota. La maladie de Lyme est très complexe à diagnostiquer. Je n'ai pas eu de suite sur le sujet. Peut-être faudrait-il refaire le test, ailleurs qu'en France ?

© Olivier Calas

Le mot de Laura Arnal, patiente experte, coach en santé maladie de Lyme et maladies vectorielles à tiques

Laura Arnal (@laura__arnal) est patiente experte, autrice du blog Lymetime.eu et du livre J'ai surmonté la maladie de Lyme, *coécrit avec Charlotte Guttinger (Éditions Odile Jacob). Laura met son expérience au service des malades de Lyme en tant que coach partenaire en santé. Elle est l'exemple même de l'errance médicale chez les femmes, voici son témoignage...*

Soixante-neuf ! C'est le nombre de médecins et thérapeutes que j'ai consultés. Tous ont essayé de m'apporter des solutions, de me soigner, mais tous sont passés à côté du bon diagnostic. Un curieux assemblage de chiffres que ce nombre 69 : on peut le faire pivoter d'un demi-tour, et on lit encore 69... Un nombre capable de tourner en rond... Et c'est ce qui m'est arrivé : **pendant cinq ans, j'ai tourné en rond**.

Peu après notre déménagement en Allemagne, ils sont apparus : des symptômes variés, incohérents et parfois même originaux en ce sens qu'il aurait fallu être bien tordu pour les inventer. Si mon médecin généraliste n'y trouvait pas d'explication, il m'expédiait tout droit chez un spécialiste. On dénichait toujours une nouvelle piste à creuser ! Je redonnais alors ma confiance à un nouveau thérapeute et me laissais souvent embarquer dans un énième traitement. **Je m'en remettais à l'expérience et au savoir des médecins**, croyant innocemment que traiter mes problèmes les uns après les autres finirait par fonctionner. Le résultat ? Mon corps, mes symptômes, mon histoire n'étaient finalement jamais vraiment pris dans leur « grand ensemble ».

Au fur et à mesure des semaines, **mon état de santé ne cessait de se dégrader**. Des symptômes invalidants arrivaient et parfois repartaient, sans crier gare et sans aucun élément déclencheur. Imaginez la situation suivante : vous prenez un rendez-vous médical pour un mal persistant au genou et, le jour J, vous arrivez chez le médecin d'un pas assuré (attestant d'un genou en parfait état de marche), mais c'est au tour de votre mâchoire d'être complètement bloquée... À en devenir dingue !

Au bout de quelques années, je n'étais pas dupe, les assistantes du cabinet médical ne faisaient plus aucun effort pour me proposer des rendez-vous arrangeants, je patientais des heures en salle d'attente et mon médecin m'écoutait d'une oreille de plus en plus distraite. Pourtant, je mettais un point d'honneur à m'efforcer d'être une patiente agréable, toujours à l'heure, souriante et docile. Un jour, j'ai demandé à Emmanuel, mon mari, de **m'accompagner pour attester de mes souffrances, pour enfin être crue, reconnue**. Si cela a sans doute un peu aidé, le médecin a néanmoins fini par confier mon dossier à une de ses collègues, une nouvelle recrue... Bizutage...

Je voulais tellement que les médicaments prescrits fonctionnent ! Je voulais tellement pouvoir **revivre normalement**, m'occuper de mes enfants comme une « vraie » maman, sortir retrouver des amis avec mon mari, travailler comme le faisaient mes copines... Comme on me le promettait parfois, les traitements « devaient marcher ». J'y croyais si fort que même sans observer la moindre amélioration, j'essayais de me persuader d'un petit mieux, quitte à me voiler la face. Je m'obligeais à me maquiller pour ne pas être blanchâtre, j'essayais de compenser mes douleurs et mes pertes de mémoire avec des tas de subterfuges pour vivre le plus normalement possible. On me disait aussi : « Fais du yoga », « Va au sauna », « Prends du temps pour toi », « Remets-toi au sport ». Comment y arriver quand les douleurs quotidiennes sont à 8 sur une échelle de 10 ?

Mes maux étaient majoritairement invisibles et les tests sanguins désespérément normaux. Je me sentais clairement plus jugée sur mon apparence que sur mon ressenti. On m'a alors expliqué que mes douleurs étaient idiopathiques (d'origine inconnue), et puis on m'a assuré que **tout était dans ma tête**. Évidemment.

Un jour, un médecin m'a reproché de trop m'écouter. J'avoue avoir été profondément vexée, mais c'est peut-être finalement grâce à lui que j'ai compris que **je ne devais compter que sur moi-même pour trouver les solutions adaptées pour ma guérison**. Comme il était si compliqué de faire comprendre aux autres mes symptômes et mes sensations, j'ai décidé de chercher sans relâche ce qui pourrait m'aider. Il devait bien exister un traitement adapté. J'ai alors utilisé quotidiennement **le peu qu'il me restait de concentration et d'énergie** pour lire des blogs, des articles médicaux et des livres de santé en langue française, allemande et anglaise. C'est ainsi que j'ai pris la décision de m'orienter vers un spécialiste américain de la maladie de Lyme. Les

États-Unis sont en effet encore très en avance dans la recherche sur les maladies vectorielles à tiques. **Ce qui m'a sauvée** de cette descente aux enfers, **c'est mon naturel positif**, ma famille, mon besoin de comprendre exactement ce qui se passait dans mon corps et **le refus de me résigner**. Aujourd'hui, je revis ! Je raconte ce parcours dans *J'ai surmonté la maladie de Lyme*, récit qui aurait pu aussi s'appeler : *Le jour où vous me croirez.*

Je suis partie en Angleterre, non pas pour faire des examens, mais pour aller voir mon frère. J'étais vraiment anxieuse à l'idée de prendre le train, le métro, l'Eurostar, puis encore le métro, le bus, et enfin la voiture. Il vivait en périphérie d'Oxford et ce n'est pas la porte à côté. Une journée entière de voyage… je ne pensais pas en être capable, mais je l'ai fait. Heureusement, il m'avait retrouvée à mi-chemin au cas où cela aurait été trop pour moi. Nous avons passé une super soirée de retrouvailles, jusqu'à ce que l'on décide d'aller prendre un dernier verre dans un bar à Oxford. Le bar était à l'étage, j'attendais pour commander. Au début, je n'ai rien vu de ce qu'il se passait derrière moi, mais il y a eu une bagarre, une grosse bagarre. J'ai été prise dedans. On m'a poussée, puis, dans l'action, quelqu'un s'est pris le bras entre la hanse de mon sac et moi, j'ai tournoyé trois fois avant de me prendre un coup et de tomber par terre. Une fois au sol, j'ai continué de prendre des coups indirects. Je pleurais, je ne pouvais pas me relever, j'étais tétanisée. Une personne m'a relevée. Je ne savais pas où était mon frère, car il s'était absenté quand j'attendais au bar. Et là, je me suis retournée, je l'ai vu au sol, les yeux fermés, inconscient. Il se prenait également des coups, mais il ne bougeait plus. J'ai hurlé, je croyais qu'il était mort !

Les vigiles sont arrivés à temps pour arrêter le massacre. Mon frère a repris connaissance sans se souvenir de ce qu'il venait de se passer. Une policière nous a mis dans un taxi, direction les urgences. Résultat : commotion cérébrale pour mon frère et coup du lapin plus contusions pour moi. Le lendemain, on ne pouvait plus bouger tellement la douleur était vive. Le surlendemain, on a fait un sacré effort pour prendre le bus et se rendre à Londres. On voulait absolument voir les lumières de Noël. Je devais rester encore plusieurs jours, mais il fallait que je voie un médecin d'urgence. J'ai pris le premier avion. Sauf que je ne pouvais plus du tout porter ma valise et que la compagnie *low cost* avec laquelle je voyageais était moyennement sympa. Je m'étais mis le bras en écharpe en mode système D, car je ne pouvais plus m'en servir. Heureusement qu'en dehors de ceux qui vous disent : « La compagnie n'est pas censée aider les voyageurs, personne ne vous aidera à mettre votre valise dans le compartiment », il y a des gens qui ne cherchent même pas à comprendre et qui vous aident spontanément. Il faut toujours croire en un peu de bonté dans ce monde !

J'ai vu le médecin le plus proche en rentrant. Je ne sais pas ce qu'elle m'a donné, mais ça m'a vraiment soulagée pendant une semaine. J'ai pu me reposer avant d'entamer des séances de kiné.

Les événements et/ou chocs physiques et/ou émotionnels, ainsi que les traumatismes, peuvent déclencher des crises de douleurs plus intenses qu'auparavant. C'est comme si l'on montait une marche de plus dans l'escalier de la souffrance. C'est un palier. Ce n'est en rien de notre faute. Tout le monde vit des traumatismes : la mort d'un proche, une séparation, une perte d'emploi, un accident… la liste est longue et peut toucher tout le monde. Il est normal que ces instants marquants représentent des tournants dans notre vie. Parfois, la maladie était là avant, mais dans la tristesse et l'abattement, on la perçoit davantage à cet instant précis. On vit tous des événements plus ou moins traumatisants et on gère les émotions comme on peut. Les chocs émotionnels ou psychologiques ne créent pas la maladie, ils sont un signal d'alerte ou un facteur d'accentuation. Au même titre que l'anxiété ou le stress ne créent pas de pathologie, mais contribuent à une guérison plus longue.

Comme je commençais à aller mieux, je me suis remise au sport, sauf que j'avais oublié que mon corps détestait ça. J'ai fait cinq squats, ni plus ni moins. Le lendemain, je ne pouvais plus marcher du tout ! J'ai une pitoyable résistance à l'effort. J'ai donc fait appel à Paulette et Denise, mais j'avais encore trop mal au bras pour me soutenir. Le plus dur a été de devoir demander à mon père de me porter jusqu'aux toilettes, j'étais complètement dépendante. Mon corps me lâchait, une fois de plus, alors que je voulais juste retrouver une vie normale.

J'ai continué à vivre, à donner mes cours de yoga et même à écrire un deuxième livre. J'en ai tellement rêvé, je le souhaitais tellement que c'est arrivé. Une maison d'édition m'a appelée pour me proposer un contrat et écrire sur le yoga. Cela m'a bien occupée. Ça changeait un peu de mon quotidien. Mais ce n'était pas sans stress. Il y a une certaine anxiété à attendre la validation de son travail quand on écrit. Moi qui ai une certaine tendance à la tachycardie à la base, je faisais faire les montagnes russes à mon petit cœur, jusqu'au jour où mes battements se sont doublés. J'ai passé une journée entière à avoir mal dans la poitrine, mon rythme cardiaque était perturbé, double, fort et je le ressentais aussi dans la gorge. J'ai terminé chez SOS Médecins. Il m'a dit que je faisais des extrasystoles et je suis repartie avec de l'aubépine, pour me calmer. C'était un épisode de plus, assez impressionnant, qui encore une fois me faisait penser que je n'étais pas normale. Je suis allée voir mon cardiologue pour lui en parler. Il m'a refait des tests. J'ai toujours une tendance à la tachycardie, mais rien de bien méchant. À ce moment-là, il m'a parlé de tissu conjonctif, je ne savais pas ce que c'était, il m'a dit qu'il fallait se tourner vers la possibilité d'une hypersensibilité des tissus conjonctifs musculaires superficiels et profonds.

Demander plusieurs avis médicaux

Si, pour une raison ou une autre, vous avez des doutes sur le diagnostic, sur le traitement, etc., continuez de consulter et demandez d'autres avis médicaux.

Je vais vous citer en contre-exemple ma grand-mère, qui fait aveuglément confiance à son médecin traitant. Elle a vu son état se dégrader de jour en jour, avec une tension très haute et un essoufflement permanent. **Son médecin n'a pas pris ses symptômes au sérieux.** Un jour, lors d'un simple rendez-vous de contrôle chez le cardiologue, ce dernier lui a dit que son traitement pour la tension n'était pas le bon ! Son médecin traitant s'était trompé. Elle risquait donc sa vie depuis quelques années pour une erreur qu'elle n'aurait jamais soupçonnée.

Je suis retournée voir mon médecin avec une liste épouvantable de symptômes qui me gâchaient l'existence. Il allait se débrouiller avec ça, je n'en pouvais plus ! Quitte à ce qu'il m'envoie voir d'autres spécialistes ! Il fallait trouver.

2020 - « VOUS DITES TOUT AVEC LE SOURIRE ! »

Ah… 2020 ! Que dire ? J'avais bien planifié mon année, j'étais vraiment opérationnelle, tout allait bien se passer. Pas de doute cette fois, cette année était bel et bien la mienne ! Je donnais mes cours de yoga dans une nouvelle salle, plus grande, pouvant accueillir plus d'élèves. Je commençais à bien remplir mes cours et avoir une vie (un peu) plus confortable financièrement. Mon livre *Mon cahier. Mes rituels yoga* aux Éditions Solar allait sortir en mars 2020. Les séances de dédicaces étaient déjà programmées, je devais donner une interview radio dans les locaux de France Bleu à Paris, j'allais pouvoir communiquer sur mon travail et enfin avoir un peu de reconnaissance après toutes ces années. Je projetais déjà d'écrire un autre livre, d'avoir ma propre salle de yoga, mais aussi de bouger ! De faire toutes ces choses que je n'avais pas pu faire car j'étais trop malade, trop mal en point. Je voulais revoir tous ces gens qui vivent un peu partout en France, que j'aime beaucoup mais que je ne peux jamais voir car je peux difficilement me déplacer. Et puis, j'avais décidé de réaliser mon rêve : partir vivre à New York, même juste un mois ou deux, pour voir comment ça fait, m'en imprégner, vivre le jour comme la nuit, marcher d'un bout à l'autre, me perdre, me retrouver… J'aime tellement cette ville.

Et puis, vous savez quoi ? Oui, vous le savez.

J'ai tiré un trait sur tout. Le confinement est arrivé et m'a complètement coupé les ailes. Je n'imaginais pas une seconde comment me relever un jour de tout ça. J'essayais de rester positive. J'ai bossé dur pour ne pas baisser les bras. Cependant, je n'ai pas trouvé la force de faire mes cours de yoga en ligne, comme tout le monde. Parce que ce que je préfère dans le yoga, c'est l'aspect humain. En soi, le confinement n'a absolument rien changé à mon quotidien. J'ai très bien vécu le fait de rester chez moi, j'y suis tellement habituée. C'est aussi ça, la vie d'une malade chronique. Être confinée. Dans son corps et dans sa maison.

L'acceptation et la résilience

Ce sont toutes deux des étapes nécessaires succédant aux épreuves qui ont été difficilement vivables pour beaucoup de malades chroniques.

Il faut tout d'abord accepter. Accepter le fait de ne plus avoir la même qualité de vie qu'avant. Accepter son diagnostic ou le fait de ne pas en avoir au bout de quelques années. Accepter aussi les traitements, les changements, les examens… **Et s'adapter.** Ce travail d'acceptation, nous devons le faire car nous n'avons pas le choix. C'est ainsi. Accepter, c'est aussi continuer de vivre comme on peut, malgré tout. Garder la tête haute. Les pieds sur terre. Se dire qu'il y aura des jours meilleurs et tant pis pour aujourd'hui.

Vient ensuite la résilience, cette capacité à surmonter les événements « traumatiques », imprévus, pour retrouver un certain équilibre psychique. Il n'a pas fallu attendre que ce terme soit à la mode pour en faire preuve.

Avec la maladie chronique, nos vies changent considérablement et nous n'avons pas d'autre choix que de gravir ces deux paliers (acceptation et résilience) pour continuer à vivre, le plus paisiblement possible.

Juste avant le confinement, j'ai pu me rendre à Nancy, au CHU, pour y rencontrer un autre interniste. Le spécialiste de Lyme, ne trouvant pas mon cas inquiétant, m'avait finalement orienté vers celui-ci. Je suis tombée sur un monsieur charmant! J'étais habillée simplement avec un jean et un gros pull. Je n'étais pas du tout maquillée et mes cheveux allaient bientôt faire de l'huile. Normalement, c'était bon, j'avais l'air d'une personne lambda qui pouvait être malade et donc prise au sérieux. On a beaucoup discuté. Il était convaincu que le yoga était une bonne chose pour recouvrer la santé ou l'entretenir. Sous sa blouse, il avait même un tee-shirt floqué *Namasté*. J'étais plutôt bien tombée. Il m'a fait faire quelques tests, quelques mouvements, et remplir un questionnaire. Et puis il m'a dit cette petite phrase: «C'est difficile de vous croire, car vous dites tout avec le sourire! C'est agréable, mais c'est compliqué à cerner.»

Ah, voilà, on y était! Le sourire! Mais vous ne croyez pas que l'on a assez pleuré quand cela fait des années que l'on souffre tous les jours? Alors, à un moment donné, on arrête de faire la tronche et on sourit quand même à la vie! On garde une *positive attitude*, on fait preuve de dérision, on dédramatise les situations. Il n'y a absolument rien de drôle à être malade chronique. On perd une qualité de vie «normale», mais au moins il nous reste le sourire. La vie est belle! J'ai mal partout, je dois vivre au jour le jour, je ne sais plus ce qu'est une journée sans douleur, mais la vie est belle! ☺

Le syndrome de Yentl

Imaginez que vous êtes un médecin spécialiste homme. **Une femme vient consulter** pour divers symptômes : des douleurs atroces, un mal-être permanent et une fatigue intense. Vous la recevez dans votre cabinet. Elle a l'air plutôt sympathique, soignée et, en plus, elle esquisse un large sourire en vous disant bonjour. Très polie. Vous ne comprenez pas vraiment pourquoi elle est là finalement, en tout cas ce n'est pas visible sur son visage. Elle s'assoit, commence à exprimer ses ressentis du quotidien, ce qui l'empêche de vivre « normalement ». Vous la questionnez un peu. Jusqu'ici vous ne voyez pas ce qui cloche. Elle vous raconte tout, mais en souriant. Pourquoi d'ailleurs ? En général, on a une mine déconfite quand on est malade ! Elle poursuit en vous montrant ses derniers résultats d'analyses, ses derniers clichés de radio et d'IRM et la lettre de son médecin traitant (lettre que vous n'allez pas vraiment lire et que vous allez laisser sur le côté de votre bureau jusqu'à la fin de la consultation). Les résultats ne montrent rien d'inquiétant. Tout a l'air à peu près normal. Vous vous demandez une seconde fois pourquoi elle est là. Elle vous le dit. Elle a mal partout, elle est fatiguée, elle n'en peut plus de la douleur, des symptômes qui l'empêchent de vivre pleinement et sereinement sa vie. Mais comme il y a déjà eu des recherches faites au préalable et que les résultats sont bons, vous finissez par ne plus vraiment l'écouter. Voire plus du tout ! Cliniquement, tout est OK. Bon, elle est peut-être un peu surmenée, un peu stressée. Vous lui prescrivez des antidépresseurs, histoire de la détendre un peu. Et en complément, vous lui proposez de partir sur une orientation psychologique avec un spécialiste de la douleur, quelqu'un qui va l'écouter et la comprendre. Pourquoi vous ne le faites pas, vous ? L'écouter et la comprendre ? La plupart de ses douleurs sont physiques. N'y a-t-il pas autre chose à chercher ? Une anomalie génétique ? Héréditaire ? Une défaillance de son système, même minime, qui ferait déconner toute la machine ? Parce que, on est d'accord, tout est possible !

Maintenant, imaginez que vous êtes un médecin spécialiste homme. **Un homme vient consulter** pour divers symptômes, des douleurs atroces, un mal-être permanent et une fatigue intense. Vous le recevez dans votre cabinet. Il n'a pas vraiment d'expression sur son visage. Mais quand même, s'il vient consulter, c'est qu'il doit vraiment avoir mal, car sinon, il aurait mieux à faire, non ? Vous le questionnez un peu. Effectivement, il souffre de douleurs constantes. Vous ne voyez pas exactement ce qu'il a, il existe une quantité de facteurs pouvant déclencher cette panoplie de symptômes… Quoi qu'il en soit, vous comprenez votre patient, alors vous n'allez pas tergiverser et, dans un premier temps, vous allez lui prescrire illico presto des analgésiques pour contrer les douleurs. Parce qu'un homme qui souffre, il faut le soigner. Plus qu'une femme ? Vraiment ? Mais pourquoi ? Vos deux patients souffrent exactement de la même manière, ils ont le même schéma symptomatique, le même mal-être, le même handicap au quotidien. Pourquoi votre patient masculin se voit prescrire des antidouleurs et votre patiente féminine des antidépresseurs ? Telle est la question !

Le syndrome de Yentl, c'est tout simplement **la différence de prise en charge**, de traitement et **de suivi médical** entre les hommes et les femmes. Il s'agit finalement d'une **discrimination** envers les femmes, qui sont beaucoup moins prises au sérieux que les hommes pour une même pathologie.

En résumé, encore aujourd'hui, dans un monde d'hommes, créé par les hommes pour les hommes, il vaut mieux être un homme si l'on veut se faire soigner.

Ce rendez-vous a conduit à un diagnostic de syndrome d'hyperventilation (pourquoi ?), de trouble du spectre de l'hypermobilité (hein ?) et d'un syndrome myofascial (késako ?). En gros, j'avais des symptômes qui s'apparentaient grandement à un syndrome d'Ehlers-Danlos (SED), sans que ce soit cela. Seulement, lors du questionnaire que l'interniste m'a fait remplir pour me situer dans ce diagnostic du SED, j'ai sous-évalué mes douleurs (il faut répondre de 1 à 3 selon si ce symptôme est un peu, beaucoup, ou constamment ressenti), ce qui fait qu'il me manquait un point dans le résultat final pour avoir ce diagnostic… Effarant, non ? Je me retrouvais donc encore une fois sans diagnostic plausible pour la société et avec comme seuls conseils de continuer le yoga et de bien respirer.

Jusqu'où ça irait comme ça ?

J'avais l'impression que les médecins ne voulaient pas se « mouiller » pour poser un vrai diagnostic. Et pendant ce temps-là, je vouais ma vie et mon peu d'énergie à mettre un nom sur mes douleurs et mes symptômes. Histoire de ne pas faire n'importe quoi qui pourrait empirer la situation, de savoir adapter mon quotidien pour moins souffrir, de trouver peut-être un traitement adéquat qui ne déclencherait pas d'effets secondaires ou n'empirerait pas d'autres symptômes… J'aimerais juste avoir une vie (un peu plus) normale, que mes parents arrêtent de s'inquiéter et de consacrer tout leur temps à s'occuper de moi, être considérée comme une vraie malade chronique par la société, mais surtout par les gens que je croise dans ma vie. J'aimerais juste que l'on me croie, pour une fois.

Peu avant l'été, je suis tombée sur une note d'information de l'agence régionale de santé (ARS) stipulant que le Lutéran® pouvait provoquer des méningiomes, c'est-à-dire des tumeurs cérébrales. Il ne manquait plus que ça! Le risque est plus élevé si la prise du médicament dépasse les six mois, si la dose est importante et si le médicament est pris en continu. J'étais en plein dedans. Plus de six ans sous Lutéran®, en continu et avec la dose la plus forte… J'ai donc passé une IRM cérébrale qui s'est révélée complètement normale. Ouf! Mais la question de la prise de ce médicament était à nouveau soulevée… À chaque fois que j'ai vu un nouveau médecin, ou un nouveau spécialiste, je lui ai systématiquement parlé de ce médicament. C'est le seul que je prends depuis six ans et cela fait six ans que mon état de santé est au plus mal… La réponse était toujours la même: « Non, il n'y a aucun rapport, ce n'est rien, ce médicament ne fait pas de mal. » Aujourd'hui, dès que je pose la question d'un éventuel arrêt, on me répond qu'il n'y a pas vraiment d'autres solutions, pas d'alternative.

Je précise qu'il était stipulé dans cet article de l'ARS que c'était au gynécologue d'informer les patientes concernées des nouveaux risques liés à la prise du médicament. De mon côté, personne ne m'a appelée… J'ai encore une fois dû faire les choses par moi-même et demander à mon généraliste une IRM cérébrale.

À l'automne, mon état a empiré. Je faisais des poussées et des crises de douleurs aiguës. Je me pliais en quatre. Mon corps souffrait de partout. Tout se déboîtait. Je rouillais sous la pluie. Je me figeais avec le froid. Je tombais avec le vent.

J'avais mal, tout le temps. Paulette et Denise m'accompagnaient dans mes déplacements du salon à la cuisine. J'ai eu deux paralysies faciales transitoires en moins de 24 heures. On aurait dit un tableau de Picasso. Les doigts qui gonflent. Des bleus sur les jambes. L'impression qu'on m'enfonçait des vis à la visseuse électrique de chaque côté des genoux. Mon corps était fatigué. J'étais fatiguée.

À la maison, cela se voyait, mais quand je sortais, jamais. De nature très joviale, j'essaie de faire bonne figure, de prévoir les sorties « obligatoires », de me conditionner pour ne pas que l'on me pose trop de questions. Aux yeux de certains, j'étais devenue une *warrior*, une lionne, un rayon de soleil bourré de positivité. Peu importaient les douleurs, les difficultés, l'invalidité du moment, je fonçais droit vers mes objectifs : écrire mon livre, enseigner le yoga et préparer tous les autres projets à venir !

Cependant, depuis trois ans, je prenais du poids. Je n'arrêtais pas de prendre du poids. J'ai pris quasiment 17 kilos ! Je ne pensais pas vivre cela un jour : changer toute ma garde-robe car mon corps ne rentre plus dans aucun bout de tissu ! Mes hanches se sont élargies, on m'a dit que c'était tout simplement mon corps de femme. Oui, mais non. Je pense que la machine déraille ! La prise de poids dans mon cas rend les symptômes articulaires encore plus douloureux. Un kilo de pris, c'est l'impression de trois kilos de plus au niveau des lombaires et dix dans les genoux ! Vous imaginez ? Et cette fatigue qui dure et persiste… À force de me dire que ma prise de poids était sûrement hormonale, je suis allée voir une endocrinologue. Elle m'a fait faire des analyses qui ne sont pas revenues si bonnes que ça…

Je voulais que la suite aille vite. On tenait peut-être quelque chose et ce n'était pas le moment de laisser passer trop de temps. Un résultat hormonal était beaucoup trop élevé. Il a fallu faire une IRM pour vérifier que je n'avais pas de tumeur de l'hypophyse. RAS, tout allait bien. Du moins rien de flagrant sur l'imagerie médicale… Sauf que l'endocrinologue m'a mis le doute avec son: «Ah oui, on voit peut-être une petite tache là, mais rien de sûr, non en fait je ne sais pas trop, on va dire qu'il n'y a rien.» J'ai dû refaire une prise de sang pour bien vérifier que cette hormone était augmentée. Il s'agit de l'IGF-1 (si ça parle à quelqu'un), une hormone de croissance qui, d'après moi, n'a rien à faire à haute dose dans mon corps à mon âge.

Ma fatigue était tellement intense que j'avais besoin d'être assistée pour le moindre effort pendant plusieurs jours. Cette fois-ci, ce n'était pas les paralysies qui m'empêchaient de me bouger les fesses, mais la fatigue qui me clouait au lit.

À la suite d'une troisième paralysie du visage qui ressemblait plus à un gonflement et une déformation soudaine d'un côté, j'ai vu une nouvelle ostéopathe venue s'installer à côté de chez moi. Elle a pu me prendre tout de suite, le bonheur! La séance m'a vraiment soulagée et a redonné une forme plus descente à mon petit minois.

Le mot de l'ostéopathe

Manon est ostéopathe en région parisienne (@osteofeminin). Voici ce qu'elle pense de l'errance médicale et des bienfaits de l'ostéopathie pour soulager la douleur...

En tant que professionnelle de la santé et **spécialisée dans le domaine des troubles gynécologiques et sexo,** je reçois beaucoup de patientes qui vivent dans l'errance médicale depuis souvent plusieurs années...

Il faut dire que l'on évoque ici un domaine tabou (gynéco-sexo) et beaucoup n'osent pas en parler, que ce soit à leurs proches, par honte, ni même à leur médecin. Certaines finissent par s'ouvrir à leur médecin, généraliste, gynécologue. Parfois, il y a de l'écoute, mais parfois non. Simplement un **« Détendez-vous et ça ira mieux ».** Les ressentis que me répètent souvent mes patientes sont l'impression de ne pas être écoutée, de ne pas être comprise ou pas prise au sérieux. Alors, elles décident d'aller toquer ailleurs, et parfois le scénario se répète. **C'est là que commence le cercle vicieux : la perte de confiance en soi, l'abandon, la fatalité à avoir mal, la douleur qui augmente...** et j'en passe !

Pour limiter cette errance, il existe aujourd'hui des solutions, comme **des réseaux de professionnels de santé référencés.** Dans le domaine de la gynécologie qui est le mien, il existe quelques sites comme « Les Clés de Vénus », qui référencent les professionnels de santé compétents et formés dans les troubles féminins.

Et si le feeling ne passe pas, il ne faut pas s'acharner et partir ! **Une bonne alliance thérapeutique patient-praticien, c'est le premier pas pour une bonne prise en charge.** La deuxième clé repose sur trois mots : **bienveillance, altruisme et sincérité**. Pour le praticien, cela signifie être capable d'écouter sans juger et de savoir dire aussi parfois que son champ de compétence est dépassé par le trouble de la patiente et donc la réorienter. **La réorientation a toute son importance** : il ne faut pas laisser partir la patiente seule, sans solution. Sinon, on précipite à nouveau cette patiente dans l'errance médicale.

La prise en charge de la douleur par l'ostéopathie

Quand un ou une patient.e vient nous consulter pour une douleur, notre premier rôle est de faire diminuer, voire disparaître la douleur. Ensuite, l'ostéopathe a un rôle à jouer dans la **sensibilisation du patient par rapport à sa douleur** : comprendre pourquoi elle survient, comment la maîtriser seule, comment ne pas rentrer dans le cercle vicieux de la peur de la douleur.

Sur le plan gynéco-sexo, je rencontre beaucoup de femmes souffrant **de dyspareunie et de vaginisme.** Je suis aussi des patientes atteintes d'**endométriose**. D'une manière générale, les motifs qui reviennent le plus fréquemment sont la lombalgie (douleur dans le bas du dos) et cervicalgie.

Bien sûr, en ostéopathie on suit beaucoup de patients avec des atteintes chroniques : des maladies inflammatoires chroniques, de l'arthrose… On accompagne ces patients tout au long de leur vie pour leur apporter un confort supplémentaire.

L'interrelation psycho-somatique (psychique-physique)

Généralement, une maladie ou une pathologie se déclenche au moment où le corps dans son entité globale (psy et physique) est dépassé. Une sphère n'est pas supérieure à l'autre, elles interagissent constamment. Qu'importe la dénomination de la maladie (cancer, dépression, maladie dégénérative, chronique, etc.), on retrouvera forcément en symptômes des troubles physiques et psychologiques.

Pourquoi consulter ? À quelle fréquence ?
Comment le corps réagit-il à une séance ?

Il faut consulter quand on en ressent le besoin. Peu importe le motif, qu'il soit physique ou non. On peut consulter un.e ostéopathe pour plein de raisons : lumbago, torticolis, suite d'une entorse, troubles digestifs, migraines, troubles gynécologiques, suivi de grossesse...

Chaque individu, chaque corps réagit de manière singulière ; certains sont fatigués, d'autres sont courbaturés comme après une séance de sport, d'autres au contraire sont boostés. Ce qui est sûr, c'est que, quelle que soit la réaction à court terme, l'ostéopathie soulage bien des maux à plus ou moins long terme.

Trois jours plus tard, j'allais bien mieux, le soleil m'avait rechargée en vitamine D et je retrouvais une certaine énergie. Ma joie de vivre était semblable à celle d'une enfant de 5 ans. C'était sans compter mon corps qui, lui, avait déjà plusieurs années au compteur et, qui plus est, ne réagissait pas de la même façon que tout le monde. Un petit saut à pieds joints de vingt centimètres de haut et, hop, une cheville en moins ! Se faire une entorse le premier jour du deuxième confinement, c'est pas beau, franchement ?

Une fois de plus, mon corps a vécu un tel déséquilibre – je ne pouvais plus me mouvoir correctement, je ne pouvais plus faire le minimum de sport essentiel à mon bien-être, j'avais mal – que, quelques jours plus tard, il m'a totalement lâchée. Mes jambes ne fonctionnaient plus, je craquais et me déboîtais de partout, je n'étais que douleurs et dysfonction.

Le bien-être au quotidien

On le sait, il n'y a rien de drôle à être malade. Surtout lorsque l'on souffre d'une **maladie chronique, invisible et de longue durée**. Cela a vite fait de nous gâcher l'existence. On perd en qualité de vie et on s'efforce comme on peut de vivre avec la douleur.

La première chose à faire, c'est de tout simplement **accepter la maladie**, de l'apprivoiser et d'apprendre à vivre avec. Dans tous les cas, vous ne pourrez pas faire autrement, alors autant choisir vous-même de l'accepter, de la comprendre et vous aménager un mode de vie compatible pour qu'elle soit plus facile à gérer et à vivre au quotidien. **Votre bien-être est primordial**, et c'est à vous d'être acteur de votre santé dans la vie de tous les jours.

La vie d'un malade chronique bien dans ses baskets est remplie de petites astuces qui facilitent son quotidien. Si vous vous obstinez à vouloir continuer à vivre comme avant, alors que vous ne le pouvez pas, vous aurez peu de chance de voir **la vie du bon côté** et votre santé s'améliorer. Apprenez à **prendre soin de vous** en conséquence. Vous devez vous connaître par cœur pour éviter d'aggraver les choses. Trouvez votre rythme. Ne faites que ce qui vous fait du bien et **cultivez votre bonheur intérieur**. Les deux choses fondamentales sont d'avoir une bonne hygiène de vie, donc une bonne alimentation, et de **rester en mouvement**.

Avoir une activité physique est essentiel. Non seulement cela vous permet de renforcer vos défenses immunitaires, de bouger et « déverrouiller » vos articulations et vos muscles, mais aussi de vous redonner le sourire grâce à l'endorphine, **l'hormone du bonheur et du bien-être** par excellence libérée par le mouvement, qui peut vous remonter le moral en un rien de temps ! Bien évidemment, avoir une activité physique, avec certaines pathologies, ce n'est pas évident, mais le but n'est pas de courir un marathon, juste de ne pas rester sédentaire ! Il vous suffit de marcher quelques minutes, de faire quelques étirements, du yoga, et surtout : **trouver ce qui vous fait du bien à vous**.

Cet épisode a vraiment été la goutte de trop ! J'ai repris tous mes dossiers médicaux, j'ai trié, analysé et décortiqué tout ce que j'avais sous les yeux. Au vu de mes nombreuses paralysies soudaines et transitoires, des fourmillements, des engourdissements, des sensations de décharges électriques et de la fatigue chronique… je voulais refaire les tests nécessaires pour déceler une possible maladie de Lyme. Tous mes résultats étaient soit douteux, soit positifs (faux positifs, soi-disant…), mais on avait arrêté les investigations sur le sujet.

J'ai donc monté un dossier pour obtenir un rendez-vous avec une infectiologue au centre hospitalier, conseillée par l'endocrinologue. Mon rendez-vous était prévu pour dans deux mois, le 24 décembre. Non mais, le 24 décembre… Et avec ça, on vous souhaite un joyeux Noël !

Encore deux mois à attendre donc… Mais je connaissais déjà le scénario. J'allais me rendre au rendez-vous avec mes anciennes analyses, l'infectiologue allait vouloir que j'en fasse des plus récentes pour que l'on sache où nous en étions et allait donc me délivrer une ordonnance en me demandant de reprendre rendez-vous quand j'aurais les résultats…

Peut-être que j'aurais pu faire la prise de sang avant le rendez-vous du 24 ? Cela me semblait tellement plus logique, sinon on allait encore perdre du temps… « Ah mais non, Madame, on ne fonctionne pas comme ça. Il y a d'abord un premier rendez-vous, et puis après c'est le médecin qui dit s'il y a des analyses à faire » *dixit* la secrétaire.

Plus le temps d'attendre. J'ai pris rendez-vous avec une médecin généraliste (ma future référente) pour un dernier avis sur la situation. Mon rendez-vous avec elle s'est bien passé. J'avais apporté des analyses, imageries et comptes rendus passés. Nous avons parlé de mes symptômes quotidiens, des poussées et des crises hebdomadaires, mais aussi de Lyme et du fameux Lutéran®. On en est arrivées à la conclusion que je souffrais d'un panel de symptômes tellement large qu'il était difficile de mettre tout de suite le doigt sur quelque chose. D'où cette errance médicale persistante. Elle a été formelle sur le Lutéran® : il n'était pas la cause de mes symptômes les plus invalidants, mais il fallait l'arrêter, je ne pouvais pas continuer à le prendre plus longtemps. Comme tout médicament, il a des effets indésirables et les méningiomes (tumeurs cérébrales) en font partie. Alors, même si l'IRM cérébrale ne montrait rien d'alarmant, je courais un grand risque. Comme j'étais célibataire, confinée *et* entorsée… elle m'a conseillé de tout arrêter pendant un temps pour retrouver le fonctionnement « normal » de mon corps de femme. Je ne risquais rien à essayer… Et, je vous le donne en mille, elle m'a fait une ordonnance pour une prise de sang pour Lyme avant d'aller à mon rendez-vous du 24. Ce serait, selon elle, un gain de temps !

Seulement, ma plus grande crainte à ce moment-là, c'était d'arrêter le seul et unique médicament que je prenais depuis toutes ces années… J'avais peur du retour de mes règles. Entre-temps, j'étais certainement devenue phobique du sang. J'avais peur d'avoir les mêmes symptômes pré et postmenstruels qu'avant. Peur d'avoir mal. D'avoir de nouveau des règles hémorragiques à en rester pliée en deux au fond de mon lit pendant dix jours par mois. Je redoutais de prendre une autre pilule qui aurait d'autres conséquences sur ma santé. J'avais peur de rencontrer quelqu'un. De ne pas savoir expliquer. De ne pas me faire comprendre. De ne laisser personne entrer dans ma vie par crainte que les événements se répètent et de devoir refaire le même chemin, le même parcours médical. J'avais peur d'un jour sans fin, symptomatique.

En vérité, la peur n'empêche pas le danger. Elle empêche de vivre.

Et l'amour dans tout ça ?

Sujet délicat, je vous l'accorde. C'est sans doute moins difficile de tomber malade quand on est déjà en couple. Bien que les relations soient vite altérées. Dans mon cas, mon célibat est resté quasi intact. J'ai fait des rencontres, mais c'était compliqué. On ne peut malheureusement pas cacher la maladie et ce qu'elle impose à notre vie quotidienne. Et on ne souhaite pas non plus l'imposer à l'autre. L'amour est déjà quelque chose de pas si facile, alors quand un des deux est malade, c'est difficile de le faire accepter. Et je le comprends. J'ai eu tellement d'occasions manquées. De rendez-vous ratés. J'avais pourtant besoin d'amour, comme tout le monde. Force est de constater qu'il m'est difficile de trouver chaussure à mon pied. J'aurais aimé plus de compréhension, de bienveillance, et moins de trouille et de jugement. Et puis, les relations « modernes » et sans lendemain, très peu pour moi. J'ai compris que je devais cheminer seule encore quelque temps. L'amour viendra, mais pas tout de suite. Je pense d'abord à moi, à ma santé. Et quand j'irais mieux, je serais sans doute encore bien occupée à réaliser mes rêves. Je suis très bien seule, finalement. Dommage pour ceux que je portais dans mon cœur et qui n'ont pas voulu donner suite. Tant pis pour eux !

N.B. : Les relations amicales quand on souffre de douleurs chroniques sont comme les relations amoureuses... compliquées !

Avant de prendre cette grande décision (arrêter le Lutéran®) qui, je le savais, allait une fois de plus changer ma vie – seulement, je ne savais pas encore si cela allait être en mieux ou en pire –, j'ai pris rendez-vous avec mon gynéco. Il était temps que je saute le pas. Ce changement était malheureusement nécessaire, j'allais prendre sur moi, et mon mal en patience. Parce que oui, je déteste les rendez-vous chez le gynéco, c'est un traumatisme. Je devais dans tous les cas avoir son avis médical avant d'arrêter seule mon médicament. Il me fallait une évaluation du rapport bénéfices/risques et, surtout, savoir quoi faire en cas de nouveaux symptômes ou d'hémorragie. Bref, le moment le plus redouté de ces dernières années allait arriver.

Par la même occasion, j'ai profité de toutes ces prises de rendez-vous pour revoir mon cardiologue. Mon cœur s'emballe et pourtant je ne suis amoureuse de personne. Je tachycarde et m'essouffle facilement, même après six ans sans tabac. Mon cœur peut monter jusqu'à 120 pulsations par minute quand je mange de la salade verte. Oui, manger est un effort, au même titre que me lever de mon lit ou me sécher les cheveux.

La théorie des cuillères

Si vous avez des douleurs chroniques et **une capacité énergétique limitée,** alors vous avez sûrement entendu parler de la théorie des cuillères. On les appelle les «*spoonies*», celles et ceux qui ont les batteries qui se déchargent à vitesse grand V au fil de leur journée. On part du principe que l'on a tant de cuillères pour la journée et que **chaque tâche quotidienne vaut une à trois cuillères**. Il se peut que vous ayez utilisé toutes vos cuillères avant la fin de la journée selon si vous vous êtes lavé les cheveux, si vous avez conduit, si vous avez cuisiné, repassé, lu, si vous êtes allé à un rendez-vous ou si vous avez travaillé toute la journée. **Votre stock de cuillères est limité et s'épuise vite.** Tout comme vous. Être un ou une «*spoonie*» consiste à connaître son taux d'énergie physique et mentale et ses limites pour ainsi utiliser ses cuillères le mieux possible, en les répartissant sur la journée.

La secrétaire de l'infectiologue m'a appelée. Elle était *obligée* d'avancer le rendez-vous. Oui, parce que, vous comprenez, il n'y a pas de consultation possible le 24 décembre… Ce n'est pas comme si c'était eux qui m'avaient envoyé la convocation par courrier… Et heureusement que j'habite sur place ! Vous imaginez ceux qui préparent un «voyage» autour de leur rendez-vous, qui posent une journée de congé, qui ont tout parfaitement calé et pour qui, finalement, on change la date et l'heure. C'est assez agaçant. Et pourtant si fréquent.

J'ai commencé par faire la nouvelle prise de sang prescrite. Comme d'habitude, j'ai prévenu l'infirmière : «Les aiguilles me font super mal, je suis hypersensible, on peut me piquer qu'à cet endroit, et souvent je tombe dans les pommes. » En général, ça passe assez bien et on en rigole. Mais là, même avec une aiguille bébé, elle m'a piquée sur un nerf, outch! J'ai poussé un cri strident tellement j'avais mal! C'était la première fois que ma douleur faisait pleurer une infirmière: en trente années de métier, elle n'avait jamais fait mal à quelqu'un, la pauvre… On s'est dit au revoir la larme à l'œil et j'ai eu le bras paralysé toute la journée.

Les résultats de Lyme sont revenus comme à leur habitude: douteux, positifs, négatifs… Rien de bien clair. Le compte rendu du laboratoire exprimait la même chose depuis des années sur le bas de la page: profil compatible avec une borréliose récente. Je ne me fais pas non plus piquer par une tique tous les quatre matins, donc mes anticorps doivent quand même être un peu perturbés… Je croisais les doigts pour avoir une vraie réponse à ce sujet!

Ensuite, j'ai vu mon cardiologue. Il n'avait pas vraiment l'air ravi de me voir. Il s'est montré un peu antipathique pour une fois, lui qui est habituellement plutôt sympa. Ce jour-là, j'avais l'impression de lui faire perdre son temps. Mon cœur présentait une grande amplitude, passant de 60 à 90 pulsations à la minute, mais il était en grande forme. Il m'a suggéré de faire un peu de cardio pour habituer mon cœur aux efforts et aux battements plus rapides, et donc éviter cette amplitude soudaine. Il m'a conseillé de marcher une heure trois fois par semaine…

« Je marche déjà tous les jours. Je ne comprends pas pourquoi parfois, soudainement, mon cœur s'emballe et me fait mal alors que je ne fais rien de spécial.

– Alors, c'est que vous marchez mal, trop vite.

– Je ne marche pas trop vite, car je suis toujours accompagnée et j'arrive à tenir une conversation.

– On ne parle pas quand on marche et on marche seule, sinon on a tendance à vouloir aller plus vite, à se mettre sur le rythme de ceux qui sont mieux entraînés. Vous savez, j'ai des sportives de haut niveau qui viennent me voir parce qu'elles sont désespérées et pensent qu'elles vont mourir car elles font de la tachycardie, mais non, c'est seulement qu'elles ne savent pas s'entraîner. »

Bon, d'accord, j'ai compris que je n'avais pas grand-chose à dire finalement, il avait vraiment réponse à tout. Il m'a quand même prêté un petit appareil à poser sur ma poitrine au moment où je sentais que mon cœur ne fonctionnait pas « normalement » pour faire un enregistrement.

Ensuite, j'ai voulu poser d'autres questions. Mais je ne sais pas pourquoi, ce jour-là, il avait des problèmes avec le tiers-monde, les antivaccins, les gens qui râlent et pensent qu'ils sont allergiques aux médicaments alors que dans les pays sous-développés une mère vendrait son âme pour avoir un antibiotique à donner à son enfant… D'accord. Ce qu'il disait est peut-être vrai, mais je ne comprenais pas pourquoi il me disait tout ça, à moi, sa patiente, qui attendait un autre genre de réponse… Je suis repartie un peu dépitée. Je n'aime pas trop que l'on me fasse culpabiliser pour des choses dont je ne peux même pas être responsable…

Résultat ? Dans mon dossier, il est écrit : tachycardie sans douleurs notables ! Alors que je venais consulter pour la raison exactement contraire : tachycardie *avec* douleurs.

Le mot du médecin spécialiste

Aude est cardiologue en Martinique (@docteur.aude). Voici ce qu'elle pense de l'errance médicale et du sexisme dans ce milieu.

Je suis heureuse d'avoir été contactée pour parler de ce sujet qu'est l'errance médicale, car en tant que femme et aussi en tant que médecin, je peux dire que c'est un sujet qui me touche et qui m'attriste. Quand je lis des témoignages de patients, qui traînent derrière eux des mois voire des années d'errance, de souffrances, de parcours souvent chaotiques, de rencontres avec des professionnels de santé peu attentifs et empathiques, cela me blesse et ne peut que **m'interroger sur ma propre pratique médicale**. Comment peut-on en arriver à des années d'errance diagnostique ? Que faut-il faire pour éviter ces cas extrêmes de patients en souffrance ? Voilà les questions qui me traversent quand j'entends tout cela.

Comprendre l'errance médicale

Le temps que l'on accorde à chaque patient

En tant que médecin, il m'est déjà arrivé de recevoir des patients ayant consulté un, deux, trois (ou plus !) confrères avant moi. Lorsque l'on reçoit en consultation un nouveau patient, il faut prendre un certain temps pour faire sa connaissance, et ce, à travers ce que l'on appelle « l'interrogatoire médical ». L'interrogatoire médical consiste à prendre connaissance des antécédents médicaux, des traitements pris, des examens déjà réalisés (imageries, prises de sang), du mode de vie... Quand on fait la connaissance d'un patient ayant déjà consulté à plusieurs reprises d'autres confrères ou ayant réalisé de multiples examens médicaux, c'est un peu comme si ce nouveau patient était entouré de brouillard et qu'il fallait disperser ce brouillard pour mieux comprendre la situation.

À ce moment-là, **notre rôle de médecin va être de démêler ce brouillard** en quelque sorte, pour réussir à revenir à l'essentiel : quels sont les symptômes ? Quand sont-ils apparus ? Dans quelles circonstances ? Quels examens ont déjà été réalisés ? Ont-ils bien été réalisés ? Qu'ont-ils montré ? Voici tout le travail d'enquête qu'il faut mener au préalable. Et vous l'aurez compris, ce travail de recueil de données précis demande du temps... beaucoup de temps... et c'est bien là le cœur du problème.

Malgré ma bonne volonté, ai-je le temps de reprendre de lourds dossiers avec des années de suivi ? Pour être honnête, pas toujours comme je le souhaiterais. Devrais-je voir moins de patients pour rester plus de temps avec chacun d'entre eux ? La réponse est très clairement oui. À mon sens, l'une des causes principales du problème de l'errance médicale est le manque de temps que l'on veut bien accorder à chaque patient et à chaque histoire.

La remise en question du médecin

L'autre point qu'il me semble important d'évoquer quand on parle d'errance médicale, c'est l'importance de se remettre en question en tant que médecin. Quand un patient arrive avec un lourd passé médical, des errances dans les diagnostics et la prise en charge, il faut bien souvent savoir remettre en question ce qui a déjà été fait pour ce patient.

Il faut aussi éventuellement accepter le fait qu'un médecin, soi-même ou un confrère, ait pu se tromper de diagnostic ou de traitement. Dans ces cas-là, **le médecin doit faire preuve d'humilité et accepter qu'une partie de l'errance médicale soit de son fait**, ce qui est parfois difficile à reconnaître. Cette prise de conscience doit également nous pousser en tant que médecin à toujours remettre en question nos pratiques et à améliorer nos connaissances, afin de limiter le plus possible les souffrances de ces patients.

L'errance médicale chez les femmes

Je pense malheureusement que l'écoute apportée aux femmes par certains confrères médecins n'est pas encore assez attentive.

Je vois très bien comment une partie de mes confrères réagissent face à certaines plaintes de patientes : « C'est dans la tête », « Encore une hystérique », « Elle doit avoir ses règles », etc.

Bien sûr, ces remarques sont choquantes et ne devraient pas exister, mais je pense que cette façon de penser est encore répandue chez trop de médecins et explique en partie une forme de négligence, voire parfois de maltraitance, envers certaines femmes.

J'observe depuis quelques années une véritable prise de conscience et une libération de la parole dans ce domaine. **Les réseaux sociaux**, par exemple, ont permis de dénoncer ces pratiques inadmissibles. Il faut continuer à les dénoncer : c'est le seul moyen d'obtenir une prise de conscience et un changement des mentalités. Car aucun praticien ne devrait agir ni penser de cette façon à notre époque. **Chaque femme, chaque homme devrait recevoir une écoute et une attention équivalente**, quelle que soit sa plainte ou sa demande. Malheureusement, en médecine comme dans beaucoup de domaines, l'égalité dans la prise en charge des hommes et des femmes est loin d'être la règle.

Comment limiter les cas d'errance médicale ?

Établir une alliance thérapeutique médecin-patient

Le fait de se sentir bien, en confiance avec son médecin, est pour moi primordial. Oui, il est tout à fait possible de ne pas ressentir de « feeling » avec son médecin, et alors d'en chercher un autre. C'est bien normal. À une certaine époque, la relation médecin-malade était plutôt de type paternaliste, c'est-à-dire : « Moi, médecin, je sais ce qui est bon pour toi, patient, et tu vas faire ce que je te dis de faire, car j'ai acquis des connaissances qui me permettent de savoir ce qui est bon pour toi. »

De nos jours, on parle plutôt d'**alliance thérapeutique** entre le médecin et le patient : « Moi, médecin, je vais te transmettre de façon appropriée les connaissances que j'ai acquises et, ensemble, nous allons choisir ce qui semble être le mieux pour toi. »

Cette différence est capitale. Il est donc nécessaire de trouver un médecin avec qui vous avez envie de lier cette alliance thérapeutique, un médecin en qui vous pouvez avoir confiance, devant qui vous ne serez pas gêné de détailler vos symptômes, que vous oserez recontacter si le traitement donné ne convient pas. **La relation médecin-malade doit être une relation de**

confiance. C'est une des clés pour limiter le problème de l'errance médicale.

Prendre le temps

À mon sens, il ne devrait pas y avoir de limite au temps de consultation accordé à chaque patient. Oui, certains patients demanderont plus de temps et d'attention que d'autres ; oui, certaines situations plus complexes bousculeront le planning et feront accumuler du retard... mais c'est là aussi une des clés pour offrir à chacun le temps médical nécessaire.

Revenir aux sources de notre métier

Finalement, le meilleur conseil pour limiter l'errance médicale ne serait-il pas d'en revenir aux sources du métier de médecin ?

En tant que médecin, **j'ai le devoir d'être bienveillant et empathique** envers ce patient qui est devant moi. Je devrais le soigner comme s'il s'agissait de mon père, ma mère, mon frère, ma sœur ou mon enfant.

Je devrais me conformer à ce que, au VIe siècle av. J.-C., Hippocrate écrivait déjà dans son serment, que chaque médecin récite le jour où il devient docteur. Revenir à ce serment qui est à la source de notre vocation me semble essentiel lorsqu'il nous arrive de perdre de vue la teneur même de notre métier.

Le fameux « C'est dans votre tête »

En tant que spécialiste, je pense clairement que ce n'est pas une phrase à dire à une patiente. Surtout lors d'un premier rendez-vous...

Il est vrai que certains symptômes peuvent être le fruit de manifestations psychosomatiques. Par exemple, dans ma spécialité, il existe clairement un lien entre le stress et la présence de palpitations. Mais on ne peut affirmer cela qu'une fois que toutes les causes organiques ont été écartées ! Et il est impossible de le savoir dès le premier rendez-vous ! Je trouve que la phrase « C'est dans votre tête » est vraiment méprisante et humiliante. En tant que médecin, **il faut savoir faire preuve d'empathie**, c'est-à-dire qu'il faut avoir une certaine capacité à s'identifier à autrui dans ce qu'il ressent. Personne n'a envie d'entendre que nos souffrances, ce que l'on ressent est juste « dans notre tête ».

Et même si, au final, on ne retrouve aucune cause organique à la plainte du patient, il y a toujours une façon plus appropriée de lui parler, car, finalement, c'est toujours d'une souffrance dont il s'agit.

L'impact de l'errance diagnostique chez les femmes en cardiologie

Il est encore fort commun de penser que les problèmes cardiaques touchent plus les hommes que les femmes. On dit aussi que les femmes ont une sorte de protection naturelle du fait des hormones féminines (œstrogènes et progestérone), et que cette protection cesse à la ménopause, avec un risque accru de développer une pathologie cardio-vasculaire dans la période postménopausique. Suite à un certain changement des habitudes de vie depuis vingt à trente ans, avec notamment l'augmentation du tabagisme chez les femmes (qui, tristement, se retrouvent pour une fois presque à égalité avec les hommes dans ce domaine), mais aussi du stress, de la sédentarité, on peut affirmer qu'aujourd'hui, en France, une femme sur trois décédera des suites d'un problème cardio-vasculaire.

Il faut savoir qu'à l'heure actuelle, **les maladies cardio-vasculaires sont même la première cause de mortalité chez la femme**, derrière les cancers (environ 75 000 femmes décèdent en France d'une maladie cardio-vasculaire contre environ 12 000 des suites d'un cancer du sein). Il y a aussi des données permettant de dire qu'une femme présentant des signes cliniques d'infarctus du myocarde sera moins vite prise en charge qu'un homme qui présenterait ces mêmes signes cliniques.

Pour quelles raisons ?

• Tout d'abord, on pensera moins facilement à ce diagnostic, chez une femme jeune notamment, qu'à d'autres diagnostics alternatifs (reflux et ulcères gastriques par exemple, qui peuvent également donner une gêne thoracique ; embolie pulmonaire, à laquelle on pense plus facilement sur ce terrain, etc.).

• Il y a aussi un risque de retard dans la prise en charge du fait d'une attente de la patiente pour prendre un premier contact médical. On le sait, les femmes supportent plus la douleur que les hommes, probablement parce qu'elles vivent chaque mois des règles qui conduisent certaines à penser qu'elles doivent « vivre avec la douleur » et que « cela va passer ». Celles qui présentent une douleur en rapport avec un infarctus du myocarde attendent que cela passe... entraînant un retard de diagnostic qui peut parfois être dramatique.

• Enfin, il existe chez un nombre restreint de femmes une manifestation clinique atypique de cette pathologie : certaines présenteront, par exemple, comme symptôme principal une douleur dorsale ou des vomissements, alors que, classiquement, un infarctus est décrit comme provoquant une douleur médio-thoracique à type de serrement avec éventuellement une irradiation au bras gauche ou dans le cou. Ce genre de manifestation clinique atypique peut aussi expliquer un retard diagnostic.

Les pistes d'amélioration du côté du patient

La première chose pour sortir de l'errance médicale lorsque l'on est patient est de savoir se faire confiance. Si l'on ressent quelque chose d'anormal, c'est qu'il y a un problème. Même si vous avez entendu de la part d'un spécialiste : « C'est dans votre tête ! » Vous êtes la meilleure personne pour juger comment vous vous sentez, pour savoir si vous avez mal quelque part, si votre corps ne fonctionne pas comme il le devrait. De même, si un premier examen complémentaire est « normal », cela ne veut pas dire que vous n'avez rien. Peut-être que le même examen fait à un autre moment décèlera quelque chose, ou bien qu'un autre examen, complémentaire, pourra révéler quelque chose de concret. Donc voilà mon premier conseil : faites-vous confiance et écoutez-vous.

Mon deuxième conseil est le suivant : n'ayez pas peur de demander plusieurs avis, de rencontrer différents spécialistes, jusqu'à ce que vous trouviez la personne en qui vous aurez vraiment confiance. Car dans ce genre de situation, il est à mon sens primordial d'établir une relation de confiance avec son médecin.

Enfin, voici mon dernier conseil : gardez espoir ! Vous finirez par trouver le bon spécialiste qui vous écoutera et vous comprendra, le bon examen qui identifiera enfin votre problème et, peut-être même, je l'espère, le bon traitement qui soulagera vos souffrances.

Le sexisme au sein du corps médical

Le sexisme touche tous les milieux et tous les domaines, et le milieu médical n'est pas exclu.

Toute-puissance de certains chefs, remarques sexistes « ordinaires », difficultés à accéder à certaines spécialités dites masculines ou aux plus hauts postes hospitaliers (PU-PH : professeur des universités-praticien hospitalier, chef de service) : le sexisme est omniprésent dans le milieu médical. Il est donc important de dénoncer cette situation et de la faire évoluer. Mais je souhaite aussi apporter de l'optimisme et de l'espoir… Quand je passais le concours de médecine, plus de la moitié de l'amphithéâtre était remplie de femmes ! Beaucoup de mes amies ont aujourd'hui de très beaux postes et font des carrières incroyables. Je veux aussi que les jeunes filles qui s'aventurent dans cette profession sachent que c'est un métier merveilleux et qu'il ne faut pas avoir peur de s'engager dans cette voie !

Alors oui, **le sexisme existe dans notre profession, mais il n'est pas une fatalité** ni ce qu'il faut avoir en premier à l'esprit quand on est une femme et que l'on veut devenir médecin. Il est tout à fait possible d'être femme, médecin, épanouie dans son métier et dans sa vie personnelle. J'en suis la preuve !

Deux heures plus tard, j'avais rendez-vous avec mon gynécologue. En général, il est toujours à l'heure. Il m'a prise quinze minutes en retard et il s'est excusé :

« Je suis navré d'avoir du retard, ça ne m'arrive jamais !

– Mais ce n'est pas grave du tout, parfois c'est important de prendre le temps qu'il faut pour certaines consultations. Si ça se trouve, ça va nous prendre plus de temps que d'habitude, à nous aussi.

– À moins que je ne vous annonce que vous avez un cancer du sein vous aussi… Mais ce n'est pas le cas, pas vrai ? »

Franchement, je ne savais plus quoi dire. Je lui avais dit ça pour être gentille, car je suis une patiente et je n'ai pas à râler si j'attends un peu avant que ce soit mon tour. Et parce que, moi aussi, j'aimerais que l'on prenne plus de temps pour moi si nécessaire. Entre nous, trente minutes pour annoncer à sa patiente qu'elle a un cancer du sein, c'est quand même assez peu…

Pour commencer la consultation, il m'a dit : « Ah, mais vous êtes encore sous Lutéran® ? Ce serait bien de faire une IRM. » Comme je l'avais déjà faite, je lui ai remis les résultats en mains propres. Il a poursuivi en me disant : « Bon, *a priori* il n'y a rien, donc vous pouvez continuer de le prendre. »

Alors, que je comprenne bien, tant que je n'ai pas de méningiome je peux continuer ? Il faudrait donc attendre d'avoir une tumeur au cerveau pour arrêter, c'est ça ? J'avais vraiment du mal à comprendre le raisonnement des médecins parfois… Je lui ai fait part de mon envie d'arrêter, car je ne voulais plus courir ce risque. Par conséquent, il m'a prescrit une pilule à prendre à la place, mais le rendez-vous a été tellement rapide, à peine quinze minutes, que je n'ai même pas eu le temps de lui demander, compte tenu de l'arrêt du Lutéran®, ce que je devais faire en cas de douleur ou d'hémorragie.

Je suis repartie avec une ordonnance dont je savais que je n'allais pas me servir. Il m'avait prescrit cette pilule que je ne connaissais pas et qui, apparemment, présentait des risques importants de provoquer un cancer du sein. Ironie ?

Deux mois plus tard, ça n'a pas loupé : j'ai eu mes règles. Mon corps fonctionnait, c'était une bonne nouvelle ! Mais j'ai fait une terrible hémorragie, j'ai eu des douleurs que je n'avais jamais eues. J'ai dû prendre des antalgiques et des coagulants, mais rien ne me soulageait. J'ai vu mon gynéco en urgence. Il m'a crié dessus ! « Non mais, c'est invraisemblable ! Vous ne pouvez pas arrêter votre Lutéran® comme ça, comme bon vous semble ! Vous devez impérativement venir me consulter avant ! Vous ne pouvez vous en prendre qu'à vous-même ! » Les larmes me sont montées tellement vite que j'avais du mal à respirer. C'est inacceptable un comportement pareil de la part d'un médecin. Et d'une, j'étais venue le voir pour ça il y a deux mois, et rien que pour ça (mais, visiblement, il ne s'en souvenait pas) ! De deux, c'est quoi cette façon de faire culpabiliser ses patientes en leur criant dessus ? Et de trois, il m'a auscultée alors que j'étais en pleine hémorragie et que je lui ai fait part de mes angoisses.

Pour finir, j'ai pris en continu une nouvelle pilule qui me fait saigner en continu, provoque toute la panoplie du syndrome prémenstruel (SPM) en continu… En somme, les problèmes gynéco continuaient !

J'ai revu l'endocrinologue, accompagnée de mon papa, parce que je n'y comprenais plus rien. Au moins, on était deux à ne pas comprendre. À la vue de mes résultats « normaux » de l'IRM hypophysaire, l'endocrinologue n'a pas su me dire pour quelle raison mon taux d'IGF-1 était anormalement élevé. C'est la seule chose qui n'est pas normale dans ma sérologie et je me demande pourquoi elle en a demandé le dosage puisque personne ne sait interpréter les résultats, même pas elle. Je devais revérifier dans quelques mois ! (Si je peux me permettre, je pense juste que cette hormone de croissance a interféré avec la prise de Lutéran®, mais bon, je ne suis pas médecin… j'essaie juste de trouver une logique.)

Fin décembre. On y était, enfin, à ce rendez-vous de la dernière chance ! L'infectiologue était… une remplaçante, plus jeune que moi, sans expérience. J'ai cru que j'allais m'évanouir. J'ai commencé à raconter ma vie puisqu'elle ne me posait pas de questions. Elle n'a pas non plus pris la peine de m'ausculter. Je lui ai montré mes résultats de Lyme. Elle m'a répondu, catégorique : « C'est négatif, c'est marqué là sur votre feuille. » Puis elle a ajouté : « Si ça se trouve, vous avez une maladie rare, mais personne ne va trouver. » Et voilà, le rendez-vous tant espéré était terminé. Elle ne savait rien de mes symptômes, ni de mes douleurs. Elle suivait le protocole à la lettre et le protocole français pour la maladie de Lyme est très restreint, même si aujourd'hui on sait que les résultats d'analyses peuvent être faussés. De plus, je repartais avec l'idée d'avoir une maladie rare qui ne serait jamais décelée… Et avec cela, il fallait que je passe de « bonnes fêtes de fin d'année » !

Le point sur les maladies rares

Une maladie rare (ou orpheline) est une maladie qui touche un nombre limité de personne (environ 1 personne sur 2000[12]). En France, cela représente environ 5 % de la population. À ce jour, 7000 maladies rares sont référencées, mais elles n'excluent pas de nouvelles pathologies ou des formes atypiques de maladies déjà connues. Les maladies rares sont le plus souvent d'origine génétique, sévères, chroniques, d'évolution progressive et affectent considérablement la qualité de vie des patients. Elles sont le cœur même de l'errance médicale. Il faut en moyenne cinq ans pour poser un diagnostic, quand diagnostic il y a... Pour les autres, cela peut prendre toute une vie. Il est primordial de combattre cette errance diagnostique et thérapeutique, c'est pourquoi il existe à ce jour plus d'une centaine de centres de référence multisites pour la prise en charge des maladies rares (CRMR), le but étant d'assurer une meilleure prise en charge des personnes qui en souffrent.

12. https://solidarites-sante.gouv.fr/soins-et-maladies/prises-en-charge-specialisees/maladies-rares/article/les-maladies-rares

> *Il n'y a pas de hasard, que des rendez-vous.*
>
> *Paul Éluard*

Quand j'ai eu l'idée d'écrire ce livre, j'ai également créé un nouveau compte Instagram, @tropjeunetropjolie, pour trouver des personnes comme moi, lire leur témoignage et les partager. Je voulais laisser la parole aux femmes, qu'elles puissent se « libérer » sur ce sujet, se sentir écoutées et beaucoup moins seules. Un jour, j'ai écrit un post qui a pour titre « Prends sur toi », dans lequel je disais que « Les médecins, c'est comme les vrais gens dans la vie. Il y a les bons et il y a les moins bons. Les gentils et les moins gentils. Ceux à l'écoute et ceux qui te disent de prendre sur toi car, c'est dans ta tête tout ça ! ». Je souhaitais ainsi introduire le témoignage d'une femme qui a beaucoup souffert. Un homme, le seul sur ce compte à l'époque, m'a laissé un commentaire très gentil me conseillant d'aller lire une tribune en date du 5 août 2020 intitulée « Vous n'avez rien, c'est dans la tête », du docteur Stéphane Gayet.

Interpellée par ce signe du destin, je me suis empressée de lire ces quelques lignes qui dénoncent les diagnostics hasardeux de certains médecins.

J'ai eu immédiatement envie de lui écrire. J'étais fascinée et ravie de constater que nous, pauvres patient.es, n'étions pas fous ni folles. Qu'il y avait aussi des personnes du corps médical qui trouvaient qu'il est scandaleux de dire à quelqu'un qui vient consulter qu'il n'a rien, que c'est dans sa tête.

Je voulais qu'il préface ce livre. Il m'a appelée une heure après l'envoi de mon mail. Nous étions visiblement sur la même longueur d'onde. Je buvais ses paroles remplies de sens, de logique et d'intelligence. C'est un vrai médecin. Passionné, chercheur, bienveillant, à l'écoute et très humain. Il était ravi de pouvoir répondre à mes questions et d'intervenir dans mon livre. L'errance médicale est pour lui un vrai sujet de société, et il pense que plus on le met en lumière, plus les choses pourront changer.

Ce que je ne savais pas avant d'envoyer hâtivement un mail à ce docteur, c'est qu'il est infectiologue, spécialisé dans la maladie de Lyme et le syndrome de Lyme chronique.

On a parlé de tout sauf de moi pendant les premières heures d'échanges, mais je sentais bien qu'il testait mes ressentis et mon quotidien de malade chronique en me donnant des exemples. Et moi, en répondant : « Mais, Docteur, vous parlez de moi, là ? Comment vous savez que j'ai tous ces symptômes ? » Légèrement amusé par mon étonnement, il m'a proposé une téléconsultation afin d'essayer de poser un diagnostic précis, si je le souhaitais.

Vous croyez en la loi de l'attraction ? Moi, oui. Je ne voulais pas terminer l'année 2020 sans mettre une réponse sur les huit dernières années de ma vie, vécues dans la douleur.

Je n'avais jamais eu de rendez-vous de ce genre auparavant, tout en écoute, en transparence (je voyais à l'écran tout ce qu'il notait dans mon dossier) et en professionnalisme. Après une anamnèse très détaillée de ma vie depuis ma naissance jusqu'à aujourd'hui, après étude des résultats de mes analyses, après une description détaillée de mon quotidien, il savait quoi me répondre, sans passer par quatre chemins. Et surtout, il avait les moyens d'essayer de me soigner. C'était pour moi inespéré. Je savais maintenant de quoi je souffrais depuis toutes ces années : je souffrais, entre autres, d'un Lyme chronique.

Traitement d'épreuve

À l'issue d'un diagnostic de syndrome de Lyme chronique (dont le nom serait à réétudier car la maladie comporte également des co-infections, mais aussi parce que, dans le cas d'une chronicité, l'appellation « Lyme » porte à confusion...), le seul moyen de savoir s'il s'agit bien de cela, c'est de faire un traitement d'épreuve. Autrement dit prendre un traitement plutôt conséquent composé entre autres de plusieurs antibiotiques, sur une longue durée, et de voir « ce que ça donne » au niveau des douleurs et des symptômes.

Au bout de deux mois, je me suis sentie « libérée » ! Je dormais mieux, plus de fourmis, d'engourdissements, de paresthésie, de paralysies transitoires, de spasmes, de sensations de brûlure, de douleurs musculaires, plus de saignement des gencives et plus de perte de cheveux ! Le bonheur ! J'avais la sensation de revivre, d'être reposée et plus paisible. Et c'est toujours le cas quand j'écris ces lignes.

Il me reste encore des douleurs bien présentes aux épaules, aux hanches, aux genoux, aux sacro-iliaques, aux cervicales, une tendance à la sciatique... quelques fasciculations et des acouphènes ! Sans oublier des problèmes gynécologiques persistants. (D'ailleurs, je suis de nouveau sous Lutéran®... Entre la pilule qui me plie en deux et celle qui provoque des tumeurs au cerveau... c'était comme choisir entre la peste et le choléra !)

Mon présent diagnostic n'exclut donc pas la possibilité d'une autre pathologie d'ordre rhumatologique et d'une endométriose. Je serai bientôt fixée, ou presque. Espérons que les médecins spécialistes sauront poser un diagnostic convenable, sans mettre pour cela encore des années…

2021 - « VOUS N'ÊTES PAS UNE URGENCE »

Après avoir porté tous mes espoirs sur ce nouveau traitement qui me faisait, sans nul doute, beaucoup de bien, mon médecin spécialiste n'a pas pu continuer de faire des prescriptions de ce type. C'est une cruelle réalité de constater qu'en France, on ne punit pas les médecins qui font acte de maltraitance médicale envers leurs patients, mais que l'on suspend ceux qui cherchent, aident et soignent les personnes qui souffrent depuis des années. Des années que j'attendais ça : un traitement adéquat, parfaitement bien dosé, du sur-mesure en somme ! Il a suffi d'un pharmacien, en désaccord avec ce genre d'ordonnance, pour que mon médecin soit convoqué par l'Ordre des médecins. Quelle tristesse. Celui qui soigne ne peut plus soigner. Ce qui veut dire que le malade reste malade.

Ça n'a pas loupé : après une semaine sans traitement, j'ai rechuté. J'ai fait une crise abominable. Je ne pouvais plus bouger, plus marcher. Je suis restée trois jours entiers dans mon lit à vouloir mourir. C'était redevenu insoutenable. Invivable. La crise passée, j'ai pu retrouver mes esprits et tenter de continuer dans une voie plus naturelle pour essayer d'enrayer une fois de plus les douleurs. Mais ce n'est pas sans peine. Cela prend du temps et de l'argent. Je suis donc retournée voir ma généraliste. Je lui ai dit : « Bon, je suis censée faire quoi, maintenant ? » Personne ne peut et/ou ne veut me faire la même prescription, même pas elle. C'est impossible, paraît-il. Impossible, non, mais hors nomenclature française, oui. Il faut parfois se mouiller un peu quand on souhaite réellement la guérison de ses patients. Et malheureusement, parfois tout le monde y perd.

Pour continuer mon parcours médical, je suis allée voir une allergologue puisque cela faisait quelques mois que je faisais des crises d'asthme quand je sentais des produits chimiques, toxiques ou certains parfums. C'était à me plier en quatre. Je connais aujourd'hui le soulagement d'avoir de la Ventoline® sur soi. Une fois dans le cabinet de l'allergologue, elle me fait les tests cutanés des pneumallergènes puisque les résultats de la prise de sang allaient dans ce sens. Toujours d'humeur joviale et taquine, je dis en plaisantant : « J'espère que je ne suis pas allergique aux chats ! Mon rêve, c'est d'ouvrir un refuge. » Je pensais tout de même ce que je disais, c'était mon souhait pour dans quelques années. Les résultats des tests tombent : « Vous êtes allergiques aux chats. D'ailleurs, c'est votre seule allergie. » J'étais un peu déconcertée car j'ai toujours vécu avec des chats, encore aujourd'hui, et je n'avais jamais été allergique à eux auparavant. Preuve en est, il y a deux ans j'avais déjà fait les tests qui étaient négatifs. Je ne comprenais pas trop. Elle restait très sérieuse et sûre d'elle. J'ai ajouté (toujours en plaisantant) : « Alors, je fais quoi ? J'ai quatre chats à la maison. » Je pensais qu'elle me parlerait de traitement, d'antihistaminique ou même de désensibilisation. À la place, elle m'a regardée droit dans les yeux et elle m'a répondu très sèchement : « Il faut vous en débarrasser. » Joli tact. Je vous rassure, je suis rentrée chez moi et j'ai câliné le plus possible mes quatre adorables compagnons sur pattes. Pas d'éternuement, ni d'œil rouge et encore moins de crise d'asthme. En revanche, le lendemain, l'utilisation des produits ménagers m'a déclenché une crise… Depuis ce jour, je me suis débarrassée de tout ce qui paraissait olfactivement toxique pour moi et je n'ai plus eu de problème d'allergie… Une fois de plus, que penser de ce rendez-vous ? Que croire ?

Un peu plus tard, j'ai pris rendez-vous avec une rhumatologue. J'avais une lettre de mon médecin référent mais pas de nom particulier. Je me suis dit que j'allais laisser faire le hasard, pour une fois. J'ai tapé « rhumatologue » sur Internet. J'ai choisi un rayon de deux cents kilomètres et j'ai pointé mon doigt sur l'écran. J'ai regardé les bons commentaires des précédents patients. Bingo ! J'ai pris rendez-vous. Ça ne pouvait pas être pire qu'un autre. Je laissais faire mon intuition.

Je n'avais qu'une hâte : soulager mes maux et avoir, peut-être, des réponses. J'avoue que faire plus d'une heure de route pour quinze minutes chrono de rendez-vous, c'est un peu rageant… Seulement, c'était quinze bonnes minutes avec une rhumatologue extraordinaire. Et là, cela vaut le coup, croyez-moi ! Elle a lu la lettre, elle m'a écoutée, m'a auscultée, m'a prescrit des examens complémentaires à faire (plusieurs IRM) et, surtout, elle m'a crue ! Pour le Lyme chronique, elle m'a confirmé que j'avais probablement cela, mais que ça n'excluait pas d'autres choses. Quatre IRM plus tard, je suis retournée la voir. Rien à signaler. Je lui ai expliqué mes dernières crises, les bras engourdis et douloureux la nuit, les douleurs, les yeux secs, la bouche aussi, etc. Je lui ai montré une feuille remplie de notes et de symptômes que j'ai le plus souvent, histoire de gagner du temps et de ne rien oublier. Elle a trouvé cela clair, précis et d'une aide précieuse. Enfin, elle ne me prenait pas pour une folle à l'évocation de tous ces symptômes atypiques ! Elle m'a remise sous traitement, avec un immunomodulateur et un anti-inflammatoire. Elle m'a donné une lettre pour une interniste et un bilan à refaire dans six mois. Et surtout, elle m'a remise sur la piste du syndrome d'Ehlers-Danlos (SED) et un autre jamais évoqué auparavant : le syndrome de Gougerot-Sjögren (SGS).

Le syndrome de Gougerot-Sjögren est une affection chronique d'origine auto-immune et systémique. C'est une maladie rare qui touche principalement les femmes. Elle peut être primaire ou secondaire, c'est-à-dire seule ou en complément d'une autre pathologie. Ce qui, dans mon cas, peut expliquer la sécheresse des muqueuses, la fatigue et les douleurs articulaires et musculaires. J'ai demandé à la rhumatologue s'il y avait des examens à faire pour confirmer. Elle m'a répondu que le traitement devrait agir en conséquence, pas la peine de m'embêter avec une biopsie.

C'est vrai, un traitement d'essai, c'est tout de même moins invasif qu'une biopsie. Mais je me dis que l'on évoque pas mal de maladies sans les diagnostiquer vraiment ni les écrire noir sur blanc. J'ai donc des traitements pour soulager, mais toujours pas de réel diagnostic posé. Ce qui veut dire que j'ai potentiellement une endométriose (je suis traitée pour), un Lyme chronique (j'étais traitée pour), un SED et un SGS… pour lesquels je vais être traitée. Mais avec tout ça, toujours rien sur le papier. Je vous assure que c'est très dur quand vous ne pouvez pas avoir une vie normale, ni avoir un travail « normal », de ne pas pouvoir le prouver et donc d'être toujours invisible pour la société.

Une fois rentrée à la maison, je me suis empressée d'aller chercher mon traitement à la pharmacie à côté de chez moi. La pharmacienne a refusé de me délivrer ce médicament sous prétexte que l'ordonnance devait avoir un en-tête CHU. Je lui ai montré sur l'ordonnance qu'il était écrit « cabinet de rhumatologie rattaché au CHU ». Ce n'était pas suffisant pour elle… Cela m'a paru étrange car ma généraliste m'avait proposé de me l'ordonnancer. J'ai changé de pharmacie et là, aucun problème. Je pouvais enfin commencer mon traitement ! C'est fou, tout dépend de la personne sur qui l'on tombe ! Un peu plus tard, j'ai appelé le secrétariat de l'interniste évoqué par la rhumatologue. Elle m'a demandé de prendre rendez-vous avant qu'elle ne m'envoie la lettre. Je me suis exécutée. La secrétaire m'a demandé pourquoi je voulais prendre rendez-vous, pour quelle maladie. Je lui ai expliqué que, justement, c'était pour trouver des réponses que l'on m'envoyait vers elle. Elle a retrouvé mon dossier : « Vous avez déjà vu une interniste en 2015 ! » Oui, et ? « Les semelles orthopédiques, ça ne vous a pas fait du bien ? » J'ai cru à une blague… Elle a fini par me dire : « Bon, de toute façon, on ne prend plus personne, et après neuf ans d'errance médicale, vous n'êtes pas considérée comme une urgence. »

Neuf années d'errance médicale… enfin une vraie piste… mais… je ne suis pas une urgence.

Le médicament prescrit par la rhumatologue demandait une certaine surveillance dans la durée. Je devais par exemple passer un examen avec un ophtalmologue pour vérifier l'état de mes cornées car ce traitement pouvait provoquer déchirure et décollement de celles-ci. Un examen tout simple à première vue. L'ophtalmo, que je connais bien, m'a appelée personnellement pour me donner un rendez-vous à l'hôpital. Je me suis demandé pourquoi à l'hôpital et non dans son cabinet habituel… Le jour du rendez-vous, une jeune femme en blouse blanche m'attend, adossée à la porte du cabinet d'ophtalmologie. Je n'avais jamais vu cette personne. Je m'installe. Elle reprend mon dossier, se trompe sur l'orthographe de mon nom, mon sexe, mon âge aussi (elle allait me faire passer l'examen en ayant programmé la machine pour un homme de 80 ans…). Elle avait très peu d'assurance et je n'étais pas rassurée. L'examen consistait à regarder avec un œil dans un trou et à appuyer sur une petite manette dès que l'on observait un point apparaître. Au moment de changer, elle a replacé la machine en conséquence, pour refaire le même œil… Elle n'arrêtait pas de se mélanger les pinceaux et a fini par dire : « On va passer à l'autre examen, je vous laisse vous allonger, je vais chercher les gouttes pour vous anesthésier les deux yeux. » Pardon ? M'anesthésier les yeux ? Les deux ?? Mais, on ne m'a jamais parlé de ça ! Elle ajoute : « En plus, ce n'est pas agréable du tout car on continue de voir, mais l'œil reste figé, c'est spécial. » Très rassurant, merci du détail ! J'ai fait une tête de six pieds de long, j'ai regardé mon père qui m'accompagnait ce jour-là, j'ai pris mes affaires et j'ai dit : « Sans façon ! Je refuse cet examen auquel je n'étais pas du tout préparée ! Je préfère encore arrêter le traitement plutôt que de subir ça. Merci. Au revoir. » Et nous sommes partis.

Refuser un examen ou un acte médical

Oui, vous avez le droit de refuser un examen médical ! Si cela vous semble trop invasif, pas assez justifié, non expliqué en amont ou que l'on ne vous y a pas préparé psychologiquement, vous pouvez dire non et partir. N'ayez pas honte de cela !

J'ai voulu rappeler ma rhumatologue pour lui expliquer cet épisode et aussi m'assurer qu'elle avait bien envoyé le courrier à l'interniste pour que je puisse avoir un rendez-vous. Je tombe sur la secrétaire et je lui formule ma demande sans respirer entre chaque phrase. Elle me laisse parler pendant plusieurs minutes, puis me répond : « D'accord, mais elle ne fait plus de consultations au cabinet. » Point. J'ai écarquillé les yeux tellement grands que la secrétaire a dû le sentir à travers le téléphone. Plus un mot. Je lui demande donc où et comment je peux la joindre. Elle n'en savait rien du tout et a terminé par un « Bonne chance ». Effectivement, à ce moment précis, il m'en fallait de la chance ! J'ai remué tout Internet, j'ai appelé le CHU auquel elle était rattachée, mais rien. Personne. *Nada*. Ma rhumatologue avait disparu et mon dossier avec.

La solitude m'a envahie d'un coup. J'avais enfin trouvé un bon médecin, mais sans elle, cela devenait compliqué d'aller au bout des choses et trouver ce que j'avais. Pour le traitement, il me suffisait de l'arrêter, pas de souci. Mais pour le courrier destiné à l'interniste ? Comment j'allais faire ? C'était foutu d'avance. Je n'aurais plus qu'à tout recommencer de zéro, comme d'habitude…

J'ai consulté mon médecin traitant, complètement paniquée, pour lui exposer ce problème de taille : la disparition de la rhumatologue ainsi que de mon dossier. Par chance (car il en fallait), mon généraliste avait reçu après chacune de mes consultations avec la rhumato, un compte rendu détaillé et très professionnel. Mon médecin m'a imprimé tout ce qu'elle avait et m'a conseillé de rappeler la secrétaire de l'interniste, de lui expliquer et lui envoyer le peu qu'on avait sous les yeux. Pour pallier mes douleurs, elle m'a prescrit un nouveau médicament, un décontractant musculaire à prendre en cas de crise. Et en bonus, elle m'a rédigé un courrier pour une neurologue mais aussi un nouveau rhumato !

J'ai reçu ma convocation pour voir l'interniste en janvier 2022. Les seules informations que j'ai pu transmettre ont apparemment été suffisamment convaincantes pour que l'on s'occupe de mon cas ! Quand on vous dit : « on ne prend plus personne », malheureusement, c'est pour vous inciter à aller voir ailleurs. Les médecins sont débordés et les délais très longs. Je n'étais plus à quelques mois près.

Les déserts médicaux

Quel fléau que les déserts médicaux dans notre pays en ce moment. Cela traîne depuis des années, mais il aura fallu attendre une pandémie pour ouvrir les yeux et se rendre compte à quel point cela devient presque cruel pour les patients, comme pour les soignants. Quand on parle d'errance médicale ou diagnostique, on fait souvent référence au manque de savoir, d'écoute ou d'empathie des médecins. Mais il y a une autre vérité, celle des déserts médicaux. On dirait que tout le monde quitte le navire ; ceci étant, il n'y a donc plus les moyens humains d'honorer le serment d'Hippocrate et ce sont bien les patients qui en pâtissent en priorité. Le Covid n'a fait que révéler une situation existante. Aujourd'hui, il y a des centres d'urgence fermés par manque de médecins, alors que les locaux sont tout neufs et prêts à accueillir les malades dans les meilleures conditions... Seulement, il n'y a pas de médecins, juste une poignée de soignants qui se demandent s'ils ont encore envie de faire ce métier puisqu'ils ne peuvent pas travailler dans des conditions dites « normales » d'urgences... Le domaine médical et hospitalier manque cruellement de personnel mais aussi de temps, ce qui amène à une maltraitance médicale pratiquement inévitable...

En attendant, j'ai super bien composé mon dossier médical à l'approche du rendez-vous avec la neurologue, que j'ai eu étonnamment très rapidement... Sachant que mes symptômes sont pluriels, je ne me suis pas attardée sur tout ce que j'avais, mais j'ai sélectionné tout ce qui pouvait concerner la neurologie. J'ai aussi écrit sur un papier les symptômes en corrélation avec ce que l'on nomme des « douleurs neuropathiques » tels que les fourmillements, les engourdissements, les fasciculations, les névralgies, les sciatalgies, les sensations de brûlures, de picotements, de décharges électriques, etc. En bref, ce que je vis au quotidien depuis des années. Sans oublier, bien entendu, de mentionner mon hémiplégie en 2015 et l'année difficile qui a suivi sans pouvoir marcher convenablement ou bien me servir de mon bras (cela arrive encore parfois aujourd'hui...).

Après une heure de route, je me présente au secrétariat de la neurologue. Le nom de mon médecin traitant dans leur base de données était introuvable. Ça commençait bien. Je m'assois tranquillement dans la salle d'attente. J'aperçois une jeune femme avec une quinte de toux effroyable, des cheveux gras remontés en demi-chignon ébouriffé, une tête en manque cruel de caféine et une grande blouse blanche. Je pense que c'est elle qui va me recevoir. Heureusement qu'en tant que patiente je ne me fie pas à l'apparence du médecin devant moi, mais fais plutôt confiance à son savoir et ses facultés de médecine… On ne peut pas en dire autant dans la situation inverse ! C'est à mon tour. J'entre dans le cabinet, me pose sur une chaise, puis sors le courrier de mon médecin. La neurologue me regarde, perplexe.

« Je ne comprends pas pourquoi vous avez eu mal durant l'EMG [électromyogramme] de mon confrère, au point d'arrêter l'examen. C'est impossible d'avoir mal.

– Je n'ai tout simplement pas supporté la douleur et l'hémorragie dans ma cuisse à cause de l'aiguille… ai-je répondu. » En me demandant si on parlait bien de la même chose…

« Mais qu'est-ce que vous racontez ? Un EMG, c'est avec des électrodes, c'est indolore », répliqua-t-elle sévèrement.

Alerte générale ! Certains médecins utilisent encore de vieilles méthodes tandis que l'on fait des progrès. Vous pensez bien que si j'avais eu le choix, j'aurais préféré un examen sans douleur. Elle m'a refait l'examen après m'avoir clairement dit que, d'après elle, je n'avais absolument aucune douleur neuropathique et donc que ça ne servait à rien, mais cela permettrait de faire un nouveau compte rendu pour mon médecin, pour qu'il cherche (encore) ailleurs…

Le *gaslighting* médical, qu'est-ce que c'est ?

On pourrait parler de « détournement cognitif » en français. Le *gaslighting* est une expression qui convient pour des situations telles que la manipulation abusive, l'abus mental, ou l'art de faire douter sa victime de ses propres perceptions. On peut subir le *gaslighting* dans beaucoup de situations, notamment avec ses proches ou bourreaux. Un simple « Tu es trop susceptible » ou « C'est de ta faute si… » consiste en une forme d'abus mental pouvant faire douter la victime de ses propres ressentis ou de sa personnalité. Dans le cadre du *medical gaslighting*, on évoque surtout le fait que le corps médical minimise les dires des patient.e.s sur leurs douleurs ou leurs symptômes. « Vous pensez que vous souffrez d'endométriose ? Non, c'est juste normal d'avoir mal pendant ses règles. » C'est pire encore pour les maladies chroniques où les réponses telles que « Vous êtes en dépression », « C'est dans votre tête » sont quasiment inévitables. Quand le médecin ne vous écoute pas, ne vous croit pas, minimise vos symptômes et vous renvoie chez vous en vous disant que vous n'avez rien, alors c'est de la manipulation abusive qui, à terme, vous poussera à croire également que vous êtes peut-être fou ou folle. Après tout, si c'est le médecin qui le dit…

Clairement, ce rendez-vous était vain tant elle s'était déjà fait son propre avis à peine j'étais assise à son bureau face à elle. Je n'avais même pas envie de me battre ou d'épiloguer, j'ai bien senti qu'il n'y aurait pas de dialogue. À la moindre évocation d'un symptôme, je sentais la tension monter, c'était vraiment désagréable de se sentir aussi peu considérée par une femme plus jeune que moi qui avait en son pouvoir le dernier mot sur mon parcours médical. J'étais bien curieuse de ce qu'elle allait rédiger à l'attention de mon médecin et de l'interniste que j'allais voir dans quelques mois…

Je ne vous fais pas un dessin. Aucun compte rendu ! Ni à mon médecin traitant qui m'avait envoyée la voir avec un courrier, ni à l'interniste qu'elle connaissait apparemment bien, et encore moins à moi. Pour le coup, je désapprouve totalement ce comportement. C'est du temps et de l'espoir pour rien. Rien du tout. Un rendez-vous fantôme, quoi ! Un rendez-vous fantôme qui fait perdre une journée, à moi, et à mes parents aussi car ils m'accompagnent et m'attendent. Et ça, pour sûr, cela a vraiment le don de m'énerver.

Ne dit-on pas : « Après la pluie vient le beau temps » ? Je suis heureuse d'avoir pu prendre un rendez-vous avec un rhumatologue digne de ce nom dans la région. C'est lui qui suivait ma maman pour ses douleurs il y a trente ans. Il avait disparu lui aussi pendant un temps. (« Le cercle des rhumatos disparus… »), puis il a réapparu dans un cabinet tout neuf. C'est, avant d'être l'homme médecin, un homme qui a beaucoup souffert plus jeune et, donc, qui trouve insupportable la souffrance chez les autres. L'empathie est une sacrée clé entre médecin et patient.

Le jour de la consultation, il y avait beaucoup de retard. C'est la première fois que je me suis endormie dans une salle d'attente en attendant mon tour. J'étais tellement fatiguée que je n'ai presque pas dit un mot durant la consultation. Il ne m'avait jamais vue. Il m'a simplement posé des questions. Il a commencé par me demander depuis quand j'avais des douleurs et la première chose que j'ai pu mentionner, c'est « depuis mon hémiplégie ». Il parle, mais je n'entends rien. Je donne finalement la lettre de mon médecin dont j'avais pendant un instant oublié l'existence. Je montre mon dossier, sans commentaire. Lui était assis quasiment à côté de moi et sa secrétaire, qui est aussi son bras droit, était face à moi, debout, derrière un haut bureau. Le décalage de hauteur pour discuter m'a filé le tournis. « Et c'est tout ce que vous avez comme manifestation ? Des douleurs musculaires ? » J'avais préparé ma réponse avec une démonstration physique : « Non, regardez. » J'ai levé les deux bras et mes épaules ont claqué très fort, je venais de les remettre dans leur axe. Je m'étais interdit de le faire de manière systématique durant la journée (environ une dizaine de fois par jour) pour être sûre de l'effet escompté auprès d'eux. « Et puis ça aussi » : je me lève de ma chaise, bascule le bassin en arrière vers la droite « clac », vers la gauche « clac ». Voilà, je viens de remettre en place ce que l'on appelle le sacro-iliaque. Je me suis rassise devant les yeux et les bouches grandes ouvertes du rhumatologue et de sa secrétaire. J'ai ajouté que je souffrais également de douleurs neuropathiques au point parfois de me mordre le bras en pleine nuit quand celui-ci fourmille et s'engourdit. Un réflexe assez surréaliste quand la douleur me réveille. Il m'a auscultée rapidement puis il m'a posé des questions farfelues : « Est-ce que vous êtes maladroite ?

Vous vous prenez les encadrements de porte parfois ? Vous connaissez le syndrome de l'escalier ? De l'étiquette ? Du caddie ? Vous avez des bleus facilement ? Le nez et les pieds froids ? etc. »

J'étais presque amusée par ses questions qui, au final, donnaient des réponses familières. Effectivement, je me prends souvent les encadrements de porte à cause de ma mauvaise proprioception. Je suis essoufflée dès que je monte un étage. Je coupe toutes les étiquettes de mes vêtements car ça me provoque des mini-décharges électriques sur la peau. Je me prends des coups de jus dans les doigts quand je touche un caddie, une portière de voiture ou même quelqu'un. J'ai des bleus qui apparaissent sans raison notable. Et je portais des bottes fourrées ce jour-là, mais mes pieds étaient congelés, comme souvent.

Il a souri et m'a dit : on va vous sortir le questionnaire du professeur Claude Hamonet, à remplir pour la prochaine fois. C'est tout à fait possible que vous ayez le syndrome d'Ehlers-Danlos ! J'ai fait la moue comme pour signifier que je ne savais pas de quoi il me parlait. Le syndrome quoi ? « C'est une maladie génétique des tissus conjonctifs, donc du corps entier, avec beaucoup de symptômes divers et variés, mais, mis bout à bout, on peut en conclure ce diagnostic. En attendant, je vous prescris de quoi mieux dormir car vous avez besoin d'un sommeil réparateur pour avoir assez d'énergie pour vous battre avec vos douleurs durant la journée. Je vous prescris aussi un antidouleur à essayer et à arrêter au moindre effet secondaire. Le but n'est pas de s'ajouter des soucis. Et je vous conseille des vêtements compressifs, pour maintenir les tissus et être plus adroite dans vos mouvements, en même temps cela permet une bonne circulation sanguine, ce qui n'est pas négligeable. La prochaine fois, je vous ferai une ordonnance pour des vêtements compressifs homologués et faits sur mesure, en attendant mettez des leggings trop petits. On se revoit en mars 2022 ! »

Mettre des leggings trop petits, c'était tout à fait à ma portée… Il suffisait à vrai dire que j'ouvre mon placard puisque j'avais pris du poids, tout était trop petit. Et, en tant que prof de yoga, autant vous dire que j'avais le choix dans les couleurs ! Quelle satisfaction après avoir réussi à en enfiler un que de me sentir « maintenue » comme si j'habitais vraiment mon corps. Le fait de porter des vêtements compressifs (ou des leggings trop petits) permet d'effectuer une compression qui favorise la circulation sanguine mais également les échanges entre les tissus du corps humain, ce qui règle également un peu le problème du manque de proprioception. Le fait de se sentir plus « présent » dans son corps aide à mieux s'approprier l'espace. Quant à la mélatonine, j'ai commencé par un dosage plus bas que la prescription, puis j'ai augmenté petit à petit jusqu'au bon dosage. Aujourd'hui, je ne pourrais plus m'en passer (à faire en cure par la suite) car cela a vraiment amélioré ma façon de m'endormir, mon sommeil, ainsi que les douleurs durant la nuit, qui sont quasiment inexistantes maintenant. (Enfin, presque !)

2022 - LA LUMIÈRE AU BOUT DU TUNNEL

Nous y voilà, le rendez-vous de la dernière chance ! Après une heure de trajet, toujours accompagnée de mes parents (la conduite m'est devenue impossible), je suis au CHU de Reims, ma convocation à la main, à l'étage des maladies infectieuses, devant la porte de l'interniste. Mais pourquoi « maladies infectieuses » pour diagnostiquer un syndrome d'Ehlers-Danlos ? Aucune idée.

L'interniste était très accueillante et douce. Premièrement, elle a regardé mon dossier et lu les lettres des précédents médecins. Interloquée, elle m'a dit : « Mais vous avez déjà un diagnostic d'Ehlers-Danlos, je ne comprends pas ce que veulent savoir les médecins qui vous envoient. Une confirmation ? » Alors là, j'étais scotchée. D'où ai-je déjà ce diagnostic posé ? Il a été évoqué plein de fois, certes, mais jamais aucun médecin ne me l'a diagnostiqué, sinon je n'en serais pas là. Je lui explique que ce que l'on veut tous, c'est un diagnostic justement. Le vrai. Le bon. Perplexe, elle me redit que les diagnostics tels que « trouble du spectre de l'hypermobilité », « syndrome myofascial », « trouble de la proprioception », « syndrome postural »… tendent tous vers le syndrome d'Ehlers-Danlos. Si j'avais pu manquer de grâce et ouvrir la bouche comme Tex Avery, je l'aurais fait !

Mais, ce ne sont en rien des diagnostics, ça ! En tout cas, ce n'est pas suffisant, ni pour mon médecin traitant, ni pour la société, ni pour moi. L'interniste me fait remarquer que quand on a des comptes rendus depuis des années comme les miens, c'est bien au médecin généraliste de chercher plus loin de quoi on parle et de trouver des solutions adaptées et adéquates. Ma médecin généraliste me l'a dit, en études de médecine on leur a juste évoqué le nom de la maladie d'Ehlers-Danlos, mais sans plus, alors le reste… S'il y a plusieurs dénominations pour une seule maladie, on ne s'en sortira jamais. Il est temps d'accorder les violons, car si tout le monde y va de son propre intitulé, on ne va jamais y arriver. Ce n'est déjà pas simple quand on sait que c'est une maladie génétique (plus ou moins) rare, alors si en plus elle a plusieurs appellations, autant vous dire que jeter l'éponge revient au même. L'interniste a très vite compris mon désarroi face à ces annonces. Elle a pris le temps de m'écouter comme si elle n'avait jamais lu le courrier, de m'ausculter, de me parler, de répondre à mes questions et de m'expliquer ce que signifiaient tous les diagnostics similaires que l'on m'avait attribués. Je suis également venue avec mon questionnaire rempli du professeur Claude Hamonet. Nul doute pour elle, je souffre bien depuis ma naissance de la maladie ou syndrome d'Ehlers-Danlos. Seulement, ma peau n'est pas très élastique, et cela faisait pencher la balance du mauvais côté puisque c'est la caractéristique principale de la maladie. Et pourtant… je coche toutes les autres cases, toute la symptomatologie et bien plus encore. Il faut savoir qu'en plus de toutes les dénominations possibles qui gravitent autour du diagnostic du syndrome d'Ehlers-Danlos (SED), il existe également plusieurs SED. Notamment le SED hypermobile, plus connu, et le SED vasculaire, plus rare et plus mortel. Elle m'a dit qu'elle allait faire le compte rendu pour mon médecin, pour mon rhumato et pour moi.

En revanche, elle n'a pas eu trace du compte rendu de la neuro, mais ça, vous le saviez déjà. Nous avons beaucoup échangé sur divers aspects de la santé et ce fut très enrichissant. C'est très agréable quand les échanges médecins-patients deviennent de vraies discussions d'adultes. Quand les interlocuteurs se mettent au même niveau. Il n'y a pas de supériorité, de différence intellectuelle appuyée. Ce serait génial si tous les médecins pouvaient considérer leurs patients comme des gens à leur niveau. L'écoute et les échanges seraient sans doute plus altruistes et plus sains. Certains patients ne ressortiraient pas d'un rendez-vous en se sentant comme des moins que rien. Je suis pour ce genre d'égalité.

En sortant, j'ai demandé à cette interniste si elle allait bien écrire noir sur blanc que je souffre d'un syndrome d'Ehlers-Danlos ou si j'allais devoir me battre encore un peu. Ce jour-là, sa réponse fut oui.

Concernant mon rendez-vous de l'année passée avec l'allergologue, vous savez bien que je ne m'arrête pas sur un échec. J'ai donc pris rendez-vous avec une autre allergologue. Très sympathique ! Il paraît que je l'avais déjà vue. Aucun souvenir. J'ai vu tellement de médecins… Quand je lui ai dit que j'avais un diagnostic de SED et que, potentiellement, d'après mes recherches, mes soudaines allergies cutanées ou respiratoires pouvaient s'apparenter à un syndrome d'activation mastocytaire (SAMA), lié le plus souvent à la première pathologie, elle m'a regardée et m'a dit : « Mais, mademoiselle Girardel, je vous l'ai déjà diagnostiqué la dernière fois, votre médecin n'a pas fait le nécessaire par la suite ? » Quoi, déjà diagnostiqué ? Dans une autre vie, peut être…

Mais elle avait raison, sauf qu'à l'époque, les noms que je n'avais jamais entendus, je ne les retenais pas forcément… C'est que ça ne devait pas être si grave ou que, comme à mes dépens, j'étais là sans vraiment être là, sans entendre, parce que j'étais trop fatiguée… Seulement, à l'époque, je n'avais pas de pneumallergène présent dans ma prise de sang, ni de compte rendu apparemment, sinon en préparant moult fois mes dossiers médicaux je m'en serais aperçue, de son nom à elle et de ce diagnostic. Néanmoins, j'étais trop contente, avec mes nouvelles connaissances j'ai pu poser les bonnes questions et j'ai eu toutes les réponses souhaitées ! Finalement, tout est un peu lié : le SED, le SAMA… Et je vous le donne en mille, l'endométriose se retrouve énormément avec le SED… Rapport aux hémorragies, de la finesse des parois des organes et autres tissus conjonctifs. Mais c'est un autre sujet. Revenons à cette question qui m'impatientait depuis des mois : suis-je allergique aux chats, oui ou non ? La réponse, simple comme bonjour, m'a ravie. « Quand on a un SAMA, on ne peut en aucun cas déterminer une quelconque allergie avec un test cutané, c'est inutile, les résultats sont pour la plupart erronés. Il faudrait effectuer une prise de sang, mais bon, dans votre dossier, moi j'ai noté que vous n'y êtes pas allergique et puis les manifestations que vous décrivez ne collent pas avec une allergie aux chats. Ce sont les produits, les odeurs, les polluants, les toxiques qui vous gênent, pas vos chats. » Voilà, c'était plié, je pouvais dormir tranquille. Pas de traitement, juste des adaptations de confort comme des gouttes pour les yeux, du spray nasal et de la Ventoline® en cas de crise, sans oublier de jeter tout produit dans la maison qui me déclenche une allergie dès que j'arrive à le déterminer… Se rendre la vie plus confortable, c'est un luxe quand on est malade.

Ces derniers rendez-vous étaient très encourageants, bénéfiques et empathiques. Je trouvais réponse à mes questions avec, en prime, des explications. Tout devient plus clair quand on tombe sur les bonnes personnes. Peut-être avais-je moi-même changé de discernement concernant l'évocation de mes symptômes ou de mes douleurs ? Quoi qu'il en soit, c'est un bonheur d'être, enfin, écoutée, comprise et considérée. Par ailleurs, une fois que l'on a un diagnostic, il est aussi plus « facile » d'orienter les choses dans le bon sens. Il est par exemple plus simple d'affirmer un SAMA ou d'autres pathologies qui, on le sait, gravitent autour. Il me restait une seule question, et pas des moindres. Elle concerne le seul mauvais résultat que j'ai pu avoir en faisant une prise de sang : l'hormone de croissance IGF-1. Souvenez-vous, l'endocrinologue n'avait pas su m'expliquer pourquoi, alors que mes autres examens (IRM hypophysaire et cérébrale) étaient normaux. Quitte à aller voir deux médecins différents par spécialité, pour retenir plusieurs avis, autant aller jusqu'au bout ! J'ai donc pris rendez-vous avec une endocrinologue. Je n'avais qu'une question à lui poser. Tout avait été fait et refait dans mes bilans sanguins. Tout allait bien, pas de diabète comme mon grand-père, pas de problème de thyroïde comme ma mère et ma grand-mère (qui ont apparemment aussi le SED soit dit en passant…).

L'endocrinologue m'a sorti une phrase un peu choquante, du type : « En ce moment, tout le monde a la fibromyalgie, le Lyme chronique ou le SED. En vérité, les gens souffrent de dépression, mais ça fait mieux de dire que c'est le SED... » Ah bah, on ne va pas être copines toutes les deux ! Pas de souci, Madame, je vous fais une démonstration physique de ce qu'est le SED hypermobile... Plusieurs craquements et dislocations plus tard, elle me regarde ébahie en me disant : « Ah bah, c'est la première fois que j'en vois une vraie ! Par Toutatis ! » Bon, l'espace de quelques secondes, je me suis sentie un peu comme une bête de foire, mais assez vite elle s'est radoucie et a gardé pour elle tout ce qu'elle pensait des dépressifs qui ne s'assument pas.

Elle a vérifié mon taux de glycémie en me piquant le doigt, elle avait tellement peur de me faire mal ou que mon doigt saigne outre mesure... Tout s'est bien passé et mon taux était normal. Cependant, quand on est un peu sensible, on peut faire des malaises arrivant aux taux limites des hypo et hyperglycémies. Cela reste dans la norme, mais à la limite. Et pour conclure, pour répondre à ma question, l'hormone de croissance, dans mon cas, est fluctuante, comme les hormones de stress, et calculée sur une durée de 24 heures... Donc rien à signaler. Si cela avait été une acromégalie ou une tumeur hypophysaire, alors mon taux aurait augmenté la fois d'après ; or c'était l'inverse. Il suffisait que je sache cela pour me débarrasser enfin de cette inquiétude de plus... Ce n'était pas si compliqué.

Comme convenu avec l'interniste, je me suis mise en quête d'un centre de rééducation pour permettre à mon corps de se réadapter progressivement à l'effort tout en étant encadrée par une équipe médicale en hospitalisation de jour. Par chance, il y avait un centre juste à côté de chez moi.

Avec mon SED, j'y ai été admise sans problème. Cependant, personne ne connaissait cette maladie et il a fallu trouver les bonnes adaptations pour moi. Il est très important de pouvoir se remuscler en profondeur quand on a le SED car l'hypermobilité et le manque de collagène dans les tissus augmentent la fragilité des tendons et articulations qui doivent être parfaitement soutenus par une bonne musculature. Le souci, c'est le manque de récupération à l'effort, le manque d'oxygénation des muscles. C'est pour cela que seules dix minutes de sport le matin peuvent me clouer au lit le lendemain, tellement les douleurs sont présentes. Pas de courbatures lambda, on passe directement aux contractures et parfois à la tétanie de certains muscles. Il faut connaître ses limites, mais les limites changent d'un jour à l'autre.

J'allais deux après-midi par semaine au centre de rééducation. Je commençais par de la pressothérapie, qui consiste à enfiler des grosses bottes qui vont venir presser les jambes, grâce à l'air qui les font gonfler, pour augmenter la circulation sanguine, avant d'attaquer la séance de kiné en piscine, puis un peu de jacuzzi pour se réchauffer et se détendre, et à nouveau une séance de kiné (souvent pour du massage)… Cela m'a remis le pied à l'étrier et je refais un peu de sport tous les jours. Je me suis remise au yoga pour ma pratique personnelle et également professionnelle. Ça fait un bien fou ! Les beaux jours reviennent et c'est encore plus bénéfique de faire la séance dehors, au grand air, au soleil, en écoutant les oiseaux chanter. La vie est belle.

Bien évidemment, même si j'avais les réponses à mes questions, je suis retournée voir le rhumatologue comme prévu.

J'ai demandé à ma maman de m'accompagner comme elle avait déjà été elle-même suivie par lui il y a quelques années. Je ne vous cache pas que ce deuxième rendez-vous était décevant. Je suis arrivée confiante, le sourire aux lèvres. Enfin on allait confirmer ensemble le diagnostic, enfin il allait pouvoir me prescrire des vêtements compressifs et de l'oxygénothérapie comme convenu au précédent rendez-vous, enfin il allait pouvoir m'aider pour mon affection de longue durée (ALD) et mon dossier MDPH. Enfin, rien de tout ça finalement… Quand je suis arrivée, la secrétaire qui consulte avec lui dans le cabinet m'a dit : « Je vous reconnais, vous avez été diagnostiquée rhumatisme psoriasique par votre dermatologue, c'est ça ? » C'était une suggestion de piste, mais à mon premier rendez-vous, le rhumatologue avait complètement exclu ce diagnostic… Alors comment pouvait-elle m'affirmer cela aujourd'hui ?

Aucun des deux n'a regardé mes réponses au questionnaire que je devais remplir minutieusement pour ce jour… J'étais un peu choquée que l'on ne daigne pas jeter un œil sur un document qui confirme la symptomatologie du SED et, pour être franche, la vie de m*rde qui va avec. J'ai demandé s'ils voulaient garder le questionnaire rempli, pour le lire plus tard, on m'a répondu que c'était pour moi… Par ailleurs, je n'avais pas le droit à l'oxygénothérapie car c'était exclusivement réservé aux personnes souffrant d'algie vasculaire de la face (petite pensée pour Isabelle Schaal, cette personne géniale qui se bat pour la reconnaissance de cette maladie handicapante !).

Je n'ai pas eu d'ordonnance pour des vêtements compressifs, comme évoqué au précédent rendez-vous, ni d'aide pour constituer mon dossier. Le rhumatologue m'a remis un simple courrier pour un confrère, l'interniste que j'ai déjà vu en 2020 à Nancy, un spécialiste du SED qui m'avait diagnostiqué un « trouble du spectre de l'hypermobilité ». C'est lui qui allait me prescrire les vêtements ainsi que la demande d'ALD. Ok... retour à la case départ! Évidemment, je ne me laisse pas abattre, jamais. Ma mère a trouvé ce rendez-vous à la fois stérile mais utile... Cet énième courrier, c'est peut-être celui qui fera bouger les choses, mais, soyons réalistes, je n'aurais pas de rendez-vous avec cet interniste avant six mois, puis il faudra sans doute encore attendre par la suite... C'est sans fin!

Quoi qu'il en soit, je suis soulagée d'avoir mon diagnostic, d'avoir des réponses à mes questions, de savoir où j'en suis, de savoir que ce n'est en rien dans ma tête, que c'est génétique et que je n'y peux rien. Le SED explique énormément de choses depuis le début de ma vie et c'est déjà énorme de pouvoir rassembler les pièces du puzzle, de comprendre. Reste encore le diagnostic de l'endométriose à confirmer (j'ai peur de refaire une IRM, la dernière m'a vraiment traumatisée...) et le Lyme chronique accepté par certains médecins et rejeté par d'autres...

On peut cumuler les pathologies, ce n'est pas l'idéal, mais c'est comme ça. Cela ne m'empêche en rien d'avancer, au contraire! J'ai beaucoup de clés en main à présent pour aller de l'avant, soulager mes douleurs, être indulgente avec moi-même, me dire que certaines manifestations sont

« normales » compte tenu de ma maladie. J'ai les outils nécessaires pour me rendre la vie plus confortable même si elle reste incomprise par beaucoup. Le reste suivra. Les choses s'aligneront. J'en suis persuadée. Tout arrive pour une raison et, ma raison à moi, c'est d'avoir pu écrire ce livre avec mon témoignage pour aider d'autres personnes.

Quand on a un diagnostic de syndrome d'Ehlers-Danlos (SED), le mieux est d'être suivi par plusieurs spécialistes, car les symptômes et les douleurs sont multisystémiques, donc pluriels. Il y a de toute évidence une atteinte gynécologique, rhumatismale mais aussi cardiaque (entre autres).

N'ayant eu mon diagnostic que très récemment, mon médecin traitant a fait un courrier pour mon cardiologue. Étant donné que j'ai eu quelques symptômes post-Covid (avril 2022), du type essoufflements, tachycardie, fourmillements, impatiences et jambes lourdes, le mieux était de retourner consulter mon cardio qui me suit depuis toujours. Mes douleurs aux jambes se sont tellement amplifiées qu'il me paraissait assez urgent de le voir sachant que le traitement ordonnancé par ma généraliste n'avait pas eu d'efficacité sur moi. C'était ça ou les urgences pour suspicion de phlébite.

Je suis directement allée au cabinet de mon cardiologue pour voir la secrétaire, lui donner le courrier et, surtout, lui demander un rendez-vous plutôt urgent. Je n'ai rien obtenu avant fin juillet. Petit goût amer, mais pas le choix. Puis, vu que ma médecin généraliste était en congés, je suis descendue un étage plus bas pour voir le médecin des urgences de la clinique où je me trouvais. En attendant mon tour, j'ai reçu un appel de la secrétaire de mon cardiologue qui m'a dit : « Je vais devoir annuler votre rendez-vous de juillet, le docteur préfère que vous soigniez votre syndrome d'Ehlers-Danlos avant de vous revoir. »

Je ne sais pas pourquoi, j'ai éclaté de rire. Elle était très sérieuse. Je riais jaune tellement je n'en pouvais plus d'entendre des absurdités pareilles. De toutes, celle-ci doit être la meilleure. Pas mal pour terminer mon témoignage, non ?

Je dois donc soigner une maladie génétique, presque rare, chronique et incurable avant de revoir mon cardiologue qui me suit depuis toujours et qui a été le seul à me mettre sur la piste d'un problème de tissus conjonctifs (SED) ? Ahahah, riez avec moi, je vous en prie ! ☺

LE MOT DE LA FIN

> *No matter how hopeless you feel, strive to find the one thing that makes you feel alive and pull yourself to the light at the end of the tunnel. There is hope. Trust me.*
>
> *Tammy-Louise Wilkins*

Dans cette odyssée médicale qui est la mienne, j'ai appris à rebondir, à voir les choses sous un angle positif. Tout ce que j'ai pu vivre est une atroce souffrance. Elle l'est sur l'instant. Jusqu'à ce que quelque chose d'autre vienne toquer à ma porte. Ma mère voulait que je note dans un cahier toutes les crises de douleur que je vivais chaque jour, pour m'en souvenir et ainsi en faire part au corps médical. Je n'étais pas très rigoureuse. Jusqu'au jour où j'ai arrêté de prendre des notes. J'ai appris à oublier. J'oubliais les douleurs de la veille pour celles du jour. Je ne voulais pas me souvenir des pires épisodes de ma vie, causés par une santé défaillante et capricieuse. Ce fut d'ailleurs un exercice compliqué que d'écrire ce livre sur mon parcours. Aujourd'hui, je préfère regarder vers le futur que vers le passé. Mais, grâce à ce projet, je me suis rendu compte que le pire était sans doute derrière moi et que la force que j'ai acquise aujourd'hui, je la dois à ces instants de vie difficiles. Maintenant, je vis l'instant présent et je suis reconnaissante quand une journée se passe bien, sans encombre. Avec des douleurs certes, mais sans crises ni poussées. Lorsque cela arrive et que la souffrance envahit mon corps, je filme. Je n'y avais jamais pensé avant, et pourtant, c'est très efficace pour faire comprendre aux médecins ce qu'est la dure réalité pour un malade chronique et son entourage. Par ailleurs, il paraît qu'écrire est la meilleure des thérapies, et que si vous arrivez à retracer votre dur passé sans pleurer, c'est que dans votre cœur et dans votre tête, vous êtes guéri ! L'écriture de ce livre et les rencontres qu'il a suscitées n'ont fait que raviver ma flamme et ma rage de vaincre. Vaincre pour moi signifie savoir. Quand on est malade chronique et en errance depuis tant d'années, savoir est une victoire.

Le plus dur dans cette errance médicale est bien évidemment de ne pas se sentir écoutée ou comprise par les médecins. De penser que l'on est différente, folle, ou que l'on vit dans un monde parallèle. C'est difficile de garder la tête haute et de se faire confiance quand personne ne vous croit. Et encore, il ne s'agissait que de gens que je ne connais pas ! Imaginez la difficulté de voir votre entourage s'éloigner petit à petit, alors que, justement, vous avez encore plus besoin d'eux et de leur soutien… Heureusement que j'ai mes parents, car nombreuses sont mes connaissances qui ont préféré fuir ma vie en courant. Et comme je ne cours pas très vite, je n'ai pas pu les rattraper ! C'était dur, mais aujourd'hui je comprends. La maladie altère indéniablement les relations, c'est ainsi. C'est comme si le monde avait continué de tourner sans moi durant toutes ces années. Le temps s'est arrêté. J'ai l'impression que tout était hier. La santé, l'amour, les gens, la vie, ma vie d'avant. Et pourtant, tout semble si loin.

Je me suis toujours dit que j'avais perdu mes plus belles années de vie et qu'il me serait impossible de les rattraper. J'annulais toutes les soirées, les rencards, les verres, les cafés. Je répondais que j'étais trop fatiguée ou que je ne pouvais plus marcher. J'habitais à la campagne et je ne conduisais plus. Je n'intéressais plus personne. Avant, on avait l'habitude de me voir sortir dans les bars, danser au milieu de la foule et embrasser qui je voulais. J'étais libre et je savais partir, sur un coup de tête sans rien prévoir, à Bordeaux, Paris ou Miami! Sauf que, du jour au lendemain, il a fallu que je dise «stop» à ma spontanéité et ma vitalité, et que je fasse le deuil de ma vie d'avant. Je savais que rien ne serait plus pareil. Que je ne serais plus jamais la même. Que ce serait long. Mais je n'ai jamais, jamais, jamais perdu espoir!

Quand je sortais de chez moi, j'avais l'impression d'avoir une étiquette collée sur le front stipulant que j'étais malade. Souvent, la stigmatisation de «malade» est insoutenable, et c'est la société qui nous rend différents. Mais parfois, la maladie fait tellement partie de notre vie qu'elle se confond avec nous. On est aspiré par elle et on devient la maladie. Pas une personne malade. Juste la maladie. On se colle parfois cette étiquette soi-même, car tout nous fait oublier que derrière, il y a surtout une personne avec une identité, du caractère et des rêves à réaliser. Pendant des années, je n'ai parlé que de ça. Je me sentais vide. Je n'avais rien d'autre à raconter que tout cela. C'est aussi pour cette raison que j'ai cessé de sortir. J'en parlais pour espérer tomber sur des gens comme moi. J'en parlais pour aider des gens comme moi. Mais cela devenait humainement invivable de n'avoir rien d'autre à dire. Je ne voulais pas que les gens ne retiennent que ça de moi.

Je suis une personne complète et extra. Pourtant, dans ces cas-là, personne ne pouvait le voir. Parfois, même pas moi.

Je suis de nature enthousiaste et joviale et c'était compliqué de devoir mettre ma personnalité et ma joie de vivre de côté, malgré moi. La douleur est énergivore : en plus de vous mettre les batteries à plat, elle vous met aussi parfois de mauvaise humeur. Mon corps ne me laissait jamais tranquille, pas une journée, ni même une nuit. On cohabite avec sa maladie. Tout le temps. Le mieux, c'est de bien s'entendre avec elle, sinon elle gagne du terrain. Il a fallu, petit à petit, que j'apprenne à connaître ses travers, mais aussi que j'apprenne à connaître les limites qu'elle m'imposait. J'ai trouvé le mode de vie qui me correspond. Pour éviter d'empirer les choses, il faut trouver un bon équilibre dans tous les domaines. Ni trop peu, ni pas assez. L'activité physique par exemple : je peux marcher, faire du yoga et danser. Si je vais au-delà ou en deçà d'un certain rythme ou d'une certaine durée, ça peut tout changer et je peux me paralyser. Et si je ne bouge pas du tout de la journée, c'est pire que tout. Si j'ai mal, je me force. C'est pour cela qu'il faut connaître précisément ses limites et garder le juste équilibre pour tout.

Je n'ai jamais eu de mal à parler de ce que j'avais, ce que je ressentais ou vivais. Ce n'était pas tabou pour moi. Parfois, on tombe sur des gens qui ne comprennent pas, mais d'autres fois, on rencontre des gens dans le même cas que soi, qui eux n'osent pas en parler par peur du regard des autres, et ça fait du bien de se sentir moins seul.e. Le regard des autres, ça fait bien longtemps que je n'y prête plus attention. Tout ce que je sais, c'est qu'il faut avoir vécu les mêmes galères pour comprendre. L'empathie n'est pas donnée à tout le monde. Si votre nouvelle situation déplaît à certaines personnes, alors laissez-les partir et concentrez-vous sur celles qui veulent bien rester près de vous.

Sur le plan familial, j'ai peur d'avoir volé la vie de mes parents pendant tout ce temps où je n'ai pas pu vivre la mienne. Tous leurs rêves. Leurs envies. Toutes ces jolies choses qui les animaient ont disparu au détriment du simple souhait de me voir en bonne santé. Ils ne veulent plus rien d'autre. Même pas pour eux. Il est possible que le rôle des parents soit de tout simplement savoir leur enfant heureux et en bonne santé. Mais mes parents sont aussi des adultes. Avec des rêves. Des envies. Tout comme moi. Le jour où je retrouverai ma santé, je leur rendrai leur liberté. Leur liberté de penser à eux en priorité. Et puisqu'on parle de parentalité, pour le moment, je n'imagine plus avoir des enfants. Déjà, vu mes problèmes gynéco, je ne sais pas si je pourrais en avoir et, quand bien même, je ne sais pas comment je pourrais m'en occuper pleinement et convenablement si je suis épuisée constamment. Je sais que je serai une bonne mère, mais il faut d'abord que ma santé change. Penser à moi, c'est aussi penser aux autres. Les dommages collatéraux sont inévitables avec ce mode de vie et la maladie. Je viens d'avoir 31 ans et la question qui revient le plus souvent est : « Bah alors, toujours pas d'enfant ? » Franchement, laissez-nous tranquilles !

La meilleure chose qui me soit arrivée, c'est que j'ai enfin appris à m'aimer. Avant toute autre chose. Cela veut dire que je me respecte. Je suis sincère avec moi-même, je me parle comme si je donnais les meilleurs conseils du monde à une amie, je prends soin de moi, de ma santé, je suis fidèle à qui je suis, je sais ce que je veux et ce que je ne veux pas, je connais mes valeurs, mes qualités, mes défauts et, surtout, je sais de quoi je suis capable. Je ne dois rien à personne (sauf à mes parents, c'est certain… et mes chats, bien entendu).

La seule ombre au tableau, c'est sûrement cette accumulation de peurs qui m'empêchent souvent de faire vraiment ce dont j'ai envie. C'est un point sur lequel je travaille pour éviter de donner du fil à retordre à ma santé mentale. J'ai développé de l'anxiété en plus de mon hypersensibilité. Si cette dernière fait parfois ma force, la première en revanche est une véritable faiblesse, nourrie au fil des années par de mauvaises expériences.

Mon quotidien est encore inconfortable. J'ai toujours l'impression qu'il y a une petite bête qui me ronge de l'intérieur et je ne sais pas comment elle va se manifester. Pire, parfois je me dis que quelqu'un s'amuse avec ma poupée vaudou ! Mais quand on voit la lumière au bout du tunnel, c'est tout de même plus agréable.

Bien sûr, j'ai failli baisser les bras de temps en temps, car rien n'est vraiment facile. La solitude gagne du terrain. Tous les choix que j'ai faits durant ces années dépendaient non pas de ma volonté, mais uniquement de ma capacité à pouvoir ou ne pas pouvoir en fonction de la maladie. On voit ses rêves au rabais, dans la limite du raisonnable et du viable, au lieu de vouloir aller tutoyer les étoiles. Et s'il existait un magasin pour acheter ses rêves, les miens seraient tout simplement bradés. Mais cela ne veut pas dire que plus tard, je ne retournerai pas dans ce même magasin pour y acheter toute la nouvelle collection au prix fort !

Ne jamais perdre espoir même si l'on est malade, même si l'on ne se sent plus à la hauteur de rien et vide de tout, car l'entracte ne signifie pas que le spectacle est terminé. Il faut s'autoriser à être heureux, le bonheur est un choix ! Garder espoir, pour ma part, c'est garder cette flamme qui brûle en moi, voir mes yeux briller quand je prends la peine d'y croire, savoir au plus profond de moi que tout ira mieux ! La maladie, elle peut rester si elle veut, mais à la longue elle se lassera, elle me laissera, à mes rêves et à mes joies. Ne perdez jamais cette partie de vous qui vous rendra plus fort à un moment donné. C'est une chance de le savoir et de l'accepter.

Quand je regarde autour de moi, je vois des gens qui, après s'être sentis abattus par une quelconque maladie ou un handicap, ont lutté pour se surpasser et réaliser leurs rêves, leurs projets, leur vie tant attendue… Combien de temps a-t-il fallu à chacun d'entre eux pour pouvoir le faire ? Certains, quelques mois seulement, d'autres des années, voire toute une vie ! Mais ils ont réussi ! Ils l'ont fait ! Et pourquoi ? Grâce à ce laps de temps plus ou moins grand entre le moment où ils ont appris qu'ils étaient malades et le moment où ils ont foncé droit devant eux… Et comment se nomme ce laps de temps ? L'espoir, tout simplement. Pour ma part, je garde espoir, car je sais que les plus belles fleurs renaissent toujours au printemps.

PORTRAITS DE FEMMES : ELLES TÉMOIGNENT

Ce livre existe parce que je me suis rendu compte que je n'étais pas seule dans mon désarroi, à connaître l'errance médicale, les réflexions sexistes ou inappropriées, la solitude face à la maladie, les multiples douleurs ou les symptômes inexpliqués, ni ce parcours de la combattante qu'il faut souvent mener.

J'ignorais l'existence de la plupart de ces femmes, et même de leurs pathologies. J'ai appris. J'ai eu envie de les connaître encore plus. Certaines étaient déjà mes amies, d'autres le sont devenues. J'ai ressenti une force commune qui n'a fait que se renforcer. J'ai l'impression que nous faisons toutes partie d'une sororité, que maintenant que nous savons, nous savons. Pas besoin de se justifier pour telle ou telle chose, on se comprend. On s'entraide. C'est aussi ce que j'aime chez les personnes qui ont connu la douleur : elles connaissent la bienveillance, l'écoute et les jolies petites choses de la vie.

Vous allez à présent lire leurs témoignages, leurs différents parcours, de l'errance médicale à la guérison en passant par la déception, la dépression et l'acceptation. Chaque personne est différente, chacune mène un combat qui lui est propre. Enfin et surtout, elles portent toutes un message d'espoir face à cet aspect de la vie qu'est la maladie.

Malades, souriantes, heureuses et épanouies !

Jeanne, 19 ans

En arrêt d'études
Maladie de Lyme
*Instagram : @jeannesalvi_*

Moi, c'est Jeanne, j'ai 19 ans et je suis atteinte d'une neuroborréliose chronique. C'est une forme sévère de la maladie de Lyme dans laquelle le système nerveux est entre autres touché. La maladie de Lyme se transmet essentiellement par la piqûre de tique et c'est donc par une piqûre à l'âge de 5 ans que la maladie s'est secrètement déclenchée. Je dis « secrètement », car les symptômes sont apparus seulement à mes 17 ans.

Suite à cette piqûre, je n'ai pas eu d'érythème migrant, la fameuse tache rouge qui est significative de la maladie, alors je n'ai reçu aucun traitement. Pourtant, quelques semaines après, j'ai eu une pneumonie et, ensuite, pendant toute mon adolescence, j'ai souffert de douleurs articulaires qui étaient, d'après le médecin, liées à la croissance, nous n'avions jamais fait le lien entre ces problèmes et la piqûre de tique, car nous étions très peu informés des conséquences possibles d'une piqûre de tique.

En 2019, j'ai dû arrêter le sport alors que c'était ma passion : je pratiquais la natation synchronisée, mais les douleurs étaient trop fortes à chaque entraînement. D'abord, je terminais les entraînements en pleurs car mes douleurs musculaires étaient trop fortes et puis, au fil du temps, ces douleurs musculaires revenaient même quand je marchais quelques mètres et s'étendaient à mes bras. Nous avons commencé à consulter le médecin pour parler de ces problèmes et c'est finalement en 2020 que j'ai été diagnostiquée de la maladie de Lyme ainsi que d'autres co-infections.

L'errance médicale a été très compliquée... Rapidement, lorsque les examens sont revenus avec des résultats corrects et dans les normes, on m'a dit que tout venait du stress, que je ne savais pas quoi faire de ma vie, que j'avais besoin d'attention alors je me créais des symptômes, que je n'aimais plus mon sport mais que je ne voulais pas le dire...

Avant d'avoir le diagnostic, j'ai donc été sous antidépresseurs pendant une période et forcée de suivre une thérapie pour retrouver le choc psychologique qui était pour eux à l'origine de mon mal-être. Pendant ce temps, mon état, lui, continuait à se dégrader. Migraines, douleurs et raideurs articulaires, difficultés de concentration, tremblements...

Nous avons consulté une médecin qui connaissait la maladie de Lyme et, après un questionnaire, sans même faire la prise de sang, nous étions déjà quasiment certains que mes problèmes venaient de cette maladie. Ensuite, j'ai passé des analyses qui se sont avérées positives et j'ai commencé un traitement.

J'étais tellement soulagée de savoir que mes maux étaient réels mais aussi tellement en colère contre ces médecins qui ont réussi à me faire douter de moi et de la légitimité de mes symptômes. Malheureusement, ce traitement n'a pas fonctionné, j'ai donc tenté d'autres thérapies qui, elles aussi, ont été un échec. C'est en fin d'année 2021 que mon état a commencé à fortement se dégrader, d'abord mon bras gauche s'est paralysé, puis mes jambes, j'ai eu une impression de mort imminente, mon corps me lâchait et nous n'avions personne pour nous aider.

À cette époque, je n'étais plus capable de lire, d'écrire ou de comprendre une conversation et mes journées étaient rythmées par des crises convulsives. J'étais dans une bulle, une bulle de douleur, isolée de mes passions, le sport mais aussi mes études. En plus du système nerveux, la maladie s'est attaquée à mon cœur : j'ai souffert d'une péricardite. C'était pour moi l'atteinte de trop : d'abord, parce que c'est la plus dangereuse, mais aussi car je comprenais que la maladie avait le dessus sur moi, qu'elle était plus forte… Nous avons donc pris contact avec une clinique spécialisée pour le traitement de cette maladie en Allemagne et j'ai rapidement été hospitalisée cinq semaines là-bas pour recevoir des traitements adaptés par intraveineuse.

C'est lors de cette hospitalisation que j'ai réappris à marcher petit à petit, les médecins et l'ensemble du personnel ont été d'une bienveillance hors norme et, pour la première fois, je me suis sentie écoutée, comprise mais aussi, et surtout, rassurée. Ensuite, les progrès ont continué à la maison, tout comme ce lourd traitement. Je fais des heures et des heures de rééducation chaque semaine depuis un an pour tenter de retrouver ma mobilité mais aussi mes facultés cognitives. Aujourd'hui, après un an de traitement, je suis sur mes deux jambes et c'est juste pour moi quelque chose de dingue de me dire qu'il y a un an j'étais incapable de les bouger.

Aujourd'hui, je prévois de reprendre mes études car je peux à nouveau lire, écrire, sans problème, je suis capable de marcher trois kilomètres avec une canne et je continue chaque semaine ma rééducation pour essayer de retrouver la mobilité de mon bras encore paralysé. Ce combat est très long, fatigant et le fait que cette maladie soit si peu reconnue en France rend les choses tellement compliquées. Se faire diagnostiquer est difficile et recevoir un traitement correct l'est encore plus... En étant malades, nous ne devrions pas avoir à nous battre seuls pour trouver des options de traitement. Ma volonté d'aller mieux et de reprendre ma vie m'a portée tout au long de ce chemin et a été ma force, avec le soutien de mon entourage.

Je pense pouvoir dire que maintenant le plus dur est derrière moi, que cette fois je suis suivie et entourée pour vaincre cette maladie et, malgré les hauts et les bas que l'on connaît avec les maladies de ce genre, la courbe de l'évolution est positive. Depuis l'annonce du diagnostic, je suis passée par de nombreuses phases : le déni, la colère... Mais aujourd'hui, j'ai accepté ma situation et mon handicap actuel. Je n'attends pas d'aller mieux pour vivre et profiter de ma vie car, peu importe les séquelles que me laissera cette maladie, je veux et je peux vivre et être heureuse. Je garde en tête que le processus de guérison n'est pas linéaire et j'avance en prenant les jours comme ils me viennent, j'essaie de voir le bon partout et, dans les moments les plus difficiles, je me rappelle d'où je viens et tous les progrès que j'ai fait depuis. En plus, il paraît qu'être optimiste est bon pour le système immunitaire, alors j'ai tout à y gagner!

« Pas de pluie, pas de fleurs », c'est mon crédo. Si de telles épreuves arrivent sur nos chemins, c'est parce qu'elles nous savent capables de les surmonter.

Ophélie, 27 ans

Sans profession

Syndrome d'Ehlers-Danlos (SED)

Instagram : @ophelie.ac

Je m'appelle Ophélie, j'ai 27 ans et je suis atteinte d'un syndrome d'Ehlers-Danlos (SED) : une maladie génétique rare des tissus conjonctifs qui affecte la production de collagène. Le collagène, c'est une protéine qui donne de l'élasticité et de la force aux tissus conjonctifs tels que la peau, les tendons, les ligaments, ainsi que les parois des organes et des vaisseaux sanguins. Pour faire le plus simple possible, le collagène, c'est un peu comme la colle, comme le ciment de votre corps. C'est lui qui permet de tout tenir en place. C'est ce qui explique, en partie, le nombre incalculable de symptômes de cette maladie.

J'ai été diagnostiquée d'un SED en 2017, après douze ans d'errance médicale. Il faut savoir que je suis née avec une dysplasie de la hanche et une épaule luxée. Les premiers signes d'une hypermobilité étaient donc présents dès ma naissance. Mais, même si j'ai eu quelques symptômes pendant mon enfance, la maladie s'est réellement déclarée vers l'âge de 10-11 ans. À cette époque, la croissance et la puberté étaient la réponse indiscutable des médecins à mes maux. Paradoxalement, c'est donc là qu'une période d'errance s'est installée.

À l'âge de 20 ans, tout s'est accéléré. J'ai accumulé beaucoup de symptômes: perte de poids, fatigue, troubles cardiaques, respiratoires, digestifs, vasculaires, luxations, entorses à répétition... Personne ne savait de quoi je souffrais. J'ai vécu tellement de rendez-vous, d'hospitalisations voués à l'échec, sans réponse...

Ce qui est complexe avec un SED, c'est que, premièrement, c'est une maladie rare, et, en plus de cela, c'est une pathologie multisystémique. Ainsi, les médecins ont essayé de traiter indépendamment tous mes symptômes, mais sans jamais prendre en compte l'ensemble de ma symptomatologie. J'allais voir un cardiologue qui traitait mes problèmes cardiaques. Je consultais un gastro-entérologue qui tentait de régler mes soucis digestifs. Et ainsi de suite. Personne ne voyait plus loin que sa spécialité.

Jusqu'au jour où, lors d'une consultation en cardiologie, pendant ma longue énumération de symptômes et d'antécédents, le médecin a évoqué le syndrome d'Ehlers-Danlos. Mais lui-même ne connaissait pas réellement la maladie, donc il m'a dit de me renseigner. C'est ce que j'ai fait et, après de longues recherches sur Internet, j'ai pris rendez-vous dans un centre de compétence des syndromes d'Ehlers-Danlos. Davantage dans un état d'esprit d'élimination d'un diagnostic. J'étais tellement à bout de cette errance que j'en venais à éliminer des pathologies pour arriver à celle dont je souffrais. Étonnamment, même si j'avais conscience de remplir énormément de critères, je ne pensais vraiment pas souffrir d'un SED. Une maladie génétique ? Dans ma famille ? Cela me paraissait trop rare. Malheureusement, le diagnostic a été posé sans aucun doute de ma généticienne. Et quelque part, je l'ai vécu comme un soulagement. Cependant, j'étais aussi effrayée. Je savais que ce diagnostic était un tournant dans ma vie. La maladie transforme le quotidien, déclenche le rythme effréné des rendez-vous médicaux. Elle nous oblige à changer notre mode de vie. Elle nous change nous, elle bouleverse notre vie, notre être le plus profond.

Je dis souvent que si la vie avec une maladie chronique pouvait être imagée, je crois que l'on pourrait l'identifier à des montagnes russes. Vivre avec une maladie n'est pas linéaire. Il y a des hauts, des bas, des périodes de calme mais aussi des tempêtes dévastatrices. Que l'on ait ou non accepté la maladie, personne n'échappe à ces sentiments contradictoires.

Quelques mois après mon diagnostic, d'autres pathologies sont venues s'ajouter. Un SED arrive malheureusement rarement seul. Chaque fois que l'on pense avoir traversé une épreuve, une autre arrive. Il n'y a jamais d'accalmies, jamais de répit. Malgré tout, on doit apprendre à vivre avec. Et c'est un long cheminement.

L'errance médicale a été la période la plus dure à vivre pour moi dans mon parcours contre la maladie. J'ai été confrontée à de nombreux médecins. Certains, il faut l'avouer, beaucoup moins empathiques que d'autres. À cette époque, j'allais de consultation en consultation, d'hospitalisation en hospitalisation, sans jamais avoir de réponse. J'ai longtemps été en colère contre les médecins. Contre ceux qui me jugeaient, qui me critiquaient, qui me laissaient seule dans ma souffrance. Et quand enfin je trouvais des médecins attentifs et compréhensifs, ils me sortaient cette phrase que je n'en pouvais plus d'entendre: «Je suis désolé, je ne peux rien faire pour vous!» Cette phrase m'a hantée durant des années et très longtemps j'ai éprouvé cette rancœur envers les soignants qui ont pu me la dire.

Aujourd'hui, malgré les diagnostics, je subis malheureusement encore tout cela. Mais j'ai compris que les médecins ne sont pas infaillibles. Ils ont leurs limites. Et même si je ne pouvais pas le comprendre à l'époque, car j'étais dans la douloureuse épreuve d'acceptation, je comprends maintenant que lorsqu'ils m'avouent leurs limites, même si cela fait terriblement mal, ils me font le plus beau cadeau: celui d'être humain et de reconnaître qu'ils ne peuvent pas tout savoir.

Alors aujourd'hui, j'aimerais vous dire que si vous traversez cette période chaotique qu'est l'errance médicale, ne perdez jamais espoir. Je sais ô combien c'est épuisant, pour soi, pour la famille, pour les proches… Ça prend une énergie énorme de se battre constamment, mais n'abandonnez pas. Croyez en vous, en vos maux. Consultez plusieurs médecins, faites des recherches, renseignez-vous, mais ne baissez jamais les bras. Ça vaut le coup! Ça vaut toujours le coup de se battre, je peux l'assurer à 1 000 %.

J'aimerais aussi dire que s'il y a une chose que la maladie m'a apprise, c'est qu'elle ne doit pas nous faire nous sentir faible, différent, isolé… C'est terriblement dur d'être constamment en guerre avec son corps et d'avoir envie d'abandonner. Je sais que, parfois, on peut se sentir exclu, incompris et délaissé. Néanmoins, rappelons-nous que la douleur de nos expériences est ce qui fait de nous la personne que nous sommes aujourd'hui. Nous ne sommes pas seul, il faut s'entourer des bonnes personnes, parler, échanger, sensibiliser et partager. La maladie n'est pas un fardeau, elle ne définit pas une personne.

Ça a été un long chemin, mais j'ai aujourd'hui accepté la maladie et appris à cohabiter avec elle. Désormais, elle est ma plus grande force. La maladie a clairement changé ma façon de voir la vie. J'ai tellement appris sur moi et sur les autres. J'ose et je suis beaucoup plus ouverte au monde. J'ai appris à revoir mes priorités, à comprendre mes limites, à écouter mon corps et à relativiser. Grâce à elle, je vais à l'essentiel. Aucun traitement à l'heure actuelle ne permet de guérir d'un syndrome d'Ehlers-Danlos. C'est très frustrant, mais je garde espoir en la médecine de demain. Je terminerais par dire que perdre la santé est l'une des pires épreuves que l'on peut vivre, et pourtant, c'est la plus merveilleuse leçon que la vie peut nous offrir. Alors, profitons de chaque petit moment de bonheur et faisons de nos combats notre plus grande force.

Séverine, 50 ans

Relaxologue et réflexologue
Lupus et translocation robertsonienne 13/14
Instagram : @sev_relaxologue_reflexologue

Si depuis tant d'années je n'avais pas transformé le négatif en positif,

Si je n'avais pas toujours cherché cette infime lueur dans cette noirceur,

Si je n'avais pas autant cru en l'amour et en la vie,

Si je ne m'étais pas dit que dans la vie tout est écrit,

Si je n'avais pas été persuadée que si tant d'épreuves me sont imposées, c'est que je suis capable de les combattre,

Si je n'avais pas décidé d'être une guerrière,

Si je n'étais pas parfois trop, excessive, passionnée, déterminée,

Je serais morte depuis longtemps à l'intérieur de moi.

Ma vie a basculé lorsque j'avais 11 ans. Un matin, mon papa est parti travailler et je ne l'ai plus jamais revu, une rupture d'anévrisme lui a pris la vie et a meurtri la mienne à jamais. Je suis passée de petite fille à bien trop grande. Mais ce qui aurait pu être une faiblesse et m'anéantir est devenu ma plus grande force. C'est à partir de ce moment que j'ai commencé à devenir un roc.

Et pourtant, je n'étais pas préparée à ce que la vie allait encore m'imposer comme épreuves.

À 28 ans, je suis devenue maman d'une petite fille, une grossesse idéale. Et pourtant, à l'accouchement nos deux vies auraient pu être emportées, faute de prise en charge sérieuse la dernière semaine par ma gynécologue. Mes jambes étaient bleues, j'étais épuisée et chaque matin je me suis présentée à la maternité en disant que je sentais que quelque chose n'allait pas et, à chaque fois, j'ai été renvoyée chez moi : « Ce n'est pas pour aujourd'hui, tout va bien », me disait-elle, et pourtant, moi, je savais. Le dernier jour, j'ai encore été renvoyée le matin, une journée de souffrance et d'angoisse. À 18 heures, j'ai dit à mon mari : « On y retourne, il faut qu'elle sorte par n'importe quel moyen, je ne rentrerai pas à la maison. »

Arrivés à la clinique, tout s'est enchaîné rapidement… J'avais raison, nous étions en danger. 20/10 de tension, un liquide teinté, il y avait bien urgence… Un anesthésiste en colère par un tel manque de professionnalisme, un gynécologue de garde que je n'oublierai jamais tant il a été génial, tout est allé très vite. Je n'ai pas réalisé sur l'instant le danger, je n'ai pas imaginé que nos vies étaient menacées… Descendue au bloc avec encore 17/10…

Une césarienne en extrême urgence pour pré-éclampsie… Mais au bout du compte : la vie… Une petite fille, toute petite fille de 2 kilos 820 grammes née à terme… La vie s'est construite autour de ce bébé et nous avons très vite oublié ces difficultés tant la joie nous a envahis.

Et puis, un jour, le début de la deuxième partie de ma vie a commencé. Le jour où nous avons décidé de faire un deuxième bébé. C'est le début d'un combat de femme, un combat de maman, un combat face à moi-même, un combat face aux autres et face au monde médical. J'ai eu la chance de rencontrer des médecins extraordinaires, mais j'ai dû aussi affronter l'inhumain, l'horreur des mots déplacés, voire violents, le manque de bienveillance et de considération. Ces mots résonnent encore aujourd'hui dans ma tête.

Cela a commencé par une fausse couche, une première, celle que l'on considère comme presque normale : « La nature est bien faite », « Ce n'est rien », « La prochaine fois sera la bonne », voilà quelques exemples de paroles de l'entourage, des paroles que l'on appellera réconfortantes… Et puis, celles du monde médical : « Il n'y a pas de cœur », « On va aspirer », « Ce n'est rien », « C'est tôt, c'est mieux », « Cela se fait bien »… Un bloc, une anesthésie, une aspiration… Et le néant…

Puis une deuxième fausse couche… Là, l'entourage a plus de mal à trouver les mots qui « apaisent ». Quant au médecin, toujours le même, il me reçoit, m'ausculte et m'annonce qu'effectivement, c'est fini. Mais, dit-il : « Une chose est positive, c'est propre, le travail est fait. On a même l'impression que vous n'avez jamais été enceinte, c'est bien, vous ne passerez pas au bloc. » Cette phrase anodine sera pourtant lourde de conséquences pour ma guérison émotionnelle… Et moi, j'écoute, j'encaisse, je le regarde dans la plus grande incompréhension, mes larmes coulent et pourtant, je me sens presque coupable de ressentir de la tristesse tant le discours est froid et me fait valoir que c'était tôt dans la grossesse… Mais pourquoi en faire une souffrance ? Comme si ce n'était rien… Comme si cela n'avait pas d'importance, comme si la vie n'existait pas à ce stade…

Puis une troisième fausse couche… Et là, il n'y a plus de mot pour apaiser la peine et cette sensation de ne pas être capable, d'être nulle, cette culpabilité qui t'envahit, celle de ne pas savoir garder, celle de rejeter la vie, celle de ne faire que des bébés sans cœur… Je suis alors profondément malheureuse, meurtrie, faible, effondrée… Je repasse au bloc, et je n'entends plus les mots jusqu'à cette phrase : « Je ne peux plus rien faire pour vous, vous devriez adopter. » Et là, je comprends que si je veux être à nouveau maman, je dois trouver moi-même les solutions. Comme si j'allais abandonner, comme si ces épreuves, je les avais subies pour que cela s'arrête là.

À partir de ce moment-là, je vais être « passée en tranches », des examens vont se multiplier pour essayer de comprendre, beaucoup d'examens et des réponses, ce qui devrait permettre d'avancer et de peut-être trouver des solutions, mais surtout des réponses qui effraient, le verdict… Une malformation et une maladie…

Une malformation : diagnostiquée par une généticienne grâce à un caryotype. Il s'agit d'une translocation robertsonienne 13/14, c'est-à-dire une anomalie de structure caractérisée par la fusion de deux chromosomes : le 13 et le 14. Cette malformation entraîne des difficultés de fertilité. En effet, quand un parent est porteur, il existe quatre possibilités :

– une grossesse normale et un bébé qui n'hérite pas de cette anomalie, avec 46 chromosomes distincts ;

– une grossesse normale, mais un bébé porteur de l'anomalie ;

– un bébé avec une anomalie chromosomique telle une trisomie ou le syndrome de Down ;

– une fausse couche.

La solution est alors de faire partie du programme de diagnostic génétique préimplantatoire (DPI), créé par le professeur René Frydman, qui permet de « trier » les ovocytes et d'implanter des ovules non porteurs. Il existe deux centres en France. Mon dossier leur a été envoyé, mais refusé car « pas prioritaire » puisque j'avais déjà un enfant. Je dois encore ravaler ma déception et m'estimer heureuse d'être déjà maman, j'ai alors de plus en plus conscience de ma chance, même si ma souffrance reste en moi, bien au fond de mon cœur.

Bien qu'elle apporte une réponse à nos pourquoi, l'annonce est violente et le plus douloureux pour moi est d'entendre le mot « transmission »... Cela veut dire que je l'ai potentiellement déjà transmise à ma fille et que, « par ma faute », elle subira et vivra les mêmes souffrances que moi. Mais cela veut dire aussi que je pourrais le transmettre à ce deuxième enfant dont je rêve tant... Ai-je raison de vouloir continuer ? Suis-je égoïste ou inconsciente ? Quelle mère je suis pour en avoir envie plus que tout, plus que le risque, plus que la peur ? Alors je me rassure en me disant que la médecine va forcément beaucoup évoluer…

Une maladie auto-immune : le lupus

Une maladie évolutive, une maladie silencieuse, une maladie quasi invisible, une maladie que l'on oublierait presque… Mais, croyez-moi, moi, je ne l'oublie pas, j'ai tout simplement appris à vivre avec cette épée de Damoclès au-dessus de la tête, avec des crises de douleurs paralysantes, avec cette lutte permanente contre moi-même, avec un corps qui fait mal, qui fait peur, où chaque petite douleur peut être le début de l'horreur…

Un lupus est une maladie où le système immunitaire, qui habituellement nous protège contre les microbes et substances étrangères à notre organisme, se dérègle et se retourne contre nos propres cellules. Donc, conclusion, je détruis mes bébés, mon corps refuse ces cellules nouvelles et les voit comme une agression. Entre la translocation et le lupus, je potentialise le risque de fausse couche.

C'est ce que l'on appelle de l'autodestruction. Le diagnostic est fait par mon merveilleux médecin généraliste, confirmé en médecine interne à l'hôpital, puis par un professeur à l'hôpital de la Pitié-Salpêtrière à Paris. Il m'explique la maladie, les conséquences, l'évolution possible, les symptômes, la vie que je devrais mener idéalement : « Zéro stress », me dit-il, mais comment est-ce possible ? Comment accepter ? Pourquoi moi ?

Pourquoi cela s'acharne ? Qu'ai-je fait pour mériter tout cela ? N'ai-je pas déjà suffisamment subi ?

Et c'est alors que nous lui parlons de notre désir d'avoir un deuxième bébé et de mon parcours.

Sa réponse est sans équivoque, c'est un *non*, mais elle est surtout pour moi irrecevable et inacceptable…

Je refuse de me résigner alors même qu'il m'explique calmement que chaque modification hormonale me fait prendre le risque de faire évoluer ma maladie, que chaque fausse couche est un risque, mais qu'une grossesse en est un aussi… Il me conseille à ce moment-là d'abandonner. Il me dit que je suis la maman d'une petite fille et que je me dois de rester en bonne santé, que je ne dois prendre aucun risque supplémentaire, que je ne dois pas être égoïste. Il a raison, je le sais, j'en ai conscience… Et pourtant, tout se bouscule dans ma tête. Au plus profond de moi-même, je ressens que je ne dois pas abandonner, je suis poussée par une voix qui me dit : tu vas réussir. C'est plus fort que moi, plus fort que le raisonnable, plus fort que le risque que j'encoure, plus fort que la peur…

Je me sens en réalité plus déterminée que jamais, comme si la maladie, le lupus était ma force, comme si j'étais portée par cette volonté de prouver que la maladie ne m'atteignait pas, comme si j'avais décidé à ce moment d'être plus forte que la maladie. C'est alors que nous avons décidé de continuer. Je sais que tout le monde ne peut pas comprendre ce choix qui peut paraître inconséquent et égoïste, mais je ne m'explique toujours pas comment j'ai cru autant en moi et en ma bonne étoile…

J'ai ainsi rencontré un professeur en gynécologie spécialisé dans les grossesses compliquées et à risques. Un homme merveilleux, plutôt proche de la retraite, qui m'a, en une heure de son temps, redonné tout espoir d'être maman très rapidement. Pour lui, rien n'était un problème, il avait la solution à tout, il m'a même dit : « Vous serez enceinte pour Noël, et ce bébé, croyez-moi que vous entendrez battre son petit cœur. »

J'ai pleuré toutes les larmes de mon cœur et de mon corps.

Il m'explique alors que la solution de trier mes ovocytes, bien qu'elle m'ait été refusée en France dans les centres de DPI, est possible très facilement à l'étranger. Il travaille avec une clinique en Espagne qui pratique le DPI et un coup de fil suffit pour prendre tous les rendez-vous nécessaires. En un instant et en quelques phrases, cet homme a apaisé mes souffrances et m'a donné tant d'espoir mais aussi une certitude, ce sentiment que je n'avais pas ressenti depuis si longtemps. Mais comment cela peut paraître si simple alors que tant de portes m'ont été fermées ? Face à ce professeur, je me retrouve enfin femme. Et puis, je me sens encore plus maman parce que ce professeur me confirme ce que j'ai découvert quelques jours auparavant… Je suis à nouveau enceinte !

Il me dit vouloir suivre cette grossesse pour être auprès de moi et aussi pour pouvoir agir au plus vite si malheureusement je devais, une nouvelle fois, perdre ce bébé…

J'ai bien fait d'y croire ! J'ai bien fait de m'accrocher ! J'ai bien fait de refuser d'abandonner…

Ce petit être a continué de pousser en moi, il s'est accroché, il a été fort, le plus fort, déterminé. Le jour où lors d'une échographie j'ai entendu son cœur battre a été un des plus beaux jours de ma vie. J'ai été suivie par le meilleur professeur, par le meilleur cabinet de radiologie parisien et puis par un gynécologue merveilleux qui venait chez moi, et ce, jusqu'à l'accouchement. Ma grossesse a été éprouvante, impossible d'être sereine, la peur au ventre, angoissée à l'idée même que chaque jour tout pouvait s'arrêter… Comment pouvais-je recevoir autant de bonheur ? À quel moment cela allait s'arrêter ? Au fond, je n'arrivais pas à y croire…

Le jour de l'accouchement, une césarienne programmée, je doutais toujours, et quand la sage-femme m'a présenté mon bébé, j'ai refusé de le regarder, persuadée qu'il n'allait pas vivre, pas survivre.

Elle m'a alors observée, j'ai vu tellement de haine, de violence et de mépris dans son regard, et elle m'a dit : « Mais comment ne pouvez-vous pas regarder votre bébé, il est juste souillé par le liquide et le sang. » Eh oui, quelle mère pouvais-je être pour refuser de regarder et d'embrasser mon bébé ? Tout simplement une maman effrayée, une maman paniquée, une maman qui ne voulait pas s'attacher par peur que tout s'arrête…

À la suite de quoi le gynécologue s'est énervé et lui a hurlé : « Madame, lorsqu'on ne connaît pas un dossier, on se tait. Allez vous occuper de cet enfant et ne revenez que si tout va pour le mieux. » Après de longues minutes, interminables minutes, elle est réapparue tenant dans ses bras mon bébé, le gynécologue lui a demandé : « Est-ce que tout va bien ? » Elle a répondu : « Oui, Monsieur ». Il m'a regardée, m'a souri et m'a dit : « Tout va bien, vous pouvez le regarder. » J'ai tourné la tête, les yeux remplis de larmes et j'ai rencontré mon bébé, ce petit être pour lequel je m'étais tant battue, celui qui a fait de moi une guerrière. J'ai immédiatement pensé à ma merveilleuse petite fille qui est alors devenue une grande sœur, elle qui a été ma force pendant tout ce combat. Je me suis accrochée à elle et si j'ai tenu debout, c'est grâce à elle et c'est pour elle. Je voulais qu'elle soit fière de moi, je voulais lui montrer que peu importe les obstacles, il ne faut jamais abandonner, qu'il faut croire en ses rêves et les vivre jusqu'au bout.

Aujourd'hui, je sais que j'ai transmis ma translocation à mon fils ; je ne le sais toujours pas pour ma fille, car cela nécessite un caryotype et, même si elle a 22 ans, elle le fera lorsqu'elle voudra être maman. Mes enfants savent, je leur ai tout raconté. C'est difficile pour moi de vivre avec la culpabilité de la transmission, mais lorsque je les regarde, je sais que j'ai fait le bon choix.

Mon fils est un battant, il est doué et fort. Il est déterminé et ne lâche rien.

Les années qui ont suivi, nous nous sommes construits et nous avons appris à vivre ensemble. Tout aurait pu être merveilleux si je n'avais pas encore dû subir de nouvelles épreuves.

Le lupus ne m'autorise la prise d'aucun moyen de contraception.

Très rapidement et par accident, je tombe enceinte. Impensable, inimaginable et pourtant bien réel. Consciente des risques, j'ai dû accepter l'inacceptable. Je n'avais pas le droit de faire cela à mes enfants, je devais être en bonne santé pour eux. J'ai alors subi un avortement médicamenteux. Cela vous est proposé et expliqué comme plus facile, moins chirurgical... Mais on ne parle pas de la charge émotionnelle, de la solitude, de la violence d'un tel acte. Vous vous retrouvez face à un gobelet et à un premier médicament qui, vous le savez, va faire arrêter le cœur du petit être qui pousse en vous, puis un deuxième pour l'expulsion.

Comment avoir le courage ? Comment trouver la force ? Comment accepter, moi qui ai tout fait pour faire vivre et donner la vie... Je ne me souviens plus comment j'ai trouvé cette force en moi, cependant je me souviens très bien de l'atrocité de ce qui a suivi jusqu'à l'expulsion chez moi... Je n'oublierai jamais le bruit, le sang, l'odeur, la sensation d'être vidée de toute vie, cette immense tristesse, ce profond désarroi... Mais il faut vivre, plus forte encore...

Je suis alors mise sous pilule microdosée pour ne pas prendre le risque d'aggraver la maladie, vous savez cette fameuse balance bénéfices/risques. Quelle fumisterie... Je tombe à nouveau enceinte, mais je ne m'en rends pas compte tout de suite, persuadée d'être couverte. Trop tard pour un avortement médicamenteux. Trop brisée pour réfléchir. Trop d'urgence pour pleurer. Trop de réalité pour s'écouter. Agir au plus vite, pour ne plus avoir mal, plus se dégoûter, s'écœurer, se détester, avoir ce sentiment de n'être qu'un corps abject...

Je me retrouve à l'hôpital face à une médecin et à son élève, il faut dater la grossesse, entrer dans ce processus de certitude, celui par lequel on va bien vous rappeler ce que vous allez devoir faire et subir, celui par lequel on vous fait bien culpabiliser et on vous anéantit encore un peu plus…

Cette médecin a mon dossier sous les yeux, je lui explique mon parcours, la maladie, les décisions des professeurs, les fausses couches avec à chaque fois l'absence de battement de cœur à l'échographie. Elle m'installe sur la table, commence l'échographie sous les yeux attentifs de son élève. Et moi, je tente de me mettre dans ma bulle pour que ce moment s'estompe, pour qu'il n'existe pas, mais c'est sans compter l'horrible cruauté et l'absence de discernement de cette médecin. Elle a outrepassé ses droits, elle a oublié tout ce qu'elle a dû apprendre sur la psychologie, elle a fait passer ses propres convictions avant le serment d'Hippocrate, elle est allée trop loin, elle a touché l'insoutenable.

Elle a augmenté le volume du son. Elle m'a regardée pleurer. Elle m'a dit avec mépris : « Eh bien, vous voyez, là, il y avait un cœur. » J'ai cru mourir sur place, elle m'a arraché tout le peu de respect que j'avais pour moi-même, elle m'a déchirée, elle m'a anéantie à jamais. Je n'ai pas eu la force de lui sauter dessus ou plutôt j'ai eu la présence d'esprit d'être plus intelligente qu'elle et, avec le peu de force qu'il me restait, je me suis tournée vers l'étudiant, il avait les larmes aux yeux, certainement beaucoup plus humain, je lui ai dit : « Vous voyez ce qui vient de se passer, retenez-le bien au plus profond de vous, et si vous voulez être un bon médecin, ne faites jamais revivre cela à aucune femme… N'oubliez jamais ce que je viens de subir et à quel point je vais être détruite. » Je me suis levée, rhabillée et je suis sortie avec ce sentiment de culpabilité et d'humiliation.

Comment vivre après cela ? Comment trouver la force chaque jour ? Comment transformer l'horreur en bonheur ? Comment se battre avec courage ? Ces épreuves sont mon histoire. Elles m'ont construite, mais elles font partie de mon passé.

Aujourd'hui je vis avec mon lupus. Il fait partie de moi. Il fait ce que je suis aujourd'hui. Il est mon combat et peut être aussi ma force chaque jour.

Je suis certes terrifiée, mais je suis surtout bien plus consciente de la chance que j'ai, de chaque jour passé en douceur, de chaque sourire, de chaque moment précieux, de chaque instant de bonheur, de l'amour que l'on me porte et de tout l'amour que j'ai dans mon cœur. J'aime la vie, cette vie si précieuse.

Ce lupus, je le vis, mais je le *f*ck* aussi.

Excessive, hypersensible, ultra-positive, guerrière, parfois incomprise, décalée, légère, au cœur énorme.

Vivez, vibrez ! Moi, ces ailes de papillon, j'ai bien envie de les brûler !

Elsa, 31 ans

Responsable de bar
Covid long, Maladie de Lyme, SAMA et SED
Instagram : @ailes_a

Je suis Elsa, j'ai 31 ans, et aujourd'hui je porte toujours le même prénom, mais la personne que j'étais n'est plus présente depuis maintenant deux ans et je vais vous expliquer pourquoi.

La vie que j'avais était remplie de bonheur, en couple depuis six ans avec un homme merveilleux, une situation de vie stable, entourée d'amis, aimant tant d'activités comme la danse, chanter, les randonnées, les voyages, cuisiner, la création : enfin, une vie épanouie.

Je ne vais pas vous cacher que j'étais tout de même quelqu'un de « fragile » car durant des années mon corps me faisait parfois des siennes : des entorses le matin dès le réveil ayant besoin de déverrouillage, des rhinites fréquentes, des abcès... Mais j'avais décidé de ne pas y prêter attention plus que ça, jusqu'au jour où...

Le 13 janvier 2020, l'enfer est venu toquer à ma porte et ne m'a jamais quittée.

Ce jour-là, je me suis levée avec une petite forme, un épuisement assez prononcé, une sorte de rhume, mais rien d'alarmant. Nous allions nous promener avec mon conjoint, et d'un coup j'étais essoufflée avec tachycardie, trouble de l'élocution et de la vision. Je ne panique pas sur le moment et dis à mon conjoint que ce n'est rien, je suis juste plus fatiguée que d'habitude. Nous rentrons chez nous et me voilà de nouveau dans le même scenario.

Le lendemain, je décide d'aller consulter un médecin, celui-ci pense à un AVC (Accident cérébrovasculaire), le scanner n'en montre pas les signes. Je me dis que c'est un gros coup de pompe, voire un gros rhume car je commence à avoir un peu de fièvre et des douleurs musculaires.

Plus tard, les douleurs musculaires, surtout au niveau de la nuque, se sont amplifiées. Je consulte une ostéopathe, mais cela ne m'a pas soulagée et je commence à avoir d'autres symptômes qui arrivent, comme une sorte de dermographisme, de l'urticaire, l'impression de ne pas avoir le goût comme d'habitude et mal au ventre.

Nous avions un voyage de prévu et nous décidons d'y aller quand même car j'étais certaine que ça allait passer, que le soleil et la chaleur me feraient le plus grand bien. À l'arrivée, des migraines s'installent, des diarrhées sanglantes, la vision toujours altérée et, le plus impressionnant: les jambes marbrées comme si le sang ne circulait pas. Je passe un scanner abdomino-pelvien et on y retrouve un épanchement péritonéal. La médecin me suggère de prendre rendez-vous avec un gastro-entérologue à mon retour.

Mon conjoint tombe également malade, avec 41 °C de fièvre. La médecin lui annonce qu'il a une grippe atypique. Le voilà cloué au lit avec une fatigue intense. Au bout de quelques jours, il va mieux, mais, pour ma part, je commence à avoir des tremblements, des gonflements du visage, quelques difficultés pour m'alimenter, des problèmes de thermorégulation, et toujours du mal à respirer. Le voyage ne m'aura pas remise sur pied.

Je passe une coloscopie, mais le gastro-entérologue me dit ne rien voir, qu'il faudrait que je voie un psychiatre. Quelques jours plus tard, celui-ci me rappelle en me disant qu'il y avait quelque chose d'anormal sur la biopsie, mais ne savait pas vraiment interpréter les résultats.

À partir de là, j'ai dû consulter divers spécialistes, et personne ne sait expliquer ce qu'il m'arrive.

Plus le temps avance, plus mon état se dégrade, avec des douleurs de plus en plus intenses dans le corps. Parfois, je tombais à terre car mes jambes ne me répondaient plus. C'est comme si mon cerveau n'indiquait plus les bons mouvements à faire à mon propre corps.

Je finis par être hospitalisée en médecine interne et explique depuis quand tout a commencé. Le lendemain : prise de sang, visite chez un ophtalmologue, ponction lombaire, visite d'une psychiatre, etc. Verdict ? Troubles psychosomatiques au bout de 72 heures d'hospitalisation. Sans même avoir tous les résultats d'examens.

À cet instant précis, mon monde s'effondrait. Les jours passaient et les symptômes étaient omniprésents avec en plus de grandes difficultés à me concentrer, des brouillards cérébraux intenses, le corps qui gonfle de partout, des vomissements réguliers, la peau qui s'arrache… Je tentais de voir d'autres spécialistes, mais avec mon dossier médical, cela bloquait constamment car ils se tournaient vers cette médecin interne et le diagnostic: c'est psychosomatique.

Mon conjoint ne cessait d'échanger des mails avec cette médecin, mais la réponse était sans cesse: « Il lui faut une prise en charge psychiatrique. »

Un matin, n'en pouvant plus de ma vie actuelle, n'étant pas prise au sérieux et mon corps étant si douloureux, le drame se passa et je fis une tentative de suicide qui, heureusement, ne m'aura pas menée à mon but.

Je n'avais donc d'autre choix que d'aller en clinique psychiatrique. Les dires de la médecin étaient que si je passais par là, elle continuerait à investiguer et, bien évidemment, il n'en était rien. J'y suis entrée fin juin cette année-là. Durant ce séjour, je souffrais atrocement et mentalement. J'étais anéantie. On me traitait à base de neuroleptiques et d'antidépresseurs… Le psychiatre me faisait vivre un calvaire, me disait que je devais me bouger et faire du sport en exprimant clairement que je ne faisais que me plaindre et répéter sans arrêt les mêmes choses… Oui, car mes maux étaient bien réels et, de plus, apparents sur mon corps. Tous les jours, je disais à mon conjoint que je mourrais, je peinais à parler, des bleus apparaissaient partout sur moi et je voulais que l'on abrège mes souffrances en me faisant euthanasier, je le suppliais.

Il a pris rendez-vous avec un autre médecin interne. Nous y allons, mais cette fois sans dossier, il me prescrit une scintigraphie et des résultats d'inflammations ressortent au niveau des muscles, ainsi que de l'œdèmes intra-osseux bilatéral au niveau des tibias. Mais il abandonne, car il s'était mis en relation avec l'autre médecin interne, donc c'était encore à elle de gérer « mon cas ».

Et bien évidemment, elle ne gérait rien du tout. Je lui réclamais des examens, une réhospitalisation, mais je n'ai rien eu de tout ça. Avec le psychiatre, ils ne jugeaient pas tout cela nécessaire et que je pouvais rester chez moi. Mais mon état ne faisait qu'empirer.

Finalement, j'ai réussi à obtenir un rendez-vous en suppliant pour passer une IRM des muscles, il en ressort une amyotrophie de certains muscles de la jambe. Et, encore une fois, même avec des résultats, cette médecin ne s'investissait absolument pas. J'étais donc vraiment bloquée, je disais à mon conjoint que ce n'était plus possible, je ne pouvais plus vivre avec des douleurs pareilles…

Durant mon séjour en psychiatrie, je n'ai cessé de chercher ce que je pouvais avoir et je suis tombée sur une maladie : le syndrome d'Ehlers-Danlos (SED) qui colle bien avec toutes mes douleurs et manifestations, plus ou moins récentes. Je constate également que l'on associe souvent au SED le syndrome d'activation mastocytaire (SAMA), dont les symptômes collent bien aux six derniers mois de ma vie et de ma santé. Mon conjoint envoie donc un mail à la médecin, mais elle lui répond que je n'en ai pas le tableau clinique… alors que tout colle. Et surtout, je remarque que ce SAMA a augmenté au niveau de la population depuis le Covid. J'en discute avec mon conjoint et lui dis que je suis certaine que nous avons eu tous les deux le Covid en janvier 2020.

Je suis toujours en psychiatrie, espérant chaque matin ne plus être de ce monde, j'ai de plus en plus de mal à m'exprimer, les douleurs sont atroces. Nous sommes fin août et mon conjoint m'annonce avoir trouvé une nouvelle médecin plus à l'écoute. Je réponds que non, je n'ai plus envie de me battre. Pourtant, elle ne prend pas de nouveaux patients, mais mon cas l'a alertée, donc j'accepte de la voir.

Je sors enfin de la psychiatrie et vais à la rencontre de cette femme. Je lui donne mon dossier médical, elle exprime qu'il y a des anomalies avec un déficit immunitaire primaire qu'il faut combler, une ponction lombaire inflammatoire, ce qui n'est pas normal, et un problème au niveau intestinal. Je crois que ce jour-là, je m'en souviendrai toute ma vie, elle était devenue mon ange gardien. Elle m'a gardée plus de deux heures afin de m'examiner, et de me questionner de mon enfance à aujourd'hui.

À l'issue d'une prise de sang, on m'annonce un scorbut (une carence extrême en vitamine C): cela intensifie des douleurs, provoque des bleus et finit par attaquer le cœur. Je vivais un enfer.

Elle finira par approuver que j'ai bien le tableau clinique du SED et du SAMA et, quelques mois plus tard, j'en ai eu confirmation par le diagnostic posé à Paris.

Je perds beaucoup de poids à ce moment-là. L'alimentation parentérale est mise en place avec des vitamines et des perfusions d'immunoglobulines.

Durant trois mois, je sens un mieux-être mais toujours des problèmes avec ce SAMA. Je mène donc beaucoup de recherches et me rends compte que mon appartement est rempli de moisissure, ce qui l'intensifie, et malheureusement on n'en parle pas assez…

En janvier 2021, je fais malheureusement une thrombose au niveau de mon *PICC line* (cathéter veineux central) et me revoilà dans une énième descente en enfer. Mon état se détériore, je n'arrive toujours pas à m'alimenter, j'ai des réactions de plus en plus sévères, à la nourriture, à l'eau, aux parfums, à la pollution… avec des neuro-inflammations très puissantes. Je continue de chercher, sans cesse, avec l'aide de ma nouvelle médecin… Les symptômes sont devenus invivables. La piste du Covid long est validée, mais quelque chose d'autre allait s'ajouter.

Après avoir déjà fait deux fois la prise de sang pour Lyme, celles-ci étaient revenues négatives les mois précédents, mais la dernière revient positive.

En somme, mon Covid long a réveillé une maladie de Lyme dormante. Mon corps est donc en inflammation constante, essayant de combattre toutes ces infections en même temps et, avec un déficit immunitaire, c'est trop pour lui. D'où mon SAMA qui explose !

À ce moment-là, rien n'est vraiment proposé pour me soulager. Mon corps ne fonctionnait plus correctement, au point que mon conjoint a créé une cagnotte pour que je puisse être traitée ailleurs qu'en France contre la maladie de Lyme, afin d'abaisser la charge d'infection. Un bel élan de solidarité s'est installé sur les réseaux sociaux et dans la ville où j'étais. J'ai pu partir en Allemagne grâce à tout cela durant plus de huit semaines. Une fois traitée comme je le devais, j'ai pu retrouver une partie de ma mobilité et une meilleure élocution. Merci encore à tous ceux qui y ont contribué.

À mon retour en France, malheureusement mon SAMA était toujours omniprésent ainsi que certaines de mes douleurs. Apparemment, le Covid long est une vraie maladie chronique qui affecte le système nerveux central. Pas de solution miracle… D'autres pays proposent des prises en charge plurimédicales, mais cela a un coût et je ne trouve pas ça normal que l'on soit obligé de partir aux quatre coins du monde pour être pris en considération, soigné et au final : *vivre*.

Aujourd'hui, je suis épuisée de me battre constamment car mon corps est anéanti. Je suis bloquée dans une sorte d'isolement, le mental essaie de tenir mais parfois flanche complètement car la vie me manque. Ma vie me manque. Aujourd'hui, je ne vis plus, je ne fais que survivre…

J'ai une médecin interne qui fait tout son possible pour me tenir « en vie », si je puis dire. Mon souhait est que tout cela cesse définitivement car vivre dans la douleur, perdre le côté social, financier, ce n'est pas viable.

Si je devais finir sur quelques mots, ce serait de se faire confiance. Notre corps, il n'y a que nous qui le connaissons. Il ne faut jamais abandonner si nous avons la certitude que quelque chose ne tourne pas rond. Il ne faut pas non plus hésiter à dénoncer la maltraitance médicale, car même avec des diagnostics posés, parfois la maltraitance continue. Pour finir, chaque personne est différente et vit les choses différemment. La solidarité et l'amour existent, même quand on est au plus bas.

Julie, 32 ans

Autoentrepreneure
Intoxication aux ciprofloxacine et fluoroquinolones
Instagram : @juliewithjoy

Marseille, 2008. Je prends une courte pause après quinze minutes de séance sur mon vélo elliptique. Mais au moment de me relever pour continuer ma séance de sport, je ne peux plus bouger mes jambes. Paralysie musculaire. Mes jambes sont comme de plomb, pesant aussi lourd qu'une masse morte, mes muscles complètement crispés et tétanisés.

Ma santé commence alors à se dégrader petit à petit. À ces épisodes de paralysie musculaire s'ajoutent une multitude de problèmes de santé qui s'amassent et commencent à faire boule de neige, sans que ni moi ni les médecins ne leur prêtions véritablement attention. Infections urinaires tous les mois, suivies de l'immanquable antibiothérapie, vision qui commence à se troubler, bruxisme la nuit, diarrhées quotidiennes à ne plus pouvoir sortir de chez moi et ne plus pouvoir manger grand-chose, crampes musculaires, brûlures sous la plante des pieds, pieds glacés, rythme cardiaque trop élevé…

Les années passent.

« Qu'est-ce que vous faites comme études ? me demandent les médecins.

– Classe préparatoire, je leur réponds.

– Ah bah oui, ne cherchez pas. C'est le stress. Ce n'est rien du tout. Rentrez chez vous, déstressez et ça ira mieux. »

Après une dizaine de consultations et toujours la même réponse, un sentiment de colère commence à remplacer mon désarroi. Et voilà que mon médecin me prescrit du Xanax®, pour calmer mes humeurs trop agressives. Du Xanax®. À une jeune fille de 19 ans.

Lors d'un voyage à Barcelone avec ma classe prépa, je laisse mes camarades continuer leur visite de la ville et, épuisée avec les jambes en feu, je m'allonge sur un ponton pour récupérer quelques minutes. Le Xanax® agit et je m'endors en plein soleil pendant trois heures. J'en ressors brûlée au premier degré. Ce soir-là, je jette le Xanax® à la poubelle.

Les médecins ne m'aident toujours pas.

En 2015, soit sept ans après ma première crise de paralysie, je fais une infection urinaire. Le médecin me prescrit le même antibiotique qu'en 2008. C'est alors que deux semaines après le traitement, ma paralysie musculaire aux jambes devient permanente.

Je suis alors âgée de 25 ans et je suis en fauteuil roulant. Incapable de marcher plus de quelques mètres sans m'effondrer.

Après deux semaines passées à l'hôpital et une batterie de tests médicaux, les médecins me disent: «C'est dans votre tête. Rentrez chez vous et allez voir un kiné pour faire bouger vos jambes.»

Aucun membre du corps médical ne fait le lien entre ma prise d'antibiotiques et ma paralysie musculaire.

Deux ans plus tard, mon état ne s'améliore toujours pas. Je décide de continuer ma bataille pour recevoir un diagnostic et consulte un docteur spécialisé en fatigue chronique à Bruxelles. Enfin, le diagnostic tombe: c'est la maladie de Lyme, sous sa forme chronique.

À l'annonce d'un diagnostic, certaines personnes s'effondrent sous ce choc qui vient chambouler leur vie. Mais moi… je crie victoire. *Enfin* un diagnostic. *Enfin* la preuve que ce n'est pas dans ma tête et que je ne suis pas folle. Certains membres de ma famille et certains proches croient enfin à mon calvaire.

Parce que si un médecin le dit, c'est que ça doit être vrai, n'est-ce pas?

Je commence alors une longue antibiothérapie de dix-huit mois. Seulement, au bout de trois semaines, mon état se dégrade à vitesse grand V. Je ne tiens plus du tout sur mes jambes, je m'évanouis souvent, je ne supporte plus aucune stimulation visuelle ou sonore. Je n'arrive même pas à soulever un verre d'eau. Je passe en mode survie, et ouvrir les yeux chaque matin est une victoire.

Je passe les six mois suivants chez mes parents, avec mon père retraité qui prend soin de moi. Je lui demande de me couper les cheveux court parce qu'ils pèsent trop lourd sur ma tête. Je ne me douche qu'une fois par mois sur une chaise médicale adaptée. Après chaque douche, j'ai besoin de trois heures de repos pour m'en remettre. Je ne peux sortir que par tranche de dix minutes, dans ma chaise roulante. En six mois, je ne vois personne d'autre que mes parents et mon petit ami. Le reste nécessite une énergie que je n'ai pas. Je suis en lutte constante pour survivre.

Au bout de trois mois de traitement, le 5 janvier 2018, c'est le jour de mon rendez-vous de suivi avec mon médecin bruxellois. Je l'appelle sur son téléphone. Il me reproche de ne pas être là physiquement dans son cabinet. Je lui explique que je suis alitée toute la journée et que mon état s'est fortement dégradé. Il ne répond pas à mes questions et me dit simplement que je recevrai une nouvelle liste de médicaments à prendre. Il raccroche.

Je regarde mon téléphone et la durée de l'appel : 4 minutes et 12 secondes.

Et là… c'est la goutte d'eau. Ces 4 minutes et 12 secondes viennent faire déborder un vase déjà bien trop plein. Le fracas est assourdissant. Ce 5 janvier 2018, je prends une décision qui va changer ma vie.

Je décide que je vais guérir seule. Que ma santé et mon avenir sont entre mes mains à moi, et ne dépendent de personne d'autre. Ce jour-là, je passe du statut de victime à celui de femme forte et indépendante.

Avec ma capacité cognitive limitée, je me plonge dans les livres et les revues scientifiques pour essayer de mieux comprendre mon corps. Je découvre des médecins qui m'apprennent à comprendre les signaux de mon organisme et la façon d'activer la guérison en moi.

Les mois passent et je change radicalement mon hygiène de vie. J'achète des produits cosmétiques sains et non chimiques, je mange bio, plein de légumes et de fruits, je me fais des jus de feuilles vertes, je consomme des plantes médicinales, j'assiste mon corps dans son processus de nettoyage et de détoxification en faisant des cataplasmes d'huile de ricin, en brossant ma peau pour activer mon système lymphatique stagnant, en m'exposant à la lumière réparatrice du soleil, en pratiquant des irrigations du côlon, en tentant le jeûne et le repos total, en explorant la méditation et la cohérence cardiaque, en m'imaginant guérie tous les jours…

Au bout d'un an, je remonte la pente doucement.

Au bout de deux ans, je marche à nouveau et je vends ma chaise roulante.

Ce ne sera qu'en 2020, après des années passées dans une douleur et une incompréhension extrême, à lutter pour ma vie, que l'on m'offre enfin un diagnostic plausible : j'ai été intoxiquée à la ciprofloxacine, un antibiotique appartenant à la classe des fluoroquinolones et jugé dangereux par l'Agence américaine des produits alimentaires et médicamenteux (FDA).

Les antibiotiques de la famille des fluoroquinolones peuvent causer des effets secondaires graves et potentiellement permanents au niveau des tendons, des muscles, des articulations, des nerfs et du système nerveux. La ciprofloxacine comporte aujourd'hui un libellé avertissant des dangers irréversibles qu'elle peut provoquer sur le système neuromusculaire. La FDA demande aujourd'hui aux médecins de ne plus prescrire ce médicament pour des infections communes, en raison des effets secondaires trop sévères qu'il engendre.

Le groupe pharmaceutique Pfizer®, qui produit ce médicament, a perdu des milliards de dollars en dommages et intérêts aux victimes de la ciprofloxacine lors d'actions de recours menées aux États-Unis, déjà en 2008.

Aucun avocat n'a souhaité m'aider dans mon combat et je n'ai rien reçu de Pfizer®. Mais en dépit de tout ça, aujourd'hui, je vais mieux.

J'ai transformé ma frustration et ma colère en une force inébranlable qui me pousse vers l'avant. J'ai développé une application mobile, enVol®, qui aide à éveiller les pouvoirs de guérison de son corps et à retrouver un état de pleine santé. J'ai utilisé l'application sur moi-même et j'ai réussi à retrouver 80 % de ma santé.

Cette expérience m'a appris que notre corps dispose de ressources incroyables. Le corps médical ne m'a peut-être pas aidée, mais ce n'est pas pour autant que j'allais rester une victime. Je suis bien plus que cela. Je reçois aujourd'hui chaque jour qui passe comme un cadeau.

Notre corps recèle des pouvoirs de guérison inimaginables. Croyez en vous et fiez-vous à votre intuition… vous méritez une santé incroyable !

Ambre, 39 ans

Architecte d'intérieur et autoentrepreneure
Fibromyalgie et fatigue chronique
Instagram : @homesweetambre

Si l'on m'avait dit un jour que j'aurais un point commun avec Lady Gaga et Morgan Freeman, j'aurais espéré qu'il s'agisse de talent, de notoriété ou de compte en banque ! Raté, on parle ici de ce dont ils se seraient bien passés eux aussi : la fibromyalgie.

La maladie s'est installée progressivement dès 2012, sans aucune raison particulière. Le tout saupoudré d'une fatigue extrême, donnant à mon corps un air de grabataire. Au départ, j'ai minimisé mes souffrances en restant muette face à certains symptômes, prétendant que ce n'était « rien ». Puis, les douleurs devenant de plus en plus constantes, j'ai fini par écouter ce corps qui criait. J'ai alors essuyé un défilé de diagnostics erronés : une tendinite, de l'apnée du sommeil, les cervicales, un burn-out. Une dépression peut-être ?

À partir de janvier 2019, conjointement à des nuits sans sommeil, ma santé s'est dégradée à une vitesse fulgurante, m'offrant son lot de nouveaux symptômes et me conduisant à éprouver durant deux mois et demi des douleurs continues évaluées à 10/10. Le moment où tout bascule, c'est lorsque l'on passe de « J'ai tellement mal, je crois que je vais mourir » à « Je veux mourir pour que cela cesse »... Cette dernière phrase, pensée et ressentie au plus profond de mon être, a ébranlé à tout jamais la croqueuse de vie que je suis. En arriver à une telle conclusion en dit long sur l'intensité de ce que j'ai vécu.

En juillet 2019, suite à ce qui a été ma plus grosse « crise », j'ai atterri dans un centre de la douleur où l'on m'a fait « encore » de nombreux examens. Et puis, enfin, ce mot sur mes maux, jeté par téléphone...

Il y a d'abord eu un moment de soulagement, parce que j'avais enfin un terme à mettre sur le calvaire que je vivais depuis toutes ces années. Ensuite, j'ai compris que toute cette souffrance ne serait jamais derrière moi, mais toujours là, avec moi. Puisque désormais, c'était le mot « incurable » qui occupait le devant de la scène.

« La fibromyalgie ne vous tuera pas, mais vous l'emporterez dans votre tombe », m'a dit le docteur.

Alors je me suis tenue là, pleine de questions devant un monde hospitalier sans réponses. Les protocoles médicamenteux n'ayant pas d'impact sur mes douleurs, le glas a sonné : « Nous ne pouvons rien pour vous. » J'étais seule.

Les mois ont passé et je ne me suis pas totalement relevée de cette dernière crise, qui m'a diminuée physiquement, intellectuellement et émotionnellement. Toutes ces choses que j'aimais et faisais en les tenant pour acquises sont devenues de véritables tours de force. La maladie empiète sur toutes les facettes de notre existence et nous prive de tout : de sommeil, d'activités, de passions, de moments agréables entre ami.es ou en famille, de notre image soignée, de vie professionnelle... Et puisque l'on ne peut pas les mener à bien, nos projets s'écroulent. La vie, celle que l'on aimait tant, passe en nous donnant l'impression que nous n'en faisons plus tout à fait partie.

Quand je songe à celle que j'étais avant la maladie, j'ai l'impression d'évoquer le souvenir d'une personne disparue. Et c'est bien de deuil dont il est question. Il s'agit de mourir à soi-même pour enfin revivre.

Cette lutte contre la douleur a malgré tout enrichi mon existence. En étant actrice de ma santé, je me suis intéressée à des disciplines et remèdes vers lesquels je ne me serais probablement jamais tournée : le yoga, la marche nordique, la méditation, les techniques de développement personnel, la phytothérapie, la réflexologie, la cohérence cardiaque et les bains au sel d'Epsom... Ce sont les meilleurs alliés que j'ai trouvés jusqu'ici pour rendre mes douleurs « supportables ». Je me suis aussi focalisée sur mes passions plus que sur la maladie. Ma chaîne YouTube, *Home sweet Ambre*, tout comme mon blog du même nom, m'ont apporté une aide formidable en m'offrant cette liberté créative dont j'avais probablement besoin. Le soutien indéfectible de mon mari et l'accueil dans notre foyer de notre adorable chien Pep's se sont avérés indispensables à mon bien-être.

Peu à peu, je gagne du terrain sur la fibromyalgie et reprends ce qu'elle m'a dérobé.

Tout ceci m'a beaucoup appris sur moi, mes limites et les autres. Je me suis révélée plus forte et combative que je ne l'avais supposé. Et c'est avec plus d'ouverture et de compréhension que mon regard se pose désormais sur le monde.

Certains éléments ou situations du quotidien revêtent à présent bien moins d'importance à mes yeux. Mais mon temps, celui où je vais bien, est devenu précieux. Je n'en partage aujourd'hui le caractère éphémère qu'avec ceux que j'aime. La fibromyalgie a déclenché ce « saut » en avant intérieur qui me donne souvent l'impression d'avoir « changé de personnalité », mais qui m'a aussi permis d'être plus heureuse. En me forçant à vivre au jour le jour, j'ai appris à goûter la saveur de « l'instant ».

C'est aussi grâce à cette maladie que j'ai cessé de vouloir « devenir » pour enfin « être ».

Stella, 30 ans

Conseillère en naturopathie
Infection généralisée
Instagram: @stella.natureandyou

À 17 ans, j'ai dû subir une intervention chirurgicale de la colonne vertébrale. Une opération de plus de treize heures qui devait mettre fin à plusieurs années de souffrances liées à une scoliose sévère.

Des mois de rééducation, des centaines de séances de kiné: une suite d'opération qui semblait plutôt normale.

Petit à petit pourtant, divers symptômes apparaissent. D'abord, une fatigue qui devient chronique et m'empêche alors d'avoir une vie «normale». Je sens mon corps s'affaiblir de plus en plus, la fatigue que je connaissais avant devient un épuisement total et constant. C'est ensuite au tour de mon système immunitaire de flancher, j'attrape tout ce qui traîne: grippe, angine, pneumopathie... et cela semble sans fin.

C'est là qu'une longue série de bilans commence. Les prises de sang et analyses ne sont ni bonnes ni mauvaises, elles ne mettent pas en évidence de problèmes particuliers. Pour la première fois, on me parle de stress. Mon médecin traitant de l'époque me conseille de l'éviter, me dit que cela peut avoir des conséquences négatives sur mon organisme.

Mais pendant cinq ans, les choses ne font qu'empirer. Durant cette période, je rencontre des dizaines de médecins qui ne savent que me proposer encore et toujours les mêmes solutions, sans chercher à connaître la cause réelle de mon mal-être. Je ne me suis jamais, au cours de ces cinq années, sentie réellement entendue et écoutée.

J'alterne donc les visites dans les hôpitaux, les cliniques et les centres d'examen. Je passe des radios, des IRM, des scanners un peu partout en France afin d'essayer de trouver une réponse.

Mon état s'aggrave, je fais des malaises, j'enchaîne arrêt maladie sur arrêt maladie, car il m'est impossible de tenir debout toute une journée. Mon teint passe du blanc au jaune, je perds mes cheveux, mon appétit disparaît petit à petit, je perds du poids et je commence à perdre confiance en moi. Je ne suis plus cette jeune fille pétillante et heureuse. Ma vie de jeune adulte devient un véritable cauchemar.

Au bout d'un moment, mon médecin traitant, ne trouvant pas d'autres explications à mon état, me propose des antidépresseurs et m'explique que tous ces symptômes « viennent de mon imagination », qu'« ils sont créés par moi-même ». Entendre cela de la bouche d'une personne qui est censée me connaître depuis que je suis toute petite est un énième coup dur à encaisser.

Suite à un enchaînement d'effets secondaires sans fin, je commence à prendre conscience que toutes ces médications ont un impact nocif sur mon corps et mon esprit. Je me sens à bout, perdue, désespérée et réellement en dépression. Je décide que je dois me tourner vers autre chose pour soulager mes douleurs en attendant d'obtenir un véritable diagnostic. Avec l'aide d'une naturopathe, d'un microkiné et d'un acupuncteur, je me tourne alors vers des solutions naturelles, très complémentaires à la médecine allopathique, pour soulager mes douleurs.

Au bout de ces cinq ans d'acharnement, alors que je sens mon corps s'éteindre à petit feu, je passe l'examen de la dernière chance : une TEP (imagerie médicale à visée diagnostique). Celle-ci révèle alors une infection de grande ampleur : je suis proche de la septicémie.

Je dois de toute urgence subir plusieurs opérations pour une ablation du matériel chirurgical de ma scoliose.

S'ensuivent plusieurs semaines à l'hôpital, des souffrances inimaginables, des soins en hospitalisation à domicile pendant des mois, sans parler des fortes doses d'antibiotiques que je dois prendre en intraveineuse.

Je suis à présent guérie depuis plus de huit ans. Ces années de doutes et de peurs ont remis en question mon avenir professionnel. C'est à la fin de cette longue période que j'ai décidé de quitter mon travail pour devenir conseillère en naturopathie.

Mon entreprise Nature & You® est née afin de proposer des solutions naturelles pour prendre soin des personnes dans leur globalité. Puis, attirée par le bien-être et la cosmétique naturelle, j'ai suivi plusieurs formations à Paris afin de proposer aujourd'hui des ateliers cosmétiques. Aujourd'hui, je suis fondatrice de la marque Stayla France™, des cosmétiques écoresponsables (@stayla.france).

Tout cela est une merveilleuse revanche sur cette lourde période que j'ai vécue de mes 17 à mes 21 ans. Aujourd'hui, je suis plus que fière d'aider, d'écouter et de comprendre mes clients.

Surtout, écoutez votre intuition et battez-vous jusqu'au bout pour vivre, car la vie est courte. Profitez de chaque seconde, de chaque instant ! *Carpe diem* !

Alizée, 32 ans

En reconversion
Cancer du sein à l'âge de 29 ans

Peu avant mes 30 ans, lors d'un rendez-vous de contrôle chez le gynécologue, celui-ci découvre une « boule » dans mon sein gauche. Un mois plus tard, je me retrouve sur une table d'examen pour ma première échographie mammaire. La radiologue ne semble pas être aussi confiante que moi. Il ne s'agit pas d'un kyste. S'ensuivent donc une mammographie et une biopsie. Ce jour-là, j'étais allongée torse nu sur la table d'examen et le radiologue qui réalisait la biopsie entre et me lance : « Oh là ! Vu la taille de vos seins, ils vont tout vous enlever, c'est sûr ! » J'étais tellement choquée et impressionnée par tout ce qu'il m'arrivait en si peu de temps que je n'ai rien pu répondre. Je cherche encore la bienveillance et le professionnalisme de ce médecin.

Puis les résultats tombent, sur les six morceaux de « boule » prélevés, il n'y a qu'un petit millimètre de carcinome. Finalement, après l'angoisse, l'espoir revient, ce n'est sûrement pas si grave, me dis-je.

Je consulte ensuite un chirurgien de ma ville qui me fait à nouveau pratiquer une biopsie ainsi qu'une IRM. Tout cela pour m'entendre dire qu'il serait préférable que je sois suivie dans un institut spécialisé dans la lutte contre le cancer, car je suis trop jeune pour qu'il s'occupe de moi. Deux mois se sont déjà écoulés depuis la découverte de cette « boule » et me voilà en route pour Paris, accompagnée de mon conjoint. Je passe une journée assez éprouvante faite d'une série d'examens complémentaires ; le verdict tombe deux semaines plus tard : on m'enlèvera bien le sein dans sa totalité… J'accuse le coup. Mais qu'est-ce qu'un sein à côté de ma vie ? Rien.

Un mois après, me voilà enfin débarrassée de cette tumeur de près de quatre centimètres. Je suis contente, je me remets plutôt rapidement de mon opération, je revois mon chirurgien en pensant déjà à ma future poitrine. Cependant, dans la salle d'attente, je suis prise de panique. Je me dis que j'ai été beaucoup trop confiante et mes intuitions se révèlent justes : les analyses de la tumeur montrent un cancer infiltrant de grade 3. L'annonce du traitement ne se fait pas attendre : chimiothérapie, radiothérapie et hormonothérapie pendant au moins cinq ans…

Tout s'enchaîne très vite avant ma première chimio (ponction des ovocytes, pose de la chambre implantable, bilan génétique, etc.). Six séances de chimiothérapie et vingt-cinq séances de radiothérapie plus tard, j'ai perdu tous mes cheveux, mes cils, mes sourcils, mon corps est mutilé par les traitements et je pars donc trois semaines en cure thermale, me reposer, me ressourcer, rencontrer des femmes comme moi, glaner des conseils et apprendre à aimer ce corps.

Le parcours que je venais d'emprunter paraissait tellement banal aux yeux des médecins de l'institut que, lorsque j'ai rencontré le médecin de cure et qu'il m'a dit que ce que j'avais vécu avait été très très dur, je me suis effondrée. C'était la première fois que quelqu'un qui n'appartenait pas à mon entourage me le faisait remarquer. J'ai pris du recul sur la situation ; maintenant, j'allais profiter de la vie. Ce cancer est arrivé à un moment de mon existence où je m'étais perdue dans un quotidien oppressant. J'ai donc appris à prendre le temps pour moi, à m'écouter, je me suis retrouvée en m'épanouissant dans des activités dont je n'aurais même pas imaginé aimer les pratiquer. J'ai d'ailleurs découvert le yoga avec Charline, qui m'a aidée à ouvrir les muscles de ma poitrine totalement verrouillés après ma mastectomie. Puis, avec mon conjoint, nous avons accueilli un chien qui m'a souvent incitée à sortir. Depuis, je marche tous les jours. Pendant ces marches quotidiennes, je mets en pratique les exercices de respiration appris pendant les cours de yoga. Des exercices qui sont également efficaces pour atténuer les effets indésirables de l'hormonothérapie. Car ménopausée et privée de toute hormone, il m'a été difficile d'accepter que ma vie de jeune trentenaire se résume à des bouffées de chaleur, des douleurs articulaires, une fatigue chronique, des nausées, des insomnies et j'en passe.

Je me souviens que lors d'une consultation avec mon chirurgien pour planifier ma reconstruction (en plus de la reconstruction, j'ai fait le choix d'enlever mon deuxième sein en raison de mon gène atrophié responsable de cancers féminins), ce dernier m'a demandé si j'avais repris le travail, ce à quoi je lui ai répondu que non, je n'étais pas encore prête à affronter une hiérarchie qui n'avait pas été très compréhensive lorsque je suis partie mener mon combat. Puis il ajoute, en cherchant du gras sur mes cuisses pour réaliser un lipofilling : « Vous courez un peu ? – Oui, cela m'arrive. – Et vous courez sous les fenêtres de votre bureau ?! » Une remarque qui sur le moment se voulait humoristique, mais qui m'a paru vraiment très déplacée par la suite. Surtout quand on sait l'importance de l'activité physique dans la guérison et la rémission d'un cancer…

Actuellement, je suis toujours en phase de reconstruction (tant physique que psychologique). J'ai déjà subi deux interventions chirurgicales et j'attends la dernière avec impatience pour enfin clore ce chapitre de ma vie.

Si je peux donner un conseil aux femmes qui sont dans ma situation, c'est de prendre le temps et du temps pour soi, pour se retrouver, pour se reconstruire psychologiquement et physiquement. Un cancer est un traumatisme qu'il ne faut pas prendre à la légère, il vaut mieux y aller doucement et revenir plus forte.

Guenièvre, 37 ans

Illustratrice
Syndrome de fatigue chronique (SFC)
Instagram : @guenievresuryous

© Laurent Scavone

Les premiers symptômes de la maladie sont apparus en 2010, quelque temps après mon voyage en Australie, où je me suis fait piquer par quelque chose – j'avais des petites plaies sur tout le corps. À l'époque, je n'y ai pas prêté attention plus que ça, parce que j'avais décidé de profiter à fond de cette chance de vivre à l'autre bout du monde. Mais, à partir de ce moment-là, les problèmes de santé ont commencé. J'ai d'ailleurs dû être rapatriée deux mois avant la date initialement prévue de mon retour, suite à une tendinite de Quervain qui est apparue peu après et qui ne me permettait plus de me servir de mon poignet gauche. En rentrant, j'ai fait six mois de rééducation et, bien sûr, je n'étais pas en capacité de travailler.

Peu de temps après, une fatigue chronique a commencé à se manifester progressivement au quotidien, avec notamment des douleurs aux intestins, un transit plus que capricieux et un ventre très enflé (colopathie fonctionnelle), mais aussi une pâleur apparente (en fait, non, on me disait que j'étais jaune). C'est surtout cette sensation de ne jamais être reposée, même après un week-end complet à dormir ou végéter chez moi qui a éveillé mes soupçons, car j'étais plutôt de nature hyperactive. Je me suis dit : « OK, je vais ralentir un peu et faire gaffe à ce que je mange pendant X temps. » Mais quand ce temps se transforme en mois, que tu ne vois pas d'amélioration, mais au contraire une détérioration, tu te poses des questions.

Me lever le matin était devenu très difficile, j'en pleurais presque, mais l'idée d'en parler à un médecin ne m'a pas effleuré l'esprit, de peur certainement que l'on attribue cela à une dépression. Parce que c'est souvent ce diagnostic qui est posé face à cette fatigue qui te bouffe et qui, par conséquent, fait que tu limites tes sorties alors que, dans ta tête, tout va très bien, que c'est juste ton corps qui ne (te) suit plus, qui ne veut plus te porter et tu ne sais pas pourquoi.

Je me souviens même d'un jour où j'ai été en incapacité de marcher correctement après une journée assez erratique, j'avais mal en bas du dos, chaque pas était très douloureux, j'ai dû appeler ma mère pour qu'elle me raccompagne chez moi. C'est à ce moment-là que j'ai décidé de prendre rendez-vous avec un médecin parce que ce « quelque chose » que j'avais toléré en silence était en train de prendre une forme beaucoup plus virulente.

J'ai emménagé à Lille pour commencer mon activité d'illustratrice freelance ce qui m'a permis, dans un premier temps, de dormir davantage le matin et de moduler mon emploi du temps comme je le souhaitais avec des micros-siestes par exemple. Mais la maladie a continué à se développer par crises, notamment sous la forme de troubles cognitifs, d'infections diverses parfois d'ordre gynécologique ou de symptômes grippaux, ce qui affectait particulièrement mon travail au quotidien, mais aussi ma vie de couple. Les troubles cognitifs, qui sont aussi les plus handicapants, se manifestent par un manque de repères dans l'espace, mais aussi dans le temps. Par exemple, même si j'ai mon permis je ne conduis pas, car c'est extrêmement compliqué avec mes difficultés d'orientation. À cela s'ajoutent des problèmes de mémoire, de concentration et parfois de langage. Ne pas être capable d'avoir une « vraie » conversation en temps de crise impacte directement nos relations avec les autres, en plus de nous donner l'impression d'être stupide.

Ce qui me handicape le plus et qui a pu me causer du tort au niveau professionnel, c'est la perte de mémoire et la difficulté à trouver mes mots, ce qui peut parfois aller jusqu'à des problèmes d'élocution. Je privilégie donc au maximum les échanges par mail et limite les rendez-vous lorsque je suis en crise. Je me souviens d'une réflexion glissée au téléphone sur le ton de l'humour – « T'as fait la fête hier soir, toi ? » – parce que je n'arrivais pas à parler correctement et à suivre les échanges… J'étais tout simplement dans le gaz.

Sans le soutien sans faille de ma famille et mon compagnon, cela serait vraiment très difficile. L'entourage joue un rôle primordial, c'est lui qui donne la force de ne pas lâcher ! J'encourage vraiment les proches (et moins proches) à ne pas juger et/ou minimiser les souffrances, mais d'être à l'écoute pour mieux (nous) accompagner.

Mon errance médicale a duré sept ans, de début 2010 à fin 2017, une longue période pendant laquelle je suis allée voir plusieurs médecins (ou spécialistes) pour procéder par élimination, petit à petit : notamment la maladie de Crohn, l'intolérance au gluten, l'insuffisance surrénalienne, ou encore la dépression (oui, on y vient toujours), et trouver ce que j'ai. Un laps de temps rythmé par des analyses, scanners, échographies (abdomino-pelviennes dans mon cas) ou fibroscopie, dans l'espoir de mettre des mots sur ces maux. On en arrive à douter de soi, on a peur que l'on nous prenne pour une menteuse ou une feignasse qui veut enchaîner les arrêts de travail. Honnêtement, je n'ai jamais été maltraitée par le corps médical tout au long de mon parcours, au pire il y a eu une absence de réel diagnostic avec des alternatives de traitement qui ne me correspondaient pas, mais c'est tout.

J'ai bataillé pour voir un spécialiste ! Et qui dit spécialiste dans une maladie complexe dit long dossier à constituer avec tous tes examens pour obtenir un rendez-vous et être sûre du diagnostic. Inutile de dire que j'ai dû trier, ranger, (ré)analyser tout mon parcours médical. Je me souviens qu'après avoir été réorientée vers un spécialiste des maladies auto-immunes à Lille, ce dernier, face à mon cas, et ce, au bout du deuxième rendez-vous, m'a lui-même redirigée vers l'un des principaux spécialistes du syndrome de fatigue chronique (SFC) en France, qui est à Lyon ! Et là, hors de question de se décourager, il a fallu que je reconstitue un long dossier pour la dernière ligne droite !

En 2018, j'ai donc rencontré le professeur actuel qui me suit et qui a enfin pu confirmer le diagnostic de SFC, aussi appelé encéphalomyélite myalgique (EM), me parler plus en détail de la maladie et, surtout, m'apprendre à vivre avec. J'entends par là arrêter d'être dans le déni. Le plus dur est de se dire que tu es bien malade, que cette fatigue chronique ne va pas disparaître, que tu dois vivre avec, que tu le veuilles ou non, car, pour aller mieux, tu n'auras le droit à aucun écart. Le stress et l'alimentation jouent aussi un rôle fondamental dans l'évolution de la maladie.

Même si j'ai peur que cela affecte mon activité en tant qu'indépendante, je commence maintenant à accepter toutes les éventualités si la maladie évolue, quitte à changer de métier pour prendre davantage soin de ma santé. Parfois, certaines choses doivent passer au second plan pour profiter de l'essentiel.

Mon conseil est vraiment de s'écouter. Se faire confiance, se fier à son instinct. Ne laissez personne vous persuader que c'est dans votre tête. Personne ne connait aussi bien votre corps que vous-même. Allez jusqu'au bout de votre démarche, ne lâchez rien! Et surtout, il ne faut pas hésiter à en parler à ses proches pour trouver le soutien nécessaire pour avancer. Ce sont les premiers à nous voir sombrer, mais aussi à nous aider à nous relever.

N'importe quelle maladie est source de souffrance mentale ou physique. En plus d'un traitement adapté, tous les moyens alternatifs pour se soulager sont bons à prendre: yoga, sophrologie, ostéopathie. Mais surtout, il faut prendre le temps de réévaluer ses priorités dans la vie… La maladie permet aussi de relativiser pour se concentrer sur l'essentiel, sur ce qui devrait être la priorité pour tout le monde: son bien-être!

Louise, 34 ans

Business developer
Maladie de Crohn

Par où commencer ? Il n'est pas aisé de répondre à cette question tant le début de cette aventure me paraît lointain...

Tout d'abord, il est important de justifier le choix du terme « aventure »... Oui, je considère que ma vie est une aventure, c'est-à-dire une suite de péripéties et de rebondissements. Vivre avec la maladie de Crohn, c'est exactement ça !

Avec Crohn, votre vie, de son point de départ à sa fin, ressemblera indéniablement à une aventure. On traverse des étapes : on avance, on régresse, on se bat, on perd, on gagne, on est triste, on est heureux, on pleure (beaucoup, souvent), on sourit et on rit, mais dans cette aventure, le fil rouge, c'est l'espoir. L'espoir, on s'y accroche coûte que coûte pour ne pas sombrer. Parce que, soyons honnêtes, avoir la maladie de Crohn, ce n'est pas franchement un cadeau...

Cela remonte presque à ma naissance. Il m'a été relaté par ma maman que, déjà bébé, j'avais très souvent des douleurs au ventre. Je dirais au ventre pour généraliser parce que la maladie de Crohn peut toucher différentes zones comme l'estomac ou l'intestin.

En grandissant, les douleurs ont continué et se sont bien évidemment accentuées. Enfant, on me diagnostiquait des gastro-entérites en pagaille. Il a également été très souvent dit que j'étais sûrement une enfant anxieuse. À l'époque, pas de quoi nous inquiéter. « Ça va passer », répétaient unanimement les médecins, le médecin de famille, SOS Médecins et les médecins des urgences quand les douleurs atteignaient des sommets.

Cette petite phrase, « Ça va passer », est probablement celle que j'ai le plus souvent entendue, avec dans le fond de la voix de chaque médecin beaucoup de dédain et un soupçon d'agacement pour nous signifier que je faisais probablement une montagne d'un petit rien.

Le petit rien a continué d'exister. J'ai passé mon enfance et mon adolescence à faire avec, j'ai appris à souffrir en silence, j'ai appris à oublier ma douleur pour continuer à vivre normalement. Après tout, pour tout le monde, tout était parfaitement normal. Bien évidemment, mes parents étaient toujours extrêmement inquiets de me voir souffrir. Ils ont été durant de nombreuses années impuissants face à ma douleur qui, pour le corps médical, n'avait rien d'alarmant.

Un jour, le petit rien est inévitablement devenu une montagne colossale et bien réelle !

Lorsque j'ai déménagé et pris mon envol pour aller faire mes études à Paris, mes douleurs ont continué de me compliquer la vie. Jeune adulte, je n'avais plus mes parents pour prendre soin de moi et m'aider à oublier que j'avais mal.

Seule dans mon studio, la douleur m'a souvent envahie, jusqu'au jour où elle est devenue un moteur. Cette fois, c'en était trop, il fallait que ça change, je ne voulais plus subir.

Ce fut le début d'un long, très long parcours du combattant. J'ai enchaîné les rendez-vous chez d'innombrables spécialistes et les examens en tous genres. Tout au long de ce parcours, le même regard : celui de médecins prétentieux certains d'avoir la science infuse. Ils avaient raison, j'avais tort. Selon eux, rien ne clochait chez moi. À les écouter, je n'étais plus une enfant anxieuse mais une adulte stressée. À nouveau, on me répétait cette petite phrase devenue insupportable pour moi : « Ça va passer. »

Malheureusement, ça ne passait pas, ça empirait. Ce qui était encore supportable durant l'enfance me clouait au lit des journées entières en tant qu'adulte. Est-ce que vomir de douleur et non d'une gastro était normal ? Non, j'en étais convaincue, il n'y avait rien de normal dans ma situation.

Ma conviction et mon tempérament de battante mon permis de trouver le Saint Graal. Un jour, j'ai eu la chance de rencontrer *le* médecin qui m'a prise au sérieux, celui qui a bien voulu réellement m'écouter, qui a eu la délicatesse de prendre en compte ma phobie médicale, qui a retiré sa blouse blanche, ce symbole médical qui m'avait terrorisée pendant tant d'années.

Avant de me faire passer des batteries de tests, il m'a écoutée, je lui ai raconté ma vie, mon combat quotidien, mon aventure. Et puis, enfin, il a posé un diagnostic : pour ce gastro-entérologue, j'avais la maladie de Crohn. Ce diagnostic a été confirmé par la prise d'un traitement qui a très significativement amélioré mon confort de vie.

Malheureusement, même après avoir mis un nom sur la maladie, ma vie n'est pas devenue plus tranquille pour autant. J'ai dû subir une intervention pour constater l'étendue des dégâts. Seulement, j'ai en horreur les hôpitaux ou les cliniques. Ma crise de panique n'a fait que grandir jusqu'au bloc. Un enchaînement de médecins (anesthésiste, infirmières, chirurgien, etc.) n'a fait que me répéter en boucle : « Vous n'êtes pas une enfant, arrêtez donc de pleurer » ; avant de me dire : « Vous arrêtez ou je vous sors d'ici sans votre intervention. » Résultat ? Ma maladie a gagné du terrain, elle s'est aggravée. J'étais désemparée. La chirurgienne m'a demandé de choisir le traitement que je voulais. Sauf que je ne suis pas médecin. Je ne peux pas savoir ce qui est le mieux.

Aujourd'hui, j'ai 34 ans et cela fait seulement neuf ans que je sais que j'ai la maladie de Crohn.

Ma maladie n'est pas encore curable. Je m'accroche à l'espoir qu'un jour la recherche trouvera non pas un traitement de confort, mais un traitement curatif.

Cette maladie est un handicap quotidien : même avec un traitement, je souffre un peu chaque jour. Il y a des semaines avec et des semaines sans.

Des jours où j'oublie ma maladie et des jours où je sais qu'elle m'accompagnera toute ma vie. Ma famille, mes amis, l'homme que j'aime savent que je suis atteinte de cette maladie, tous essaient de m'aider et s'adaptent tant bien que mal. Grâce à eux, la vie continue, je m'accroche et je continuerai à le faire tout en sachant que j'ai parfois le droit de craquer. Mon aventure est loin d'être terminée, même si je ne sais pas où elle va me mener.

« *J'accepte la grande aventure d'être moi.*

Simone de Beauvoir

Stéphanie, 48 ans

Autrice culinaire
En attente de diagnostic
Instagram : @lacerisesurlemaillot

J'ai toujours été plutôt en bonne santé, un rhume ou une petite gastro de temps en temps, mais rien de méchant. Et puis voilà, il y a bientôt trois ans, j'ai commencé à avoir des « petits soucis » : malaises, sinusites à répétition, carence en potassium inexpliquée, insomnies, infections diverses et variées… Mon généraliste me répondait « fatigue », « stress » et me donnait des vitamines. Il est vrai que ma vie de mère de famille active n'était pas de tout repos et on venait de diagnostiquer à mon mari une maladie nécessitant plusieurs chirurgies et un suivi, donc je ne pouvais pas nier que j'étais stressée.

Il y a un peu plus d'un an, j'ai commencé à avoir des spasmes musculaires dans tout le corps, tous les jours. Ce n'était pas violent (un peu comme la paupière qui saute), mais parfois ça allait jusqu'à faire sauter mon pouce, soulever légèrement mon bras, alors, après quelques semaines, j'ai consulté ma nouvelle généraliste (le précédent ayant pris sa retraite). Elle m'a donné du magnésium et m'a aussi parlé de surmenage, de burn-out, car mes autres symptômes persistaient, et m'a conseillé de consulter un psychiatre.

Cela faisait deux médecins qui posaient ce diagnostic, donc je l'ai admis et j'ai pris rendez-vous chez une psy. Les semaines passant, les symptômes persistant, j'ai de nouveau consulté et, cette fois, elle m'a envoyée voir une neurologue qui m'a reçue « pour me rassurer ». J'ai pris cette phrase comme une gifle. Mes muscles sautaient depuis des mois... pourtant, je m'étais pliée à tous les conseils : je prenais du magnésium, je m'étais mise au yoga, j'avais levé le pied sur mes activités, consulté une psy. Il aura fallu une consultation avec SOS Médecins en raison d'une énième sinusite carabinée un week-end pour que je sois prise enfin au sérieux par un médecin. Commença alors un long parcours entre interniste, neurologue, endocrinologue, ponctué d'examens plus ou moins douloureux (IRM, électromyogrammes, encéphalogramme, prises de sang, etc.). Le problème demeurait une énigme, mais il était enfin considéré, et c'était un vrai soulagement.

Entre-temps, je m'étais mise à la méditation et au sport, toujours dans l'idée d'améliorer mon niveau de stress et ma qualité de vie.

C'est difficile de ne pas savoir ce que l'on a, mais ce qui est encore plus dur, c'est de ne pas être entendue par le corps médical. Entendre un « Vous êtes stressée », plutôt qu'un « Je ne sais pas ce que vous avez, mais je vous crois », ne pas en parler à son entourage pour ne pas passer pour l'hypocondriaque de service – car c'est difficile d'avoir un souci de santé qui ne se voit pas, qui n'a pas de nom, de ne pas avoir de réponse et de les chercher seule sur Internet, où, quel que soit le symptôme, on finit toujours par tomber sur une saleté incurable –, de se voir proposer des somnifères et antidépresseurs comme seule réponse…

Aujourd'hui, je ne sais toujours pas ce que j'ai, je suis toujours sur ce long chemin qui n'aboutira peut-être pas, ou pas tout de suite, mais j'ai appris à accepter et à vivre avec, car j'ai cette chance dans mon malheur d'avoir une pathologie qui me fait peu souffrir physiquement.

J'ajouterais même que cette expérience m'a apporté du positif, car j'ai entrepris tout un travail sur moi que je n'aurais pas fait sans cela : yoga, méditation, sport, meilleure alimentation, psy… Je vais mieux sur beaucoup de plans et, même si mes tracas de santé sont toujours là, j'ai appris à vivre avec et j'ai aussi pris conscience que je faisais un burn-out et que j'avais besoin de prendre soin de moi.

Anne-Sophie, 29 ans

Créatrice et influenceuse *lifestyle*
Syndrome d'Ehlers-Danlos (SED)
Instagram : @annesophiedeckers

© A. Nielsen Photography

Le 20 juin 2017, j'ai subi une grave agression avec un choc violent à la tête. Ce jour a marqué ma descente aux enfers dans la maladie.

J'avais des douleurs pratiquement ingérables, des migraines chroniques accompagnées de crises de vomissements pendant des semaines, des pertes de connaissance liées à la douleur extrême, des troubles cognitifs et de nombreuses crises avec des paralysies. La plupart du temps, il fallait que je sois hospitalisée pour soulager les douleurs et les crises. J'ai fait face à un grand vide médical, car on ne prenait jamais mes douleurs au sérieux, c'était trop, trop symptomatique... Par exemple, si je disais au neurologue que j'avais aussi super mal au dos, il ne voyait pas le rapport et me répondait que ce n'était pas vraiment son problème, que cela ne concernait pas la sphère neurologique. De ce fait, j'avais l'impression que personne ne m'écoutait, car il y avait tout un panel de douleurs différentes. On me conseillait de m'orienter vers un psychologue. C'était de pire en pire, je vivais un calvaire, pas une seconde ne passait sans que je souffre.

Tout au long de mon parcours médical, j'ai été redirigée de gauche à droite, de médecin en médecin, de spécialiste en spécialiste, et ce, pendant des mois et des mois. Un jour, il s'est avéré que j'avais un syndrome d'Ehlers-Danlos (SED), ainsi qu'un syndrome post-traumatique dû à l'agression qui a déclenché le SED – même si une partie de cette maladie est héréditaire, toute la symptomatique s'est développée à partir de ce moment-là. Mon agression est le déclencheur des symptômes, donc de la maladie. Je continue à avoir des crises avec des moments de paralysie, des douleurs intenses, des problèmes de concentration, des douleurs articulaires, des migraines chroniques avec vomissements et maux de ventre, des crampes au niveau des jambes, des membres qui se « déboîtent » avec luxation parfois, des crises de dystonie avec perte de connaissance, etc. Je suis très confuse, quand il s'agit de me concentrer, c'est l'enfer, je ne peux même pas écrire de mail. D'ailleurs, les lignes que vous lisez, c'est Charline qui les a retranscrites par écrit suite à ce que je lui ai dit à l'oral. C'est très dur pour moi d'écrire convenablement, et c'est surtout très frustrant, car je suis limitée dans ma vie personnelle et professionnelle.

Je fais tout pour essayer de trouver un équilibre, pour retrouver ma vie d'avant. J'aimerais que les médecins se remettent aussi parfois en question en ce qui concerne l'errance médicale dans le cas des maladies chroniques. Une sorte d'introspection, en tant que médecin mais aussi en tant qu'humain, qui leur permettrait de se dire : « Il faut trouver, on ne peut pas laisser une patiente errer de médecins en médecins, à nous de chercher les réponses ! » Je crois qu'il faut vraiment tenir compte de ce que les gens disent. S'ils disent qu'ils ont mal, c'est qu'ils ont mal. Ce n'est pas quelque chose de marrant, ni de voulu, que de dire adieu à sa vie d'avant pour vivre dans la douleur au quotidien. Lorsque mes symptômes ont commencé, les médecins les rattachaient toujours à des crises d'angoisse alors qu'ils étaient toujours liés à la douleur. Une douleur bien physique. Avant, je n'étais pas du tout écoutée et c'était vraiment dur à vivre. Aujourd'hui, à force de chercher, le diagnostic est posé et j'ai trouvé une super-équipe qui m'encadre. Tout le monde est bienveillant avec moi, c'est très important.

À présent, je fais tout pour rester positive, quoi qu'il arrive, avec des hauts et des bas. Il faut bien avancer, même si ce n'est pas encore gagné ! J'essaie de continuer de travailler, de faire ce que je peux et de tout simplement donner du sens à ma vie.

Camille, 30 ans

Préparatrice en pharmacie
Sclérose en plaques (SEP)
Instagram : @refletgrenadine

Tout a commencé il y a une dizaine d'années, c'était en 2009. J'ai eu des tremblements de la main gauche, mais sans handicap particulier. Je m'y suis habituée et j'ai vécu avec. Pour moi, c'était devenu normal. Mais en 2016, alors que j'étais en école de pharmacie, j'ai commencé à avoir régulièrement des vertiges, à tel point que je me retenais toujours à mes camarades car je croyais tomber. Un jour, en cours, un tremblement extrême a envahi ma main gauche, il était si fort que je n'ai pas réussi à tenir ma règle pour tracer un trait et celle-ci est tombée par terre.

Là, je me suis dit que j'avais un problème et qu'il fallait que j'aille consulter. J'ai appelé en urgence le neurologue qui me suivait quand j'étais plus jeune (pour un tout autre problème) afin d'avoir un rendez-vous au plus vite, mais malgré ma détresse on ne m'a donné rendez-vous qu'un an plus tard.

Et pourtant, les tremblements étaient là et de plus en plus forts. J'ai décidé de prendre rendez-vous avec un autre neurologue pour avoir un avis médical plus rapidement. J'ai pu obtenir une consultation quelques semaines plus tard.

Mais quelle surprise ce fut ! Un rendez-vous expéditif qui a duré à peine cinq minutes : je lui ai exposé mes symptômes et, sans même me faire passer des examens ou m'examiner, il m'a fait comprendre que ce n'était rien, que c'était dans ma tête.

Dans la lettre adressée à mon médecin traitant, il a d'ailleurs notifié : « Je vous retourne votre patiente Camille qui a des tremblements du membre supérieur gauche (et, semblerait-il, aurait des antécédents de sclérose en plaques chez le grand-père paternel), vous pourrez la mettre sous propranolol... » On m'a renvoyée chez moi avec des bêtabloquants qui diminuent le rythme cardiaque pour essayer de diminuer les tremblements, sans même chercher quoi que ce soit. Je n'oublierai jamais, à la fin de ces cinq minutes d'échange, le « Vous n'oublierez pas de passer par l'accueil, c'est 70 euros. » Je crois que c'était le coup de grâce : on ne m'avait ni écoutée ni entendue, par contre on attendait le chèque de fin de séance.

Les tremblements se sont atténués, puis sont revenus de plus belle. J'ai dû attendre huit mois avant le rendez-vous de l'autre neurologue. Et là, enfin je me suis sentie prise en charge. Il a vu directement que ça n'allait pas, il m'a fait passer des examens dans la semaine : IRM, prise de sang, etc., et on a vu de grosses taches sur les images au niveau du cerveau. Tumeur ? Maladie démyélinisante ? Tout est resté flou pendant plus d'un an, car ces taches n'étaient pas vraiment caractéristiques d'une sclérose en plaques (SEP), elles étaient assez grosses et évasées. Pendant toute cette période, j'allais une à deux fois par semaine dans les hôpitaux passer des examens en tous genres. Entre-temps, j'ai eu une névrite optique rétrobulbaire des deux yeux. Avec tout ça, mon neurologue a demandé l'avis de tous les chercheurs en neurologie de la faculté proche de chez moi. Et malgré cela, je restais un cas spécial car aucun diagnostic n'était posé. Il restait un dernier examen à faire, mais qui était assez dangereux dans le cas où j'aurais souffert d'une tumeur cérébrale, c'est la ponction lombaire. Cette décision a été très compliquée à prendre puisqu'elle impliquait d'accepter de faire cet examen tout en sachant qu'elle pourrait être dramatique si j'avais une tumeur, mais révélatrice s'il s'agissait d'une SEP.

Je voulais un diagnostic, quitte à en subir les conséquences. Ne pas savoir de quoi l'on souffre, ni comment ça va se passer, je crois que c'est ce qu'il y a de pire. Cela faisait un an que je me demandais si mes jours étaient comptés et je voulais être fixée.

Finalement, un mois après la ponction, j'ai enfin appris que je souffrais d'une sclérose en plaques. Le soulagement était énorme, je n'allais pas mourir maintenant.

J'ai récupéré la vue depuis ma névrite, mais, malheureusement, les tremblements ne partiront jamais, car la prise en charge a été trop tardive.

Depuis, avec mon mari, nous avons pris la décision d'acheter une maison de plain-pied, viable et adaptable dans le cas où je devrais finir ma vie en fauteuil roulant ou si, lors d'une poussée de SEP, je devais perdre l'usage de mes jambes pendant quelque temps. Nous devons tout anticiper pour l'avenir qui est incertain.

Je me suis adaptée et je continue de vivre avec ces tremblements. Je trouve beaucoup d'astuces pour me faciliter la vie. Pour le moment, je n'ai pas eu de nouvelle poussée et j'espère que ça continuera comme cela. Quand j'ai eu mon diagnostic, j'ai ouvert un compte Instagram, @scleroseetmoi, qui m'a permis d'aider beaucoup de personnes malades et d'en soutenir d'autres dans leur errance médicale. C'est vraiment une communauté bienveillante, au sein de laquelle nous échangeons régulièrement. Même si aujourd'hui le compte n'est plus alimenté, je laisse les posts et articles sur la maladie et je suis heureuse de pouvoir aider les gens à travers les réseaux sociaux.

J'aurais juste un dernier conseil à donner : vivez sans que la maladie ne vous arrête, gardez le sourire ! C'est comme ça que les maladies se freinent, car plus le moral est bas, plus elles attaquent. Alors vivez et profitez, car vous êtes en vie !

Sterenn, 22 ans

Étudiante
Endométriose
Instagram : @mon.endo

À 13 ans, mes premières règles débarquent, elles sont immédiatement douloureuses, mais cela reste supportable, je me dis : « Tant pis, je fais partie de celles qui n'ont pas de chance. » Plus les mois passaient, plus j'avais des symptômes prémenstruels : mal de dos, mal au bas-ventre, poitrine très sensible...

À 16 ans, mes douleurs de règles deviennent de plus en plus fortes, je commence à devoir prendre des médicaments, je fais des malaises dans les transports et je commence à louper les cours.

À 17 ans, les vraies galères commencent. Mes douleurs s'accentuent, les médicaments n'agissent plus, je me réveille la nuit, me retrouve en pleurs. Pendant cette année, mes douleurs s'accentuent et m'empêchent d'aller en cours pendant une semaine tous les mois. Je suis clouée au lit, à me tordre de douleurs, à faire des malaises, je ne mange plus.

Je commence à en parler à mon médecin et ai droit aux fameux Spasfon® plus paracétamol qui n'auront aucun effet. Je décide donc de voir une gynécologue qui me met sous pilule et sous médicaments pour essayer de réduire les douleurs.

Celles-ci ne diminuant pas énormément, elle décide de me faire passer une échographie pelvienne dans la clinique la plus proche. Résultat : RAS.

À 18 ans, le bac en poche, je suis acceptée en prépa ingénieur. Durant cette année, mes douleurs de règles redeviennent insupportables. Je ne peux plus suivre les cours, le physique lâche, le mental aussi. J'abandonne la prépa.

Pendant mes règles, je suis obligée d'être sous morphine, les douleurs sont atroces, je ne peux pas bouger, j'ai de grosses douleurs au bas-ventre, dans le dos, des problèmes de transit, des douleurs à la selle, des douleurs au thorax, des vomissements et je fais des malaises. Je passe une IRM, car ces douleurs ne sont pas normales : « Épaississement du ligament utéro-sacré droit, ce qui peut être séquellaire d'endométriose. » Un compte rendu flou, ma gynécologue décide de me mettre sous pilule continue pour stopper mes règles. Petit à petit, je ressens des douleurs quotidiennes dans le bas-ventre.

J'ai 19 ans, je décide de voir un chirurgien gynécologue, spécialiste de l'endométriose. Je lui explique pourquoi je suis là, je lui montre mon IRM, il ne réagit pas, ne parle pas, ne me regarde pas. Quand je ne sais plus quoi dire, il me dit : « Pourquoi pensez-vous avoir de l'endométriose ? Il n'y a rien marqué sur votre compte rendu. Il faut arrêter de s'inventer des maladies, Mademoiselle, vous n'avez rien. »

Je tombe des nues, je me braque complètement. Il me pose seulement deux questions sans même me regarder : « Avez-vous eu des rapports sexuels ? Sont-ils douloureux ? » Sans avoir la délicatesse de se demander si la présence de ma maman qui m'accompagnait pouvait me déranger devant ces questions intimes. Il explique mes douleurs au bas-ventre, au dos, au thorax par ma pilule qui, selon lui, ne me correspondait pas. Il a tout de même un doute et me dit : « Au pire, vous n'avez qu'une endométriose superficielle, ce n'est rien. » Il me précise également qu'il ne m'enverra pas voir un gastro-entérologue car « on me prendrait pour une folle ».

Je sors dépitée de ce rendez-vous, je sais que ce n'est pas dans ma tête !

Je change de gynécologue classique qui me fait à nouveau passer une échographie pelvienne et endovaginale ainsi qu'une IRM dans la même clinique que mes autres examens : qui ne révèlent presque rien de plus.

La détermination de découvrir ce que j'ai s'épuise de plus en plus. Mes médecins ne croient plus en l'hypothèse de l'endométriose et me lâchent petit à petit. En parallèle, je suis à la fac, en sciences de l'ingénieur, mais je ne peux plus aller en cours à cause de mon état.

J'ai un dernier rendez-vous chez un deuxième chirurgien gynécologue spécialiste. Et là, la délivrance ! Il me prend au sérieux, me pose énormément de questions sur mes douleurs et me prescrit une IRM dans un centre spécialisé. Résultat de l'IRM : « Endométriose superficielle péritonéale. »

Je sais enfin ce que j'ai, je ne suis pas folle, je suis rassurée mais également inquiète de l'avenir avec cette maladie. J'aurai raté deux années d'études et pris une année de pause pour me consacrer à ma santé, car je ne pouvais plus marcher ou rester assise plus de vingt minutes ni rester debout plus de deux minutes sans avoir de grosses douleurs handicapantes.

Aujourd'hui, j'ai 22 ans, je suis également diagnostiquée d'une endométriose diaphragmatique. J'ai pu rencontrer beaucoup de professionnels de santé comme mon algologue, mon ostéopathe, mon acupunctrice, ma diététicienne, ma psychologue. J'ai testé plusieurs traitements médicamenteux, des appareils d'électrostimulation, l'hypnose, le yoga, le CBD (cannabis thérapeutique), la naturopathie, l'alimentation anti-inflammatoire…

J'ai appris à gérer mes douleurs et, c'est triste à dire, mais je me suis habituée à la douleur qui est toujours présente au quotidien. J'ai pu reprendre mes études en licence de psychologie à distance, qui est la meilleure solution que j'ai trouvée, et je continue de partager des informations sur la maladie sur mon compte Instagram® afin d'aider et de sensibiliser au maximum.

Je tenais à remercier mon entourage, je suis extrêmement reconnaissante de les avoir à mes côtés, eux qui vivent cette maladie avec moi, ce qui n'est pas une situation facile non plus.

Si j'ai un conseil à partager, c'est qu'il faut s'écouter ! Écouter son corps et surtout ne rien lâcher avant de savoir ce que vous avez. Vous êtes la personne la mieux placée pour savoir ce que vous ressentez.

N'hésitez pas à aller voir des professionnels spécialisés et à en changer si vous n'êtes pas satisfaite. Car vous n'êtes pas folle !

Mariciée, 34 ans

Développeuse Web et autoentrepreneure

Lupus érythémateux systémique et pneumopathie interstitielle diffuse

Instagram : @mavieaveclulu

C'est en 2016 que j'ai réellement su que j'étais atteinte du lupus.

Tout a commencé lorsque je suis partie en Belgique pour faire mes études en 2010. Dans mon cursus, je devais faire énormément de sport (kinésithérapie). À la base, je ne suis pas une fan de sport, mais je me débrouillais.

Un jour, lors d'une séance de running, je me suis évanouie pendant que je courais. Je manquais de souffle, c'était la première fois que ça m'arrivait.

Les fois suivantes, je n'arrivais plus à courir, j'étais très essoufflée et j'hyperventilais avec des sons sourds et graves.

Après cela, je suis allée voir un pneumologue à Paris pour comprendre ce que j'avais. Son diagnostic était inexistant, il ne comprenait pas ce que j'avais, peut-être de l'asthme, un souffle au cœur. Il était perdu et moi aussi.

Je suis sortie de l'hôpital très découragée.

Mon médecin traitant ne comprenait pas non plus. Il avait remarqué que j'avais les mains froides, mais rien d'inquiétant, disait-il. On m'a quand même mise pendant un an sous Ventoline® pour mon « pseudo-asthme d'effort », mais cela n'a servi à rien. Pendant six ans, j'ai galéré. J'ai arrêté mes études, je ne faisais plus aucun effort car je voyais que mes mains se bloquaient, se déformaient et gonflaient quand je massais. En sport, je ne tenais pas la route. Dans mes cours de natation, je ne pouvais faire que deux longueurs maximum, et au ralenti, alors que je devais en faire vingt-quatre. Mon corps était mou, comme s'il était éloigné de ma tête. Pendant un examen de natation, ma prof de sport m'a forcée à faire plusieurs longueurs. Au bout de ma deuxième longueur, je me suis mise à avaler de l'eau, limite à me noyer. Je n'arrivais pas à me mettre debout et à me débattre. C'est une amie qui m'a sortie de l'eau. D'après ma prof, je le faisais exprès. De plus, je dormais tout le temps, j'étais fatiguée, je n'arrivais pas à apprendre mes cours, ni à les suivre. Le fait que je ne comprenne pas pourquoi mon corps réagissait de la sorte me faisait perdre petit à petit mon estime de moi-même.

En 2016, je suis partie au Rwanda pour un mois. Pendant mon séjour, je ne faisais que tousser. J'essayais de calmer ma toux avec des tisanes de gingembre ou de thym, mais rien ne marchait. Quand je suis revenue en France, mon médecin traitant ne comprenait pas trop mon état et pensait que j'avais attrapé quelque chose au Rwanda. Il a donc décidé de me faire passer un scanner thoracique. Mais moi, je savais que le problème était plus ancien : j'avais conscience que quelque chose à l'intérieur de moi clochait depuis longtemps.

Au mois de novembre 2016, j'ai compris que j'avais une pneumopathie interstitielle diffuse. Et, grâce à d'autres tests, les médecins ont vu que j'avais le lupus. J'ai été suivie par un rhumatologue, puis un pneumologue. J'ai fait énormément d'examens.

Malgré mon état, j'étais heureuse de savoir de quoi je souffrais. Je savais que j'avais quelque chose. On m'a diagnostiqué aussi plusieurs syndromes, d'où la fatigue chronique. On m'a donné un médicament pour les articulations, un autre pour le syndrome de Raynaud, un autre pour mes poumons.

Huit mois après, l'hôpital ne m'a plus donné de nouvelles. Ma mère, voyant mon état se dégrader, a fait un scandale et j'ai finalement été de nouveau suivie par de superdocteurs. J'ai fait des pneumothorax et j'ai eu recours à un talcage pleural en 2017. J'ai également fait de la chimiothérapie… qui n'a pas du tout fonctionné.

Aujourd'hui, j'alterne entre la maison et l'hôpital, dans l'optique d'une transplantation pulmonaire. Je ne travaille pas et il est difficile pour moi de constater que je suis une charge pour mes merveilleux parents et pour mes amis. À cause de moi, on ne peut pas tout faire, il faut une voiture et des aménagements au quotidien. J'ai essayé plusieurs routines pour m'aider à m'épanouir : créer un compte Instagram sur ma maladie où je peux tout raconter (@mavieaveclulu), dormir, soigner mon look, manger sainement et raisonnablement, faire du sport (un tout petit peu) et faire de la photo. Ce n'est pas toujours la joie, mais j'essaie de garder le sourire, car je sais que, par mon comportement, je peux aider d'autres personnes à garder la foi, à persévérer même si c'est difficile. Je reste positive quoi qu'il arrive. À tout ce qui me prend la tête, je dis «*next*» (en restant responsable) et, comme je suis croyante, peut-être que c'est plus facile pour moi car je suis soutenue. La vie est déjà assez compliquée sans qu'on ait besoin de se plaindre. Vivons-la, rions-la!

En tout cas, je sais que ma maladie ne me définit pas, je suis plus forte qu'elle et j'ai de la valeur.

Actuellement, je suis sous traitement contre la fibrose pulmonaire, et ma capacité respiratoire est assez stable après un an de prise de ce médicament. La transplantation est donc reportée. Même si les effets secondaires dus au traitement sont assez dérangeants, je suis heureuse car j'avais peur d'être une nouvelle fois opérée. Je voulais terminer en vous laissant cette phrase: ne perdez pas espoir, le meilleur arrive toujours et, si ce n'est pas le cas, créez-le.

Maévane, 22 ans

Sans emploi

Insuffisance surrénalienne et syndrome de Dunbar

Instagram : @unepatiente__souriante

Tout commence le 3 février 2014. Il fait très froid dehors et la route glisse. Je pars au collège à pied. Peu avant d'arriver, j'entends le bruit de la sirène des pompiers au loin. Quand j'entre dans la cour du collège, tous mes amis viennent vers moi en courant pour me dire que le bus qui emmène nos amis du lycée a eu un accident grave. C'était donc pour cela, les pompiers que j'ai entendus. Dans ce bus, il y a mon chéri de l'époque et je suis très inquiète pour lui, mais j'ai finalement de ses nouvelles par un intermédiaire : il va bien. À la récré de 10 heures, j'apprends qu'une personne est dans un état grave. Cette personne est un de mes meilleurs amis. On se connaît depuis toujours. Je n'ai plus de nouvelles ensuite, mais on pense tous qu'il va s'en sortir.

Cela n'a pas été le cas. Le lendemain, nos parents nous ont annoncé qu'il était parti. Il est parti sans souffrir, je l'espère.

Si je vous raconte cet épisode de ma vie, c'est parce que les médecins pensent et me disent que ce choc psychologique est à l'origine de tous mes soucis de santé.

Les répercussions ont été visibles au fil du temps. Un an après, j'étais souvent fatiguée, j'avais de gros soucis au niveau du transit, de forts épisodes de diarrhées. Le médecin me traitait donc à l'époque pour des diarrhées, des gastros. Il n'a jamais cherché plus loin. Pas une prise de sang. Rien. Il disait que c'était le stress. Que je n'avais pas fait mon deuil.

Un jour, j'étais vraiment mal. Mon père m'a emmenée chez le docteur. Celui-ci a enfin décidé de me faire faire un bilan sanguin. On me trouve une hypothyroïdie. Là, je vais voir un endocrinologue, qui n'a pas jugé bon non plus de pousser les recherches. Il a souhaité s'entretenir avec moi. Seul à seul. Mes parents nous ont laissés. J'ai pleuré car, à ce moment-là, mon meilleur ami me manquait énormément. L'endocrinologue m'a mis sous Levothyrox® et a indiqué à mes parents que je pourrais arrêter le traitement lorsque j'aurais fait mon deuil.

Mes parents m'ont emmenée voir une psy, que j'ai consultée pendant plusieurs mois. Pour moi, la psy ne changeait pas grand-chose : j'avais accepté que mon ami soit parti.

Les séances chez la psy se sont arrêtées. Le Levothyrox® aussi. Ma thyroïde était bonne. Je n'avais plus besoin de ce médicament.

De la seconde à la terminale, j'ai toujours été très malade et mes problèmes au ventre n'ont jamais disparu… car ils n'ont jamais été traités. On me servait toujours la même histoire de deuil non fait, de stress, d'angoisses. Je faisais des malaises durant le sport et le docteur disait que c'était des crises d'angoisse. Je n'étais pas très convaincue, mais bon, c'est un docteur, il savait mieux que moi.

Et puis est arrivé ce jour où j'ai fait une grosse crise de diarrhées. Comme toujours, étant traitée pour des diarrhées, j'avais pris les traitements que les médecins me donnaient, mais, là, cela ne fonctionnait pas. Je suis donc allée chez mon docteur. Ce jour-là, c'était son remplaçant. Il m'a auscultée en position couchée. Mon médecin ne m'avait jamais auscultée dans cette position. J'étais toujours assise d'habitude. Il m'a dit, en écoutant mon ventre, qu'il entendait un souffle anormal à l'aorte abdominale. Je ne savais pas du tout de quoi il parlait. Je ne connaissais pas ça. Il m'a dit qu'il était urgent de consulter un angiologue. Mes parents ont pris rendez-vous. L'angiologue m'a dit que rien n'était bon. J'avais un ligament arqué. Le syndrome de Dunbar. Une sténose du tronc cœliaque par le ligament arqué médian entraînant une ischémie gastrique (une compression de la veine partant de l'aorte et irriguant l'estomac par le ligament arqué médian, ligament en forme de fer à cheval situé sous le diaphragme, ce qui entraîne un appauvrissement d'apport en sang). En somme, c'était déjà assez rare et un peu « grave ». Et là, personne ne savait vers qui nous orienter. Avec mes parents, nous étions perdus. Heureusement, ma maman qui s'est toujours battue avec moi et m'a soutenue dans mon combat contre mes maladies, a pris contact avec un professeur à Paris. Elle lui a envoyé tous mes examens médicaux et, en août 2017, j'ai été opérée. L'intervention devait initialement avoir lieu en octobre, mais au vu des derniers examens effectués, les organes étant déjà touchés, il fallait opérer rapidement.

22 août 2017 : opération. Je suis restée six heures au bloc et quatre heures en réanimation. Je n'étais pas bien du tout. Un médecin a veillé sur moi pendant ma première nuit en chambre. Tous les médecins rencontrés sur Paris étaient géniaux. Les infirmières également. Jamais ces docteurs-là ne m'auraient dit que mes soucis provenaient du stress ou d'une autre cause psychologique. Même mon angiologue disait que, là, c'était impossible. Pendant plusieurs années, on a pensé que c'était le stress, mais en fait tout était dû à cette malformation.

Un an après, les symptômes du ligament sont revenus (diarrhées, perte de poids, douleurs quinze minutes après chaque repas). Rebelote, on est retournés faire des examens chez mon angiologue. Elle s'est aperçue que la sténose était toujours là. L'opération n'avait pas fonctionné tellement la sténose était ancienne. À Paris, ils ont décidé de me poser un stent pour grossir l'artère. Cela a donné des résultats pendant un an. Un an après, sténose à nouveau. Nous étions en octobre 2019. Que faire ? Car en plus, pendant tout ce temps-là, au milieu de toutes ces épreuves, je poursuivais mes études : j'ai eu mon brevet, mon bac, mon permis, mon BTS au moment de la grosse opération de 2017, et là, en septembre 2019, je venais de commencer une licence. J'avais signé un contrat en alternance dans une entreprise. Que j'avais eu du mal à trouver en plus. J'étais contente, j'étudiais dans un domaine qui me plaisait : les ressources humaines. Mais après à peine trois mois de cours et d'entreprise, mes symptômes sont revenus. Ce n'était pas possible ! Là, le médecin de Paris ne savait plus quoi faire, car mon état sortait de son domaine de compétences. Il s'agissait de chirurgie vasculaire et non plus digestive. Il m'a mise en contact avec un professeur en chirurgie vasculaire du même hôpital. J'ai vu ce professeur deux ou trois fois courant 2019, puis en janvier 2020, je l'ai revu une dernière fois pour qu'il me fasse part de sa décision. Il devait réunir son staff pour décider si, oui ou non, ils faisaient un pontage – une très lourde opération dont le taux de morbidité était de 99 %. Il m'a téléphoné mi-janvier pour me donner la réponse qui était bien évidemment non. Trop dangereux, il ne voulait pas prendre ce risque. J'étais très triste à ce moment-là. Je ne me sentais pas écoutée. Incomprise. Il me disait qu'il fallait accepter de vivre avec ça, qu'il faudrait trouver des solutions, mais que pour lui il y avait un loup quelque part, que tous les symptômes ne collaient pas.

En janvier 2020, lors de ma dernière expédition à Paris, j'ai ressenti une douleur vive dans la fesse gauche. Pendant plusieurs mois, j'ai eu d'autres douleurs, des symptômes semblables à ceux d'une sclérose en plaques. J'ai fait des examens pour écarter ce diagnostic.

En mai, j'ai été hospitalisée deux semaines en médecine interne. Les médecins ont identifié une insuffisance surrénalienne. À ce jour, je ne peux vous dire ce que j'ai d'autre, car les examens sont encore en cours. Je continue de me battre pour savoir ce qui ne va pas, mais, ce qui est sûr, c'est que tous ces maux ne sont pas dans ma tête, ne proviennent en aucun cas du stress ou d'une quelconque cause psychologique. Ils sont bien réels. Je ne peux plus conduire. Je dois prendre un fauteuil roulant pour tous les déplacements qui nécessitent plus de dix minutes de marche. Je dépends de mes proches et c'est infernal. J'ai hâte que les docteurs trouvent.

Si j'avais un conseil à donner à une personne qui serait au début de sa maladie, incomprise par le corps médical, c'est de ne jamais abandonner. De toujours se battre. J'ai eu, moi, la chance d'être épaulée par mes parents, ma famille, mes amis, mon copain, car, de ce genre d'épreuves, on ne sort pas indemne. J'ai beaucoup changé. Ma vision de la vie a changé. Les choses qui semblaient importantes avant me semblent futiles à présent. Il faut vivre l'instant présent sans jamais se soucier de demain. Car on ne sait pas de quoi demain sera fait. Peut-être que nous ne serons plus là. Il faut vivre chaque seconde à fond. Profiter un maximum de ses proches.

Et, si j'ai appris une chose, c'est à garder le sourire. Il faut toujours, toujours, toujours avoir le moral. Même si ce n'est pas facile, il faut tenir bon, tenir le cap. Demain sera meilleur. Le moral joue un rôle important dans la maladie, et ne pas l'avoir signe directement une descente aux enfers. C'est un cercle vicieux. Si le moral n'est pas là, il est difficile de se sortir de tout ça.

Mesdames, soyez votre propre héroïne.

Jessica, 29 ans

Infirmière

Cavernomatose cérébrale et médullaire

Instagram : @douleursneuro

Je suis atteinte d'une cavernomatose cérébrale et médullaire (moelle épinière) de forme familiale, c'est-à-dire que cette affection est héréditaire et génétique. Le cavernome médullaire est rarissime puisqu'il touche 1 personne sur 1 million. C'est une maladie qui touche les vaisseaux du système nerveux central (cerveau et moelle épinière). Les malformations forment des petites tumeurs constituées de vaisseaux. Il est plus courant qu'une cavernomatose soit asymptomatique – c'est le cas pour 95 % des personnes atteintes –, mais il existe de nombreux symptômes tels que les crises d'épilepsie ou les troubles neurologiques (notamment l'AVC hémorragique) lorsqu'un cavernome saigne hors de sa cavité ou grossit.

J'ai découvert ma maladie en deux étapes. Tout a commencé en octobre 2018, quelques mois après la naissance de mon fils. J'ai ressenti comme un fil autour de mes orteils durant une journée. J'ai rapidement passé une IRM qui a montré que je suis atteinte de la même maladie que mon père et ma sœur : une cavernomatose cérébrale.

Puis en mai 2019, je n'ai plus senti ma jambe gauche en me réveillant. J'ai repassé une IRM cérébrale : un cavernome saignait, mais sa localisation n'expliquait pas le déficit sensitif. J'ai été hospitalisée pour surveillance, et j'ai passé quelques jours plus tard une IRM de la moelle épinière. Le diagnostic est tombé : cavernome qui saignait dans la moelle épinière et avait créé un œdème. À ce moment-là, j'ai vraiment compris que j'allais passer une très mauvaise période.

Trois jours après, j'avais rendez-vous avec un neurochirurgien. Par chance, il avait déjà étudié cette maladie et opéré ce genre de malformation. Il a décidé d'opérer puisque le cavernome saigne anarchiquement et que la probabilité de toucher les nerfs moteurs (je suis atteinte en C5, c'est-à-dire que je risque la tétraplégie) était bien trop forte. Cependant, mon dossier a suscité une discorde entre mon neurochirurgien et ses confrères. Ils ont mis six mois avant de prendre la décision de m'opérer, car c'est risqué et il était peut-être plus prudent que je me mette en fauteuil roulant moi-même plutôt que ce soit eux qui m'y condamnent en risquant l'opération. J'ai insisté auprès de mon chirurgien en lui expliquant qu'il était impossible pour moi de vivre avec cette épée de Damoclès au-dessus de la tête.

Le 7 novembre 2019, je suis entrée au bloc pour une laminectomie cervicale destinée à enlever la tumeur vasculaire. J'ai eu une chance inouïe de ne pas en ressortir avec une atteinte motrice mais seulement avec un déficit sensitif superficiel et profond faisant que je ne savais plus où se trouvaient mes jambes. Ma démarche était plus que précaire. J'avais besoin d'un déambulateur pour me déplacer. J'ai immédiatement bénéficié de séances intensives de kinésithérapie, d'ergothérapie, de sport adapté et d'un soutien psychologique.

Grâce à une prise en charge de qualité en centre de rééducation durant trois mois, et grâce à ma persévérance, j'ai réussi à récupérer rapidement une partie de mon équilibre et un peu de ma force. Je marche bien mieux et sans aide. Lorsque l'on me voit, il est difficile d'imaginer ce par quoi je suis passée. J'ai l'allure d'une personne normale.

Cependant, l'opération m'a laissé des séquelles : des troubles sensitifs superficiels et profonds affectant mon équilibre, des troubles génitaux et vésico-sphinctériens. Une grande fatigabilité et des douleurs neuropathiques me handicapent également dans la vie quotidienne et professionnelle. Je ne peux toujours pas reprendre le travail, ou bien en adaptant mon poste, et chaque effort me coûte. Je suis actuellement suivie en CETD (centre d'étude et de traitement de la douleur) pour mes douleurs neuropathiques, après six mois d'attente.

Durant la première année qui a suivi l'opération, je suis passée par tellement d'épreuves et de doutes. J'ai traversé des moments de profonde détresse. J'ai tant de fois demandé « pourquoi ? ».

La douleur est omniprésente. Elle m'obsède et ne me laisse aucun répit. Parfois, plus le temps passait et plus j'éprouvais des difficultés à cohabiter avec la douleur.

Alors je me suis battue contre elle, jusqu'à perdre toutes mes forces et tout mon espoir. L'espoir d'aller mieux et de retrouver la vie d'une jeune femme normale.

J'ai fini par comprendre qu'il ne faut pas compter sur le temps pour que la douleur s'atténue et qu'il est inutile de se battre contre elle; il faut en revanche apprendre à composer avec afin d'atténuer l'impact qu'elle peut avoir sur notre vie entière. De plus, j'ai constaté que la douleur n'est jamais stable. Elle varie selon la météo, mes humeurs, la fatigue, mes activités physiques, etc.

J'ai compris que pour soulager mes douleurs, il est essentiel de comprendre et d'accepter qu'il n'existe pas de remède miracle. Le traitement de la douleur neuropathique est multimodal, c'est-à-dire qu'il doit s'appuyer sur plusieurs aides ou traitements.

C'est pour cela que j'ai créé un groupe spécifique pour ces douleurs. Grâce à une approche globale, je poste de nombreux outils et un soutien pour aider les personnes atteintes de douleurs neuropathiques à mieux les gérer. Ce compte, @douleursneuro, permet de devenir expert dans la gestion de ses douleurs et de développer des stratégies de modulation.

Ce compte aide de nombreuses personnes et m'a aussi énormément apporté. Je pense que le fait d'avoir un but et de trouver un sens à sa vie aide à endurer une telle épreuve.

Même si la cicatrice est encore chaude et que les séquelles sont difficiles à vivre, j'ai eu la chance de me relever et de retrouver mon autonomie. La route qui mène vers l'acceptation de soi est encore longue et laborieuse, mais j'ai décidé de ne rien lâcher et surtout de vivre plus fort que la maladie ou le handicap. J'ai échappé à plusieurs reprises à la tétraplégie. Je ne peux pas me permettre d'abandonner. Je dois continuer pour moi, mes proches, mais surtout pour tous ceux qui ont été fracassés par la vie et qui n'ont pas eu la chance de retrouver leur autonomie.

Aujourd'hui, deux ans après, lorsque je regarde ma cicatrice, je réalise le parcours que j'ai effectué. J'ai réussi à embrasser tant de souffrances et à y survivre ! J'ai bénéficié d'un soutien sans faille de mes proches. Je leur suis vraiment reconnaissante de les avoir dans ma vie, car, sans eux, je n'aurais pas autant progressé. J'ai également trouvé, grâce au centre de rééducation, beaucoup de réconfort et de confiance en l'avenir. J'ai retrouvé l'espoir grâce à eux. Suite à ce parcours, j'ai écrit un livre sur les douleurs neuropathiques avec des illustrations pour expliquer au mieux ce qu'elles sont, pour tous. Mon livre s'intitule *Vivre avec des douleurs neuro*, il est sorti aux Éditions Ellébore en 2021.

Anaïs, 29 ans

Couturière retoucheuse
Sclérose en plaques (SEP) et douleurs pelviennes
Instagram : @nana_seper_baleze

On m'a diagnostiqué une sclérose en plaques le 10 janvier 2019, suite à une inflammation du nerf optique de l'œil droit. Il s'est ensuivi une seconde poussée paralysante à la jambe et au bras droit qui a duré deux semaines.

J'ai subi un tas d'examens afin de confirmer le diagnostic, dont une ponction lombaire. Pour celle-ci, j'ai été hospitalisée une journée et j'ai partagé ma chambre avec une autre jeune femme d'à peu près mon âge. Nous avons très vite sympathisé.

Lorsqu'est arrivé le moment de la ponction, j'étais seule dans la chambre avec mon copain de l'époque qui avait tenu à m'accompagner. J'ai rencontré l'interne qui allait me faire la ponction. Il m'a expliqué que je pouvais faire, en même temps que la ponction, un don de moelle osseuse pour la recherche sur la sclérose en plaques, que l'examen durerait juste cinq minutes de plus. J'ai donc accepté sans hésiter.

À ce moment-là, je croyais être détendue.

L'infirmière est passée juste avant me faire des prises de sang, et là, l'interne en charge de ma ponction est entré dans la chambre et a constaté : « Ah mince, vous n'êtes pas prête. Bon, je reviens dans cinq minutes. » Il a refermé la porte, l'a rouverte aussitôt et m'a demandé : « Au fait, ça ne vous gêne pas que ce soit un étudiant qui vous fasse la ponction ? » Je suis restée bloquée sans rien dire, la bouche ouverte. Il a ajouté : « Bah oui, quand même, quitte à faire le cobaye, autant le faire jusqu'au bout, non ? » Là, mon ex-copain a pris la parole (je ne l'en remercierai jamais assez d'ailleurs), et il lui a répondu : « Non, c'est vous qui allez faire la ponction, pas un étudiant, vous. » Je dis que je ne l'en remercierai jamais assez car la ponction m'a fait mal, pendant plusieurs jours, et parce que mon copain m'a raconté que l'étudiant, qui était présent dans la chambre lors de la ponction, était blanc comme un linge, à deux doigts de tomber dans les pommes…

J'ai eu une seconde expérience suite à des douleurs au niveau des ovaires, qui étaient totalement inexpliquées. Je portais un DIU (dispositif intra-utérin ou stérilet) au cuivre depuis deux ans et je me suis mise à ressentir des douleurs en plein milieu du cycle, à m'en rouler par terre. J'ai filé chez le médecin du coin (mon généraliste n'étant pas disponible), j'ai expliqué mes symptômes pendant qu'il m'auscultait et il m'a demandé : « Vous avez quel type de contraception ? » J'ai répondu : « Un DIU cuivre. » Et là, il m'interroge : « Pourquoi avez-vous choisi cela ? » Déjà, la question m'a heurtée, j'ai annoncé :

« Je ne supporte pas les hormones, j'ai testé plusieurs pilules qui m'ont causé des problèmes de santé. » Il m'a dit : « D'accord, d'accord, je vais vous prescrire un antidouleur et une échographie pelvienne. Ce serait bien aussi de reprendre la pilule pour mettre vos ovaires au repos, vu qu'il n'y a pas de projet de grossesse pour le moment. » Je lui ai demandé par curiosité s'il n'y a pas un traitement aux plantes ou autre qui pourrait m'éviter de prendre des médicaments, en lui expliquant que, dans tous les cas, la pilule ne me convient pas et que j'aimerais éviter les médicaments, si possible… Il s'est enflammé et m'a rétorqué : « Écoutez, Madame, à un moment donné, puisque vous ne voulez pas de la pilule, pas de médicaments, si vous voulez souffrir, c'est votre problème ! » Je suis restée sans voix… Plus que choquée, j'ai pris mon ordonnance et je suis partie.

Lorsque j'ai fait mon échographie pelvienne, l'échographe m'a dit que j'avais de très gros ovaires (signe de fertilité d'après elle) et, comme le médecin précédent (qui a clairement manqué de tact et de professionnalisme), qu'il fallait que je mette mes ovaires au repos, ou que je fasse des enfants pour me soulager…

Pour ce qui est de mes douleurs pelviennes, aucun diagnostic n'a encore été posé. J'ai eu un kyste à l'ovaire droit qui s'est rompu en janvier dernier, et j'ai encore d'autres examens à passer. Je n'ai jamais reconsulté le médecin qui m'a prescrit l'échographie et les médicaments. J'essaie de rencontrer des professionnels de santé bienveillants et surtout à mon écoute, grâce notamment aux conseils de mes amies et de personnes rencontrées sur les réseaux sociaux.

Ma sclérose en plaques est bien là, maintenant, et diagnostiquée. Je vis avec elle et elle vit avec moi, j'apprends tous les jours. Aujourd'hui, j'ai réussi à trouver un emploi en tant que couturière retoucheuse. Je n'avais pas imaginé qu'un jour, je trouverais un travail qui puisse allier mon handicap et ma passion, comme quoi rien n'est impossible. La maladie m'a permis d'oser et de me réaliser, je veux vivre mon expérience avec elle et non contre elle.

La phase d'acceptation n'est jamais simple, on passe par plusieurs sentiments, mais une fois que l'on a réussi à accepter, la vie est tout autrement et beaucoup plus belle.

Fanny, 22 ans

Étudiante en arts appliqués
Endométriose
Instagram : @laventy

Mon parcours concernant la découverte et le suivi de mon endométriose a été semé d'embûches. J'ai tout d'abord eu des règles extrêmement douloureuses dès la puberté ; je me souviens particulièrement d'un cours de mathématiques où j'ai même fait un malaise ! Je devais avoir environ 13 ans et les symptômes étaient en majorité tous apparus. Ils m'ont énormément handicapée à travers toute ma scolarité. Certains jours, je ne pouvais même pas me lever pour aller en cours ; d'autres fois, je n'arrivais pas à dormir, car j'appréhendais les cours de sport où le professeur allait se moquer de moi devant tout le monde. D'après lui, je « m'écoutais trop » ou c'était simplement une « excuse pour ne pas courir ». J'aurais bien aimé avoir inventé toute cette douleur, mais non…

Les symptômes ont empiré durant mes années de lycée, notamment la fatigue chronique, qui, en plus d'autres soucis personnels, ont abouti à un diagnostic de dépression.

J'étais extrêmement anxieuse avec les spécialistes de la santé gynécologique, souvent trop brutaux et qui jugent chaque petit détail, allant jusqu'à affirmer que les douleurs sont « normales » car, apparemment, être une femme est censé être lié à la douleur.

J'ai finalement entendu parler de la maladie sur un réseau social où une jeune femme racontait son parcours et j'ai décidé de faire les tests nécessaires.

Suite au diagnostic avéré en 2019, j'ai vu énormément de médecins différents et testé beaucoup (trop) de pilules sans effets pour ne serait-ce qu'avoir une infime amélioration. Pas grand-chose de concluant, parfois même des propos choquants : « Ce n'est pas une vraie maladie », « Ne pensez même pas à une opération : les enfants, c'est merveilleux »... Sauf que je pense qu'à un moment donné, il serait plutôt judicieux de prendre au sérieux les personnes qui cherchent de l'aide.

Finalement, c'est le réseau Resendo qui a pu me conseiller. J'ai décidé de voir un médecin de la douleur qui m'a aiguillée vers une sage-femme, une ostéopathe et une diététicienne. J'ai rejoint plusieurs groupes d'entraide sur Facebook, et j'ai alors remarqué que j'avais les mêmes symptômes que beaucoup d'autres personnes. C'était agréable d'être enfin aidée et comprise, que ma douleur et ma fatigue ne soient pas considérées comme des vulgaires affabulations, car il s'agit d'un vrai handicap au quotidien.

Cela m'a tout de même pris au moins six ans avant d'avoir un diagnostic posé, et trois ans de plus pour que mes douleurs soient amoindries, malgré les réels traitements pour le moment inexistants... Ce qui prouve bien l'errance médicale très présente de nos jours, surtout quand les femmes sont concernées.

Mais il est toujours possible d'apaiser les douleurs en attendant qu'un traitement efficace voie le jour! Ne perdez pas espoir, rejoignez des groupes ou des forums pour en parler, votre douleur n'est pas fictive malgré tout ce que l'on a pu vous dire et il est important de s'écouter! Courage!

Léa, 30 ans

Illustratrice
Maladie de Lyme et SED
Instagram : @lea.lvq.ill

Je n'ai quasiment pas connu d'année sans maladie. Peut-être cinq ou six, et encore. De mes 5 à mes 25 ans, j'ai souffert d'anorexie mentale, dont les dix dernières années de manière très grave. J'ai côtoyé la mort à plusieurs reprises. Mes parents ont divorcé et, très jeune, j'ai vécu un gros traumatisme, que j'ai chassé de mon esprit dès que j'ai pu et qui m'a propulsée dans les méandres des troubles alimentaires. Je me suis oubliée, je me suis éteinte et j'ai voulu disparaître tout en souhaitant être parfaite. La petite fille modèle, présente là où tout le monde la voulait, sauf dans sa propre vie. Au lycée, j'ai développé une phobie scolaire, montrée du doigt, mise de côté et moquée par les élèves, parfois autant que par les profs. Au milieu des hospitalisations, j'ai eu mon bac, puis une licence de musicologie.

J'ai fini par m'en sortir grâce à une équipe médicale présente à mes côtés pendant un an et demi et ce fut ma dernière fois en psychiatrie. Depuis, j'ai un sourire accroché aux oreilles en permanence. Et pourtant...

À la suite de ça, j'ai pris une année sabbatique. J'avais besoin de remettre un pied dans la vraie vie, celle qu'au final je ne connaissais pas vraiment. J'ai commencé le scoutisme (j'en rêvais depuis longtemps) en tant que cheftaine dans une clairière normande. J'ai fait énormément de choses l'été suivant au milieu du camp scout: un festival en tant que festivalière, une semaine avec des amis... Et puis je suis partie trois semaines en mission humanitaire à Madagascar (mon plus grand rêve depuis toujours). Je ne me suis jamais sentie autant à ma place.

Sauf que tout n'est pas si rose, puisque lors d'un de mes premiers week-ends scouts, j'ai été piquée par une tique. Mon médecin a refusé de me mettre sous antibiotiques et moins d'un an après, alors que l'été se finissait doucement et que je m'apprêtais à partir en Belgique pour intégrer une école d'éducatrice spécialisée dans le but de faire de l'art-thérapie, mon état de santé s'est dégradé à une vitesse affolante. Percluse de douleurs et perdant peu à peu l'usage de la marche. Les médecins ne me croyaient pas et me renvoyaient tous en psychiatrie, souvent sans même prendre la peine de chercher. Je sortais de vingt ans d'anorexie mentale, pourquoi aller chercher plus loin? Maladie de Lyme? Impossible. Je me suis battue. Il était hors de question que je retourne en psychiatrie si la psychiatrie n'y voyait aucune raison et moi non plus. Je disais à qui voulait l'entendre que j'avais été mordue par une tique et que je n'avais reçu aucun traitement antibiotique pour me soigner. En vain... Les seules phrases que j'entendais? « C'est dans votre tête », « Retournez en psychiatrie », « Vous souriez, c'est que vous n'avez pas si mal que ça »… Certains me rigolaient au nez, d'autres me faisaient du chantage pour que je retourne en psychiatrie…

Cette errance médicale a duré plus de deux ans. Il y a un peu plus d'un an, j'ai fini par aller voir un médecin à Paris, conseillé par une association Lyme. J'avais perdu toute autonomie, j'étais clouée dans un fauteuil roulant, ne pouvant même plus me laver, ni parfois manger seule. À l'issue de ce rendez-vous, le diagnostic était posé. C'était bien la maladie de Lyme qui s'était installée, et mon système immunitaire était au bout du bout. Aujourd'hui, j'ai un diagnostic de SED en plus, et un autre en cours pour une endométriose.

À 28 ans, les traitements ne fonctionnant pas ou si peu (j'ai été déclarée pharmaco-résistante à la fin de mes années d'anorexie), je suis aujourd'hui dans un fauteuil roulant et je ne sais pas si je pourrai remarcher un jour. J'étais danseuse et musicienne avant de dessiner et de peindre, je ne sais pas si je serai en mesure de retrouver ces passions.

L'illustration m'a littéralement sauvée. J'ai repris crayons et pinceaux alors que je ne faisais plus rien de manière autonome et que l'on ne savait toujours pas ce que j'avais. Je me suis battue, seule, pour retrouver le minimum d'autonomie dont j'avais besoin pour que la maladie ne me vole pas ça non plus. Elle m'avait volé déjà beaucoup trop de choses. Il y a trois mois, un peu plus d'un an après la reprise de mes crayons et pinceaux, je suis devenue illustratrice et je me sens à ma place et heureuse. Malgré tout.

Un jour, un des nombreux médecins que j'ai croisés à l'adolescence m'a dit : « Nous, tout ce qu'on apprend, c'est de la théorie, mais les meilleurs médecins, ce sont les patients eux-mêmes. » Alors, j'aimerais vous donner un conseil : faites-vous confiance et osez dire que vous n'êtes pas d'accord ! Ce n'est pas toujours simple, ça peut être long, mais si vous ressentez quelque chose, ne lâchez pas seulement parce que les médecins ne savent pas ou ne veulent pas chercher plus loin ; c'est votre santé, vos ressentis et votre corps !

L'anorexie m'aura apporté une force que je n'imaginais pas. Quand je suis retombée malade, tout le monde a serré les dents autour de moi. Soit je replongeais, soit je tenais le coup. J'ai tenu le coup, avec espoir et sourire. Et j'avance avec le plus d'amour dont je suis capable.

POSTFACE D'AXELLE AYAD (MAPATHO®)

Quand Charline m'a demandé d'écrire les dernières pages de ce livre à propos de l'errance médicale chez les femmes – l'errance du diagnostic, pour mettre un nom sur des symptômes, puis l'errance thérapeutique, pour calmer ces derniers –, elle m'a tout de suite indiqué qu'elle avait réussi à faire témoigner plus d'une vingtaine de femmes.

Il est formidable d'avoir réussi à faire témoigner autant de femmes à ce sujet, car cela montre l'ampleur du problème et met des visages sur des années, des décennies de souffrance.

Vingt millions de Français vivent avec une maladie chronique en France aujourd'hui. Chaque année, ce sont plus de 1,6 million de nouvelles personnes qui obtiennent un diagnostic pour expliquer leurs maux. C'est absolument effrayant : cela touchera bientôt un quart des Français et pourtant, rien n'est pensé pour eux, pour nous.

Il est toujours aussi difficile de mettre un nom de maladie sur ces symptômes.

Notre système de santé est curatif, tourné vers les maladies aiguës : vous avez attrapé un virus de l'hiver, vous allez chez votre médecin généraliste ; vous avez une crise soudaine, vous allez aux urgences. Dans la grande majorité des cas : on vous soigne et c'est terminé. Malheureusement, avec la maladie chronique, cela ne se passe pas comme ça : vous avez des symptômes, ils passent puis ils reviennent, et cela peut durer des années.

Concernant l'endométriose, il faut compter sept ans pour poser un diagnostic. Pourtant, les règles douloureuses reviennent chaque mois.

Or les femmes sont plus concernées par l'errance de diagnostic que les hommes. Pourquoi ?

Une des premières raisons s'explique par le fait que les grands plans de soutien budgétaire à la recherche scientifique de ces dernières années concernant les maladies chroniques ont majoritairement été mis en place pour des maladies qui touchent principalement les hommes : diabète, hypertension, insuffisance cardiaque.

Malheureusement, les maladies gynécologiques, certaines maladies rhumatologiques et gastro-entérologiques qui concernent davantage les femmes n'ont pas bénéficié des grands plans de recherche et des grands plans de financement.

La conséquence de tout cela : une énorme inégalité dans la connaissance des maladies et des symptômes associés aux pathologies féminines. Aujourd'hui, les femmes mettent beaucoup plus de temps à diagnostiquer leurs maladies et ont souvent très peu ou pas de traitement à leur disposition.

Cette inégalité en crée une autre: celle de l'accès au prêt immobilier. Étant donné que nous n'avons que très peu de connaissances sur certaines maladies qui touchent les femmes, les assureurs ont tendance à exclure ces maladies de l'assurance ou à complètement refuser d'assurer le crédit des patientes.

La deuxième raison qui explique pourquoi les femmes sont davantage concernées par l'errance diagnostique est le biais d'interprétation de la douleur selon le genre. Un homme qui se plaint de douleurs auprès d'un médecin se verra prescrire plus facilement des examens complémentaires que des femmes. Un homme qui se plaint, c'est pour de vrai… contrairement aux femmes qui «somatisent». Cela explique pourquoi les symptômes des pathologies qui touchent les femmes sont moins bien pris en considération.

Rappelons que l'errance médicale est encore synonyme d'isolement, de décrochage scolaire, de perte d'emploi et de dépression.

Des lueurs d'espoir sont quand même bien visibles aujourd'hui. Des initiatives individuelles ou des initiatives collectives voient le jour, comme on peut le voir dans ce livre.

Je suis moi-même atteinte de maladie chronique: j'ai été diagnostiquée d'une endométriose à 23 ans et de cinq autres pathologies chroniques ensuite.

J'ai décidé de fonder Mapatho® il y a quatre ans. Mapatho® a vocation à aider les malades chroniques à trouver les meilleurs professionnels de santé qui savent prendre en charge leur maladie partout en France.

On sait aujourd'hui que 70 % des malades chroniques hésitent à déménager, car ils ont peur de ne pas retrouver de médecin pour les prendre en charge, de ne plus avoir de traitement et de retomber dans l'errance.

Après quatre ans d'existence, plus de 70 000 Français vivant avec une maladie chronique ont pu trouver des professionnels de santé : des médecins spécialistes, des kinés, des ostéos, des sages-femmes mais également des centres et des articles d'astuces, de ressources, d'initiatives d'associations sur leur maladie.

De nombreuses initiatives à disposition des patients comme Mapatho® existent : nous en avons référencé 240 et, en 2022, 112 nouvelles ont candidaté pour recevoir le prix Happy patient. Cela bouge et ça fait du bien !

Les professionnels de santé se mobilisent également. De nombreux médecins et paramédicaux développent leurs compétences dans des pathologies féminines encore méconnues comme le vaginisme ou l'hyperémèse gravidique, et développent des réseaux de professionnels de santé pour que les patientes puissent être plus rapidement prises en charge auprès de leurs confrères.

Vous avez peut-être déjà entendu parler du choix thérapeutique partagé et éclairé ou de l'alliance thérapeutique ? Ce sont les échanges, la discussion entre le médecin et le patient sur les traitements disponibles, leurs effets bénéfiques et les effets secondaires, pour décider ensemble du meilleur choix pour le patient en considérant son mode de vie, ses aspirations et ses envies futures. On sait que 60 % des patients arrêtent leur traitement sans en parler à leur médecin et que, dans la moitié des cas, cela est dû au manque de confiance et de bonne relation avec ce dernier. La posture de sachant ne fonctionne plus pour les jeunes générations et ces approches tournées vers l'humain sont indispensables.

Par ailleurs, d'autres initiatives se développent au niveau de leurs études : dans certaines facs de médecine, ce sont des patients eux-mêmes qui forment les professionnels de santé à l'annonce du diagnostic : comment annoncer les pires nouvelles au patient si l'on n'est pas formé pour cela ?

Bref, le monde médical bouge pour remettre le « patient » à la place qu'il devrait toujours occuper : nous n'avons pas à attendre patiemment qu'un diagnostic soit posé et les soignants ne doivent plus être les uniques sachants. Soyons acteurs de nos vies et de notre santé, mobilisons-nous, tous ensemble, pour rendre notre système de santé, celui d'un tiers de la population, plus efficace… pour nous aussi.

Axelle Ayad
Autrice de *Lonely patient* et *Happy patient*
Fondatrice de la plateforme Mapatho®

REMERCIEMENTS

J'aimerais remercier mes parents, c'est une priorité. Ils ont mis leur vie de côté pour s'occuper de moi pendant toutes ces années. Un travail à plein temps, qui n'est même pas rémunéré. Je leur dois absolument tout. La reconnaissance n'est rien par rapport à ce que je ressens pour leurs gestes quotidiens qui m'ont permis de mieux vivre, chaque jour. Merci. Du fond du cœur, merci. Vous êtes mes amours à l'infini et pour toute la vie.

Merci à mes deux médecins généralistes, le premier qui me suit depuis toujours et qui a fait tout son possible pour que je puisse être entre les mains de bons spécialistes ; il ne m'a jamais lâchée et ne m'a jamais dit que « c'était dans ma tête » ! Et la deuxième, pour remettre un peu d'ordre dans mes recherches tout en me prenant très au sérieux. Merci à ceux que j'ai vus le plus souvent, mes kinésithérapeutes et ostéopathes, Guillaume, Alina, Julien et Charlotte. Ils ont essayé de comprendre par tous les angles comment mon corps fonctionne pour me soulager au mieux de mes douleurs. On a mené avec chacun un bon travail d'écoute grâce à une bonne communication et une bienveillance sans pareille. Merci aussi à mon adorable infirmière Laurence qui, par magie, ne me fait jamais mal !

Bien évidemment, je remercie tous les acteurs de ma santé, les souriants comme les plus antipathiques, ceux qui ont tout fait, selon leurs capacités, pour m'aider (ou pas): les médecins, les spécialistes, les infirmières, les radiologues, les professionnels de santé, les psychologues, etc. La liste est longue. J'ai vu tellement de gens. Merci parce que, sans vous, sans le bien ou le mal que vous m'avez apporté, je n'en serais pas là aujourd'hui et je n'aurais pas autant de ténacité à faire ce que je fais.

De toute évidence, je ne peux pas terminer ce livre sans remercier la personne qui a changé beaucoup de choses dans ma vie: Gérald, mon super prof de yoga, dont le savoir est tellement énorme qu'il lui faudrait une deuxième vie pour tout enseigner aux autres. Merci du fond du cœur, car non seulement tu m'as remise sur pied, mais en plus tu m'as appris un métier, dans ce désert qu'était ma vie.

Je remercie tout particulièrement les femmes que j'ai rencontrées pour ce livre et qui y ont apposé des témoignages, des mots, plus justes et plus touchants les uns que les autres. Je n'ai pas cherché les bonnes personnes, je les ai tout simplement rencontrées. J'espère que ce livre vous plaira, c'est notre livre à toutes. Merci à vous d'avoir bien voulu en faire partie.

Un grand merci au docteur Stéphane Gayet pour sa précieuse préface et pour l'aide apportée afin que je puisse mettre des mots sur mes maux.

Merci à Axelle Ayad d'avoir rédigé une superbe postface, je te suis très reconnaissante.

Merci à Yasmine Candau, présidente d'EndoFrance® d'avoir pris le temps de faire partie de ce livre et merci aussi aux intervenantes, Aude, Manon et Laura pour leurs précieux messages.

Merci du fond du cœur aux Éditions Jouvence et leur collection « Sans filtre » (qui me va plutôt bien), à Charlène, Laura et Lisa pour leur confiance ultime.

Merci à ma famille, celle qui comprend et celle qui ne comprend pas (dommage…), à mes amis, pour les mêmes raisons. À ceux qui sont partis au pire moment de ma vie et à ceux qui y sont entrés et qui connaîtront la meilleure version de moi-même, quand j'irai vraiment bien. Et merci à mes quatre compagnons sur pattes sans qui la vie n'aurait aucun goût : Jadis (dit Jadou), Bagel, Plume et Pinceau, qui m'apportent amour, joie de vivre, longues occupations et grosses séances de ronrons.

Et enfin, merci à vous de me lire. À tous nos jours meilleurs ! Et de tout mon cœur : MERCI.

À METTRE DANS VOTRE BIBLIOTHÈQUE

Maya Dusenbery, *Doing Harm: The Truth About How Bad Medicine and Lazy Science Leave Women Dismissed, Misdiagnosed, and Sick*, HarperOne, 2019 (en langue anglaise).

Axelle Ayad, *Lonely patient*, Débats Publics, 2020.

Axelle Ayad, *Happy patient*, Débats Publics, 2021.

Antoine Sénanque, *Guérir quand c'est impossible*, Marabout, 2018.

Dr Charlotte Tourmente, *Sclérose en plaques et talons aiguilles. Dépasser la maladie et renouer avec son équilibre*, First, 2019.

Caroline Criado-Perez, *Femmes invisibles. Comment le manque de données sur les femmes dessine un monde fait pour les hommes*, First, 2020.

Jean Seignalet, *L'Alimentation ou la Troisième Médecine*, Éditions du Rocher, 2012.

Laura Arnal et Charlotte Guttinger, *J'ai surmonté la maladie de Lyme*, Odile Jacob, 2019.

Judith Albertat, *Lyme, les solutions naturelles*, Thierry Souccar, 2016.

Jessica Fillol, *Vivre avec des douleurs neuro*, Ellébore, 2021.

Margot Turcat, *Mon petit AVC*, Larousse, 2021.

Claude Hamonet, *Ehlers-Danlos. La Maladie oubliée par la médecine*, L'Harmattan, 2018.

Virginie Burner-Lehner, *Le Syndrome d'Ehlers-Danlos à travers quatre générations d'une famille. « La Dame en bleu »*, L'Harmattan, 2017.

Amber Walker, *The Trifecta Passport: Tools for Mast Cell Activation Syndrome, Postural Orthostatic Tachycardia Syndrome and Ehlers-Danlos Syndrome*, 2021 (en langue anglaise).

Manon Letourneau, *Un corps plus libre !*, Hachette Pratique, 2022.

Et le roman qui m'a fait me sentir moins seule :

Marc Levy, *Une fille comme elle*, Robert Laffont – Versilio, 2018.

À METTRE DANS VOTRE VIDÉOTHÈQUE

Brain on Fire (Gerard Barrett, 2016).
Demandez au docteur (série, 2017).
Diagnosis (série, 2019).
Étranges maladies (série, 2018).
Everything, Everything (Stella Meghie, 2017).
Femmes : les oubliées de la santé (Véronique Préault, 2021).
Heal (Kelly Noonan Gores, 2017).
I Am Maris: Portrait of a Young Yogi (Laura V. Taylor, 2018).
Le Second Souffle (George C. Wolfe, 2014).
Mon cœur sauvage (Hanno Olderdissen, 2017).
Une merveilleuse histoire du temps (James Marsh, 2014).
Unrest (Jennifer Brea, 2017).
What About Me? (Susan Douglas, 2016).

Si vous avez ce livre entre les mains, c'est que, peut-être, vous avez aussi une histoire à raconter. N'hésitez pas à poster une photo de ce livre sur les réseaux sociaux avec votre témoignage en mentionnant #lerrancemédicalechezlesfemmes ou @tropjeunetropjolie sous votre post...

Dépôt légal : septembre 2022
Achevé d'imprimer en août 2022
Imprimé en France, sur les presses de Laballery
N° d'impression : 207346